D1695712

Rosina Sonnenschmidt

Humor-Therapie

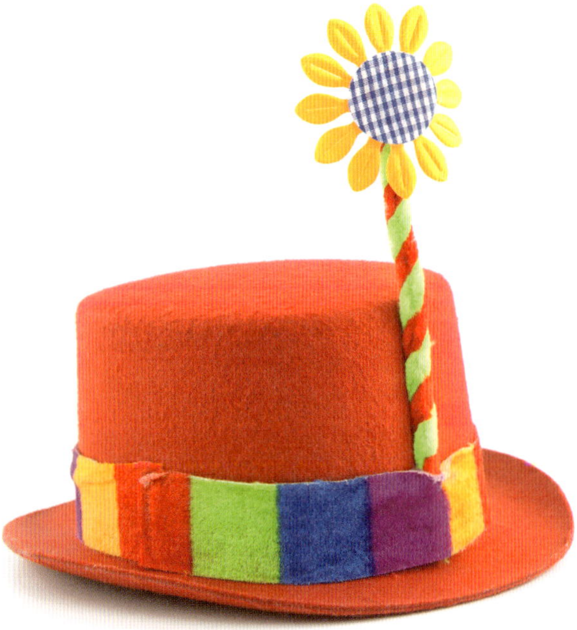

Rosina Sonnenschmidt

Humor-Therapie

Der sanfte Weg zur psychosozialen Kompetenz

Unimedica

Impressum

Rosina Sonnenschmidt: Humor-Therapie
Der sanfte Weg zur psychosozialen Kompetenz

978-3-944125-04-6

1. Auflage 2013

© 2013 Unimedica im Narayana Verlag GmbH
Blumenplatz 2, 79400 Kandern, Tel.: +49 7626 974970-0
E-Mail: info@narayana-verlag.de, Homepage: www.narayana-verlag.de

Coverabbildungen: Vorderseite und Rückseite oben: Felix Steinhardt, Rückseite Mitte: Torako Yui, Rückseite unten: Milan Sladek

Layout/Satz: www.apanoua.de, Christian Korn

Alle Rechte vorbehalten. Ohne schriftliche Genehmigung des Verlags darf kein Teil dieses Buches in irgendeiner Form – mechanisch, elektronisch, fotografisch – reproduziert, vervielfältigt, übersetzt oder gespeichert werden, mit Ausnahme kurzer Passagen für Buchbesprechungen.

Sofern eingetragene Warenzeichen, Handelsnamen und Gebrauchsnamen verwendet werden, gelten die entsprechenden Schutzbestimmungen (auch wenn diese nicht als solche gekennzeichnet sind).

Die Empfehlungen dieses Buches wurden von Autor und Verlag nach bestem Wissen erarbeitet und überprüft. Dennoch kann eine Garantie nicht übernommen werden. Weder der Autor noch der Verlag können für eventuelle Nachteile oder Schäden, die aus den im Buch gegebenen Hinweisen resultieren, eine Haftung übernehmen.

Inhaltsverzeichnis

Widmung und Dank 1
Geleitwort 2
Der heilsame Humor in der therapeutischen Clownsarbeit.......................2
Geleitworte mal anders 5
Interview mit Johannes Galli, Mai 2012 6
Zeit sich zu „outen" 8
Was ist das Besondere dieses Buches? 11
An wen richtet sich das Buch? 14
Wie ist das Buch aufgebaut? 16

Kapitel A
Humor allgemein betrachtet 22
    1. Humor als Lebenselixier 25
    2. Menschenliebe 26
    3. Lachen ist gesund 30
    4. Humor – der Lichtbringer 33

Kapitel B
Humor in der Gruppenarbeit 36
    1. Mut zum Humor 38
    2. Mut und Angst 40
    3. Einfühlungsvermögen 46
    4. Humor in Stimme und Körpersprache 50
        4.1 Beispiel „Wie sage ich etwas?" 51
            4.1.1 Delikates Thema sexuelle Frustration 52
            4.1.2 Panik in der Schwangerschaft 57
            4.1.3 Angst, schwanger zu werden 60
        4.2 Perfektion darf sein, muss aber nicht 63

Inhaltsverzeichnis

- 5. Das Spiel der Kräfte an der seelischen Tafelrunde 69
  - 5.1 ICH und der Narr 72
  - 5.2 Vater- und Mutterkraft 75
  - 5.3 Der innere Künstler und Heiler 77
  - 5.4 Die Erlösung der 6 Basiskräfte (Anleitung) 81
  - 5.5 Monster & Co – die flexiblen Persönlichkeitsanteile 83
    - 5.5.1 Das innere Monster 84
    - 5.5.2 Das innere Kind 86
    - 5.5.3 Der innere Krieger 88
  - 5.6 Die Erlösung der 12 Potenziale (Anleitung) 89
- 6. Wenn alles sein darf – Beispiele der großen Tafelrunde 91
  - 6.1 Tafelrunde „Anna" (Lehrbeispiel) 94
  - 6.2 Tafelrunde „Gisela" 99
  - 6.3 Tafelrunde „Enrico" 102
  - 6.4 Tafelrunde „Romana" 104
  - 6.5 Tafelrunde „Birgit" 106
  - 6.6 Tafelrunde Helge 107
  - 6.7 Tafelrunde „Heike" 110
  - 6.8 Tafelrunde „Bahar" 111
  - 6.9 Tafelrunde „Ekkehard" 113
  - 6.10 Tafelrunde „Björn" 115
  - 6.11 Tafelrunde „Mone" 117
  - 6.12 Tafelrunde „Barbara" 119
  - 6.13 Erfolg und Misserfolg in Einklang bringen 122
- 7. Humor und Spiritualität 125
  - 7.1 Nur in der Gruppe bin ich stark 131
  - 7.2 Die Auflösung negativer Gruppendynamik 132
- 8. Kritikfähigkeit 136
  - 8.1 Würdigung und Anerkennung 137
  - 8.2 Konstruktive Kritik ausüben 139
- 9. Die Lust am Spiel 147

Kapitel C
Humor in der Einzel- und Gruppenarbeit mit Patienten ... 150

1. Drei Wege zum Lächeln in der Praxisarbeit ... 153
2. Das kleine Format der Heilpraxis ... 156
3. Der Dreh- und Angelpunkt der Krankheit ... 157
4. Die archetypische Figur des Clowns ... 159
5. Die Erweckung des Clowns in der Therapie ... 165
6. Das therapeutische Hilfsmittel der roten Nase ... 170
7. Die Perspektive ändern ... 172
8. Psychosoziale Kompetenz des Patienten ... 177
9. Über sich selbst lachen können ... 179
10. Sich selbst ernst nehmen ... 186

Kapitel D
Beispiele aus der Praxis ... 188

Arthur, der Software-Programmierer ... 191
Klara, die Psychologin ... 195
Bettina, die klassische Homöopathin ... 199
Jürgen, der Arzt ... 205
Klyso bei Japanern ... 207
Mitsumi – die Opernsängerin ... 210
Klyso und Windy ... 212
Wenn das Zäpfchen nicht mehr schmeckt ... 214

Schlussworte ... 216

Anhang ... 220

Literaturverzeichnis ... 221
Vita der Autorin ... 223
Abbildungsverzeichnis ... 224

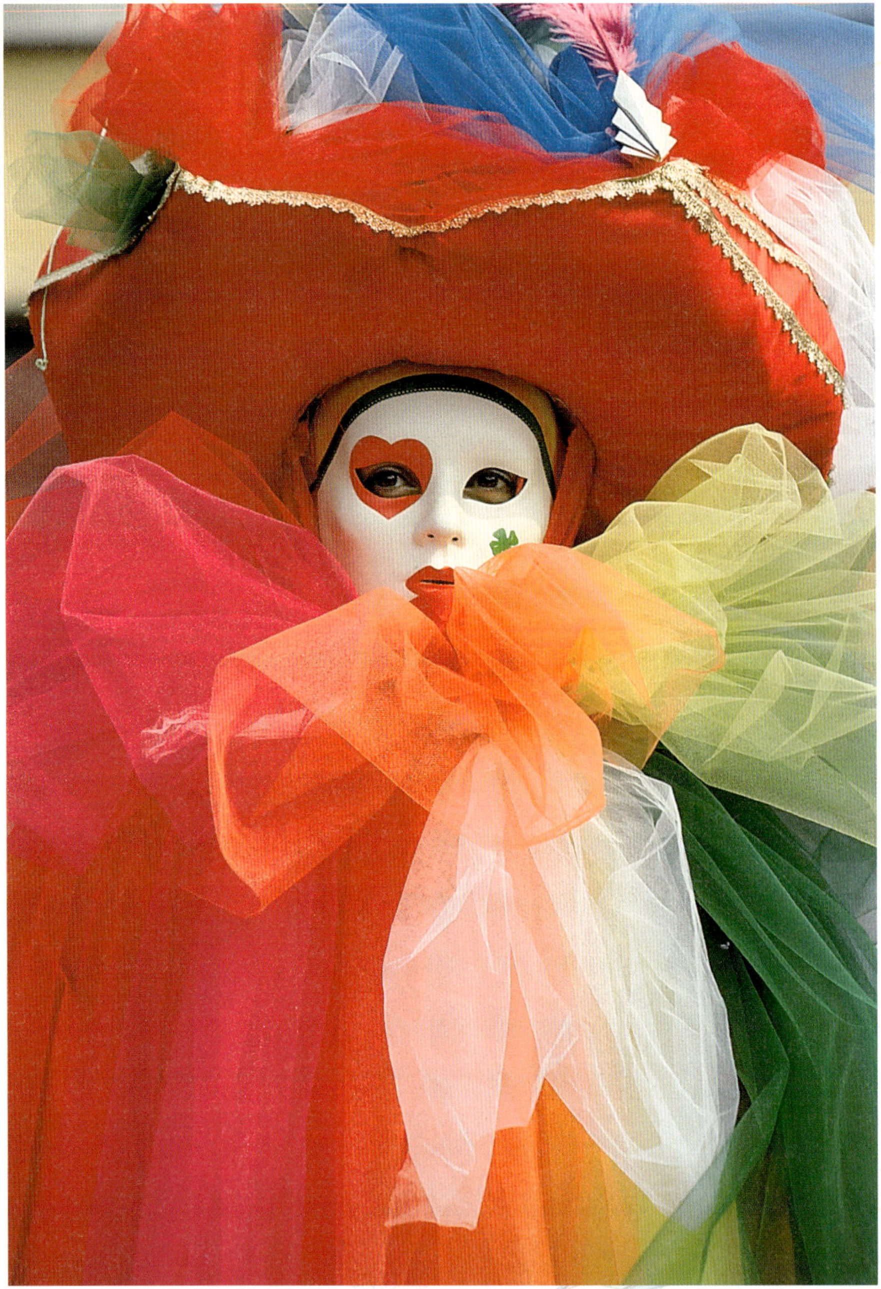

Widmung und Dank

An erster Stelle gilt meinem Vater Theo Cornelli sowie Milan Sladek, meinem ehemaligen Pantomimenlehrer, und Johannes Galli vom Galli-Theater in Freiburg mein innigster Dank. Das sind drei großartige Lehrer, Philosophen und Künstler, die in der archetypischen Gestalt des Clowns mehr Heilenergie zu erwecken vermochten und vermögen als alle Pillen.

Drei besonders humorvolle Freunde – Dipl. med. Romana Richter (Gynäkologin), Dr. med. Helge Jany (Internist, Mayr-Arzt) und Enrico Thiele (Heilpraktiker) – müssen erwähnt werden. Was für wunderbare Seminarabende haben wir mit Lachen verbracht!

Ich widme meine Worte meinen Patienten, ja, allen Menschen, die mal krank waren und Mut bewiesen, in Richtung Heilung zu gehen und immer den wichtigsten „Zaubertrank" bereit hielten, der Berge versetzen kann: den Humor.

Dank an alle Kollegen, die an der Gestaltung dieses Buches mitgewirkt haben.

Ich verzichte der besseren Lesbarkeit wegen meistens auf die Wiedergabe beider Geschlechter bei den Haupt- und Fürwörtern, ich hoffe die LeserInnen sehen mir dies nach.

Geleitwort

Der heilsame Humor in der therapeutischen Clownsarbeit

Der Humor lässt sich als die stille Art beschreiben, der Welt – wie der mittelalterliche Hofnarr dies tat und wie der moderne Clown es tut – einen Spiegel vorzuhalten. In diesem Spiegel erscheinen die Dinge nicht so, wie sie sein sollten, sondern wie sie wirklich sind. Hans Christian Andersen hat in seinem Märchen *Des Kaisers neue Kleider* gezeigt, dass dies gar nicht so einfach ist! Als Erwachsene haben wir gelernt, die Wahrheit zu verdrehen, weil wir unsere sozialen Partner nicht enttäuschen oder provozieren wollten. Doch diese Unehrlichkeit hat ihren Preis: Wir ärgern uns gewöhnlich über uns selbst, wenn wir – infolge von mangelnder Zivilcourage, Opportunismus oder auch nur Mitleid – so tun, als würden wir das nicht merken, was doch offensichtlich ist. Und der andere merkt es ebenfalls! In Andersens Märchen ist es ein naives Kind, das die Dinge so anspricht, wie sie wirklich sind. Als Sigmund Freud den Humor als „erspartes Mitleid" definierte, hatte er diese intellektuelle Schlichtheit, die ebenso entwaffnend wie belustigend sein kann, ebenfalls vor Augen. Doch indem der Humor nicht (ent-)wertet und (ver-)urteilt, akzeptiert er vorbehaltlos die dabei entstehenden Widersprüche und Ungereimtheiten – ohne diesen eine besondere Bedeutung zu verleihen.

Obwohl sich schon Sigmund Freud ausgiebig mit dem Phänomen des Humors befasste, wäre in früheren Zeiten kaum jemand ernsthaft auf die Idee gekommen, dem Humor einen therapeutischen Effekt einzuräumen. Dabei geht es um ein Phänomen, das uns den Zugang zu einer kreativen, emotional bunten und in vielfacher Hinsicht freizügigen Welt eröffnet! Diese Welt wird nicht von Angst beherrscht – dem Heideggerschen „Existenzial" – sondern von Freude, als Ausdruck einer entspannten Gelassenheit, die so typisch für den Humor ist: Viktor Frankl verstand den Humor daher als weiteres Existenzial!

Eine humorvolle Gelassenheit basiert auf der Grundidee der Dominanz körpersprachlicher Kommunikation. (Die Mimik – als pantomimischer Ausdruck – kommt in der therapeutischen Clownsarbeit vor der Gestik und die Gestik kommt vor dem gesprochenen Wort!). Dies entspricht einer Reduktion auf die Möglichkeiten des Kleinstkindes, das weder über Körperbeherrschung noch über verbale Fähigkeiten verfügt, dafür aber die Mimik unbewusst weit besser „beherrscht" als viele Erwachsene, die sich um eine bewusste Aktivierung der Gesichtsmuskeln ebenso bemühen wie um eine korrekte Gestikulation und einen überzeugenden Sprechstil!

Geleitwort

Ob diese clowneske Reduktion heilsam ist, darüber verständigen sich Psychotherapeuten und professionelle Spaßmacher tatsächlich seit Neuestem. Diese Zusammenarbeit ist viel weniger spektakulär, als es zunächst den Anschein haben könnte. Beide, Psychotherapeuten wie Clowns, konzentrieren sich auf die emotionalen Unwägbarkeiten des Lebens. Während der Psychotherapeut den Klienten dazu anregt, sich der Ursachen seiner emotionalen Konflikte bewusst zu werden, lebt der Clown diese Konflikte von vornherein aus – nach dem Prinzip *wenn schon, denn schon…* („Wenn es schon kracht, dann aber richtig!" – „Wenn ich schon hinfalle, dann aber mit allem Drum und Dran!" – „Wenn ich schon als blöd hingestellt werde, dann will ich mich als wirklicher Vollidiot zeigen!").

Seit jeher war der Clown bzw. „Schelm" oder „Narr" Symbolfigur für eine Lebenseinstellung, die sich an den affektiven Impulsen ursprünglichen Kindseins orientiert. Im Sinne der Psychoanalyse lebt der Clown bedenkenlos das „Lustprinzip" aus. Dabei steht er in einer ständigen trotzigen Opposition gegenüber den normativen Sollensforderungen des Erwachsenenlebens bzw. des „Realitätsprinzips". Alles, was der Clown versinnbildlicht, gehört auch zur Erlebniswelt eines kleinen Kindes: Es sind dies eine motorische und verbale Unbeholfenheit und Tolpatschigkeit, eine Unvernunft (die aus der Erwachsenenperspektive dümmlich erscheinen mag) sowie das lustvolle Ausleben „primitiver" Impulse.

Indem der Clown mithin ungehemmt und lustvoll das tut, was ein wohlerzogenes Kind und ein vernunftgeleiteter Erwachsener niemals tun würden (weil sie sich sonst schämen müssten!), eckt der Clown unentwegt an. Er tritt von einem Fettnäpfchen ins andere, „leistet" sich peinliche Entgleisungen und Normverletzungen. Damit verhält er sich nicht anders als der typische Psychotherapiepatient. Allerdings mit einem großen Unterschied: Während letzterer darunter leidet und zerknirscht nach Wegen sucht, dieses Fehlverhalten zu überwinden, tut der Clown dies freiwillig und lustvoll – und mit einem lachenden Gesicht: denn gerade hier tut sich eine unerschöpfliche Quelle komischer Inspiration auf, die es genüsslich auszukosten gilt!

Rosina Sonnenschmidt nimmt in ihrer humortherapeutischen Arbeit steten Bezug auf die heilkräftige Wirkung des Narren bzw. Clowns. Insbesondere im Szenario der inneren Tafelrunde –

Geleitwort

dem Herzstück ihrer Arbeit – kommt dies auf faszinierende Weise zum Ausdruck. Hier eröffnet der Clown den Zugangsweg zu den ungelebten und ungeliebten Anteilen des Patienten, sodass diese in den Lebensvollzug (re)integriert werden können. Dies ist Voraussetzung für eine tatsächlich heilsame Versöhnung mit abgewehrten inneren Ich-Facetten, zu denen stets der „innere Narr" gehört. Die Arbeit mit der roten Nase symbolisiert und ebnet dies zugleich.

Ich wünsche diesem faszinierenden Ansatz jene Beachtung, die er unbedingt verdient. Die Tatsache, dass die philosophischen, psychologischen und technischen Voraussetzungen in diesem Buch überzeugend dargelegt sind, wird zur Realisierung dieses Wunsches sicherlich beitragen.

Dr. rer. soc. Michael Titze
Dipl.-Psych., Psychologischer Psychotherapeut, Psychoanalytiker, (DGIP), Gründungsvorsitzender von HumorCare Deutschland e.V., Tuttlingen

Geleitworte mal anders

Liebe Rosina Sonnenschmidt,

    Humor als Heilmittel!!!
    Was für eine wunderbare Feststellung!

Die Mimen und die Medizin haben gemeinsame Wurzeln.

Das Prinzip des körperlichen Ausdrucks ist über Jahrtausende gleich geblieben: die Umwelt zu beobachten, Gesehenes nachzuempfinden, sich Gedanken zu machen und diese dann in anderer Form wiederzugeben. Ich bin davon überzeugt, dass unsere Vorfahren – noch bevor sie ihre Erkenntnisse und Erfahrungen in den wunderbaren Gemälden in Altamira, in der Dordogne, Lascaux oder in anderen Höhlen darstellten – sich mit großer Wahrscheinlichkeit in einer Ausdrucksweise geäußert haben, die wir heute als „Pantomime" bezeichnen würden.

Milan Sladek

An dieser Stelle möchte ich den tschechischen Schriftsteller Karel Čapek zitieren:

„Humor ist das Salz der Erde, und wer gut durchgesalzen ist, bleibt lange frisch."

Dem kann ich nur zustimmen.

Während meiner langen professionellen Laufbahn als Pantomime habe ich oft hautnah erlebt, wie sich viele meiner Zuschauer für die gute Laune, ein positives Gefühl oder für neue Energie, die sie in meinen Vorstellungen geschöpft haben, bedankt haben.

Milan Sladek

Frau Rosina Sonnenschmidt vereinigt in ihren therapeutischen Sitzungen auf wunderbare Weise zwei ihrer Talente: ihr Wissen und ihr pantomimisch-schauspielerisches Talent. Sie hat erfahren, wie lebensbejahend es ist, wenn man Leute erlebt, die, trotz der verschiedensten Schwierigkeiten, neue Energie bekommen haben – eine Energie, die Humor heißt.

Denn:

Humor ist Kraft
Humor ist Erkenntnis
Humor ist Philosophie
Humor ist Selbsterkenntnis
Humor ist Waffe

Humor ist Abstand
Humor ist der Weg
Humor ist Verständnis
Humor ist Liebe
Humor ist Medizin

Mit den Worten des Schriftstellers Karel Čapek ausgedrückt: Humor ist die demokratischste der menschlichen Gewohnheiten.

Ich wünsche Ihnen viele Leser für Ihr Buch

Milan Sladek

Interview mit Johannes Galli, Mai 2012

Herr Galli, was ist Ihre Erfahrung mit Humor als Lebenselixier?

In meiner Familie wurde viel gelacht. Ich stamme aus einem kleinen Dorf, in dem es wenig Luxus gab, und das Schönste war, wenn sich sonntäglich Freunde, Verwandte und Bekannte getroffen haben und heitere Geschichten aus ihrem Leben erzählten. Es war wie eine Reinigung. Lachen ist für mich wie ein Gewitter nach einem schwülen Tag. Lachen ist für mich, einen heilsamen Blickwinkel auf das eigene Leben einzunehmen. Manchmal ist Lachen für mich sogar wie ein Gebet.

Worin besteht das Heilsame des Clowns?

Es ist die Aufgabe des Clowns, das Thema Scheitern, mit dem Menschen leider immer wieder konfrontiert werden, zu bearbeiten. Im Moment des tiefsten Scheiterns erscheint der Clown als eine innere Figur und hilft dem Menschen, sein Leben nicht so verbissen zu sehen. Er zeigt ihm einen anderen Blickwinkel und ermutigt den Menschen, zuerst über sich selbst zu schmunzeln, dann zu lächeln und wenn der Mensch den Clown als einen möglichen inneren Blickwinkel aus ganzem Herzen annimmt, das Scheitern in befreiendes Lachen aufzulösen.

Was ist das Geheimnis, dass die rote Nase so spontan Glaubenssätze auflösen kann?

Glaubenssätze, die manche Menschen für sich beanspruchen, sind manchmal auf Illusionen über sich selbst aufgebaut. Illusionen über sich selbst verteidigt der Mensch gerne mit

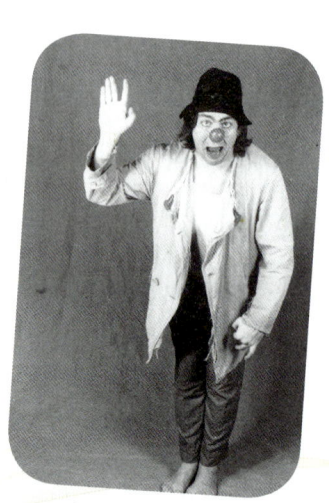

Johannes Galli

Interview mit Johannes Galli

Arroganz oder um es anders zu sagen: hochnäsig. Wer seine Nase hoch trägt, blickt auf andere verächtlich herab. Wenn diese Nase aber unförmig geschwollen ist und sich rot färbt, wie es die Clownnase symbolisiert, so kann man nicht mit erhobener roter Nase herumlaufen, sondern geht gebückt und gebeugt. Dies befreit, wie überhaupt alles, was mit Annäherung an die Demut zusammenhängt, eher befreit als, wie viele befürchten, demütigt.

Johannes Galli

Haben Sie die Erfahrung gemacht, dass Humor die emotionale und soziale Kompetenz fördert?

Alleine einen Menschen zu beobachten, der lacht, ist eine Freude. Denn körpersprachlich öffnet er sich. Er haut sich auf die Schenkel, hält sich den Bauch vor Lachen, sein Mund ist weit geöffnet und er blickt himmelwärts. Manche Menschen haben sogar ein ansteckendes Lachen, da kann man gar nicht anders, da muss man mitlachen. Im Lachen verbinden wir uns oft mit anderen. Wir zeigen unsere Gefühle und zeigen, dass wir gerne zu einer Gruppe gehören wollen.

Gibt es eine Klientel, die besonders des Humors bedarf?

Menschen, die sich einsam fühlen, die sich in der Gesellschaft an den Rand gedrängt fühlen, Menschen, die ungerecht behandelt wurden und deswegen verbittert sind, Menschen, die an einem Schmerz leiden, der sich – wie es scheint – nicht lindern lässt. Sie alle suchen instinktiv den Weg des Gelächters, um wieder zur eigenen Heilwerdung zurückzufinden.

Hat sich nach Ihrer Erfahrung der Humor in der deutschen Therapieszene verbessert?

Ohne Beweise nennen zu können habe ich das Gefühl, dass der Humor sehr langsam, aber stetig in allen Bereichen auf dem Vormarsch ist. Und dort, wo es nicht so ist, bin ich Clown genug zu glauben, dass es so sei.

Wenn mir die Ehre des letzten Wortes gebührt, so möchte ich davon Gebrauch machen.

Ich wünsche Ihrem Buch den großartigen Erfolg, den es verdient hat.

Mit sehr herzlichen Grüßen
Johannes Galli

Johannes Galli

Zeit sich zu „outen"

In allen Büchern, die ich geschrieben habe, wird deutlich, dass meine Heilmaßnahmen von Humor durchdrungen sind. In allen Seminaren, gleich welchen Lehrinhalts, regiert der Humor. Vor allem aber kann ich Zeit meines Lebens über mich selbst lachen, über meine ungewollte Komik des Verhaltens, über meine Unzulänglichkeiten privat und beruflich. Der Humor ist auch die Quelle, aus der ich alle Übungen für Kollegen und Patienten schöpfte und immer noch schöpfe.

In diesem Buch thematisiere ich den Humor und lege dar, welche Heilkräfte in ihm ruhen – und zwar für einen selbst und für die Zusammenarbeit mit anderen. Der Humor durchdringt nunmehr seit 45 Jahren meine pädagogische Arbeit als Lehrerin verschiedenster Lehrinhalte. Vor allem in der Therapeutenszene setze ich mir die Krone auf, viel Heiterkeit und Leichtigkeit durch Humor und viele Übungsideen in Pionierarbeiten der Ganzheitsmedizin gebracht zu haben. Denn: Humor macht Dinge einfacher! Außerdem habe ich jetzt das Alter, in dem man sich „outen" darf für Fähigkeiten, die vielleicht den einen oder anderen erstaunen, bis kritisch die Stirn in Falten legen lassen: Ja, ich war als Kind, als Jugendliche, als Forscherin, Wissenschaftlerin, Sängerin und Therapeutin immer eines: ein Clown, und zwar einer, den mein Mann so kommentierte: „Meine Güte, wie kann man bloß so professionell blöd aussehen!"

Ja, den „dummen August", den ewig Scheiternden, den Nichtskönner,

Abb. 1 und 2 Autorin

Zeit sich zu "outen"

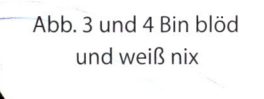

Abb. 3 und 4 Bin blöd und weiß nix

den Versager, über den andere lachen können, den im Grunde Hässlichen – den habe ich immer am liebsten gespielt. Es war diese Gestalt, die keiner von uns sein möchte, gegen die wir ein Leben lang ankämpfen –sich bloß keine Blöße geben, bloß nicht dumm dastehen, bloß keinen Fehler machen, bloß keinen Zacken aus der spirituellen Krone fallen lassen – die ich immer im Herzen trug und mich tröstete, wenn der Schmerz über eine Dummheit nachließ. Ich weiß, wie man sich als Versager, Nichtsnutz und Blödmann/Blödfrau fühlt. Ich weiß aber auch, wie man diese Einbildung überwindet, denn es ist nur eine Einbildung, eine Vorstellung, eine einseitige, negative Sicht von sich selbst. Sie aufzulösen ist leicht, wenn Humor sein darf. Das zu erkennen verlangt Intelligenz des Herzens. Dazu braucht man kein Einserzeugnis, keinen hohen IQ.

Es ist dieses Humor-Gen, das ich von meinem Vater geerbt habe und das mir über schwere Schicksalsschläge, Krankheiten und Enttäuschungen hinweggeholfen hat. Der Clown in mir ist die Nische des Menschseins, die nie dicht bevölkert ist und wo ich meine innere Ruhe finde. Wer will schon blöde aussehen, alles falsch machen und versagen? Der große Markt, die Masse, der Mainstream von Meinungen, Urteilen und Glaubenssätzen waren nie mein Ding, denn der Clown, wenn er auch nur drei Hirnzellen besitzt: Essen, Schlafen, Scheitern, entlarvt alles Unechte, Großspurige, Pseudospirituelle oder Allürenhafte. Er schaut auf die Hülle, denkt nichts, nimmt sie einfach weg und lacht, weil nichts drin ist.

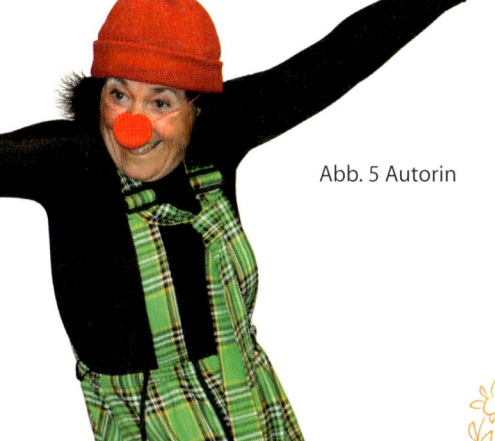

Abb. 5 Autorin

Zeit sich zu "outen"

Abb. 6 Autorin mit Partnerin Mone Wey

Über die Definition, was ein Clown ist, gibt es verschiedene Auffassungen. Ich habe Clowns erlebt, die keinen Humor haben, sondern das Scheitern so sehr ins Zentrum stellen, dass ein Minderwertigkeitsgefühl zum Vorschein kommt.

Es kann nicht schaden, zur eigenen Leistung, Intelligenz und zu seinem eigenen Scharfsinn zu stehen, seine Werke zu ehren und in einem Nu zur Ebene des dummen August, des scheiternden Clowns zu wechseln. Man muss als Clown nicht depressiv werden, nur weil andere über einen lachen und man als Clown kollektiv das Thema Scheitern auf sich nimmt. Als im Herzen heiterer Mensch zu scheitern, dargestellt durch den Archetypus Clown – das ist mein Weg. Der sekundenschnelle Wechsel vom Ernsten ins Heitere, genährt durch Humor in beiden Lebensaspekten, führte zu der nützlichen Gabe, dass mir selten einer etwas vormachen kann und ich schnell hinter Fassaden schaue. Ich lasse mich zwar im Bruchteil einer Sekunde für etwas Neues und Interessantes begeistern, aber ich lasse mich nur schwer beeindrucken von hehren Zielen, Philosophien und Autoritäten. Dazu setze ich mir innerlich nur die rote Nase auf und ich weiß, mit wem ich es wirklich zu tun habe, ob mit Schein oder Sein. Ob ich das anderen mitteile, ist eine andere Frage und obliegt der jeweiligen Situation, der Höflichkeit, dem Anstand. Doch mit Sicherheit gelingt es mir, in anderen den Humor zu wecken, ein Lächeln oder Schmunzeln oder Lachen aufs Gesicht zu zaubern, sodass sie sich trauen, über sich selbst zu lachen. Daher ist mir die Humor-Therapie genauso wichtig wie jede andere therapeutische Maßnahme.

Was ist das Besondere dieses Buches?

Im Grunde lässt sich diese Frage kurz und bündig beantworten:

1. Beim Anblick meiner Bibliothek über Humor und nach dem Studium dieser Bücher, die zwischen 1920 und 2012 erschienen, stelle ich fest: Sie sind zwar informativ, aber textlastig, von den wenigen Bildbänden einmal abgesehen. Es fehlen die Bilder, die die Vorstellungskraft stärken und den Funken der Begeisterung zünden, das Beschriebene auch selber in die Tat umzusetzen. In diesem Buch gebe ich ausführlich über Wort und viele Bilder Einblick, wie der Humor bei Kollegen und Patienten geweckt werden kann. Selbst Humor zu haben ist eine Sache. Das „Knowhow", wie er in anderen aktiviert und in der Therapie realisiert werden kann, verlangt eher Fantasie, als es nur zu beschreiben.

2. Daraus ergibt sich, dass jeder aus diesem Buch etwas für sich selbst und für Klienten und Patienten gewinnen kann. Es ist also ein Buch aus der Praxis für die Praxis.

3. Bisher waren die zweifellos dankenswerten Forschungsergebnisse der Gelotologie (der Wissenschaft von den Auswirkungen des Lachens), der Hirnforschung und Psychotherapie auf diese Spezialkreise beschränkt und haben noch nicht einmal innerhalb der eigenen Reihen Türen weit geöffnet. Ganz im Gegenteil, wohin man schaut: Fronten, Zäune, Gräben, Elfenbeintürme. Dieses Buch richtet sich an jede Therapierichtung und lädt alle ein, ihren Humor zu aktivieren.

Da ich selbst zu einer Liga, nämlich der der Homöopathen gehöre, in der man sich befleißigt, genauso ernst wie der Altmeister Samuel Hahnemann dreinzublicken, freue ich mich besonders, wenn in diesen Kreisen der Humor Fuß fasst und vor der Austrocknung von Geist und Gemüt bewahrt.

Was ist das Besondere dieses Buches?

Nun mal ernst!

Was bedeutet eigentlich „Humor-Therapie"? Streng genommen ist das deutsche Kompositum grammatisch falsch, denn „Therapie des Humors", was die Wortkomposition eigentlich bedeutet, ist Blödsinn. Aber „Therapie mit Humor" oder „Humor als Therapeutikum" oder „therapeutischer Humor" oder „Humor in der Therapie" klingt alles nicht so griffig. So nehme ich denn den Grammatikfehler in Kauf und erfülle damit das erste Gebot des Clowns, das Ja zum Fehler. Aber es soll auch klar sein, was ich meine:

- Humor ist die beste Therapie

Das gilt für Therapeuten und für Patienten, wie für jedermann!

Wer das anzweifelt, befasse sich mit Menschen, die unvorstellbares Leid überlebt und dennoch eine positive Lebenseinstellung bewahrt haben.

Nachdem das geklärt ist, wenden wir uns der Wortschöpfung „Humor" zu. Dazu müssen wir weit zurück gehen in die griechische Antike. Und dort beginnt auch schon das Kernthema von Humorlosigkeit, nämlich eine Meinung, einen Glaubenssatz über ein paar Jahrtausende hinweg zu tradieren: die idealisierende Sicht und Betonung der sogenannten „klassischen" Züge des Altertums. So etwas Profan-Alltägliches wie der Humor passt in das hehre Bild nicht hinein, das wir uns im Laufe der Geschichte zurechtgezimmert haben. Folglich entsteht ein Zerrbild,

... denn natürlich sind Witz und Spott, Heiterkeit und Lachen aus der griechisch-römischen Zivilisation und ihrer literarischen Produktion nicht wegzudenken... Es stünde einem urbanen Humanismus gut an, den Humor als genuinen Ausdruck spezifisch menschlicher Gefühlswelt und Lebensbewältigung deutlich stärker zu berücksichtigen, um nicht zu sagen: ihn ernster zu nehmen. Immerhin sind es ja die Griechen gewesen, die die Komödie als ausgelassenes, heiteres Pendant zur ernsten Tragödie „erfunden" ... haben.

Weeber, Humor in der Antike

Das alles wird uns bereits in der Schule vorenthalten und im Falle des Medizinstudiums durch zu viel Ernst und Arroganz abtrainiert, obgleich der Begriff „Humor" (Feuchtigkeit, Flüssigkeit, Körpersäfte) auf Hippokrates und Galen zurückgeht. Der Arzt leistet bei der Promotion den Eid des Hippokrates und darf dabei nicht lachen. Das ist ein Treppenwitz, über den es sich nachzudenken lohnt.

Als die westliche Medizin sich über die altgriechische Säftelehre erhob und sie als antiquiert abtat, schaffte sie leider etwas ab, das in seiner Tragweite offenbar noch gar nicht ins Bewusstsein gedrungen war, das aber für die Heilung unumgänglich ist: das Stockende ins Fließen zu bringen. Humor bedeutet neulateinisch „Körpersäfte". Die Hu-

Was ist das Besondere dieses Buches?

moraltherapie zielte darauf, die Säfte wieder ins Fließen zu bringen. Die altgriechische Affektenlehre der Musik und Theaterkunst befasste sich ebenfalls mit der Säftelehre, insofern, als sie erforschte, welche menschlichen Gefühlsregungen alles ins Fließen bringen und erkannte: ==Lachen und Weinen sind rhythmische Prozesse, die alle Flüssigkeiten im Körper bewegen und Staus aufheben.== Im Frühbarock (17. Jahrhundert) wurde die Oper geboren und in den „accademias" Italiens die antike Affektenlehre der Poesie auf die Musik übertragen. Man erforschte die Beziehung von Farbe und Tönen, Tonarten und Emotionen. Auf diesen Erkenntnissen baute sich die gesamte westliche Kunstmusik auf.

Auch das wird uns in der Schule und im Musikstudium vorenthalten.

Humor hat also nicht nur mit Lachen und Lustigsein zu tun. Die moderne Hirnforschung bestätigt, was den Griechen schon vor 3000 Jahren klar war: Humor, der Fluss der Säfte, befreit die Menschen von Stagnationen in der Psyche ebenso wie im Körper. Es wäre wunderbar, wenn die modernen Griechen sich an diese alten Weisheiten erinnerten und sie anwendeten. Fort wären Lethargie, Heulen und Zähneklappern ob der wirtschaftlichen Misere und spontan käme Lust an Eigenverantwortung auf. Wäre das nicht wunderbar, unsere Bundeskanzlerin würde mit roter Nase bewaffnet den „finanziellen Rettungsschirm" (schön bunt müsste er sein) den Griechen überreichen? Sie würde ein super Zeichen setzen in der ganzen EU.

Die nationalen wie individuell-menschlichen Lebenssäfte bleiben nur gesund, wenn sie frei fließen können. Das wäre auch wunderbar für unsere Therapieszene und Medizin, niemand würde über die Humoraltherapie und Temperamentenlehre die Nase rümpfen, sondern erst mal seinen Humor erlösen, den freien Fluss der Säfte anregen, statt dauernd neue Kriegswaffen gegen den Feind Krankheit auszubrüten.

Wenn wir auch heute nicht mehr die alte Säftelehre anwenden, sollte doch ihr Kernthema im Bewusstsein bleiben, nämlich durch Lachen und Weinen alles Flüssige im Menschen – und das sind immerhin 70 % – ins Fließen zu bringen. Auf diese Weise tönt ein herzliches Lachen der antiken Ahnen zu uns herüber und wir sind bereit, uns inspirieren zu lassen. Das haben wir in unseren modernen Therapieformen dringend nötig!

Philosophen, Neurowissenschaftler und Historiker haben sich mit diesem Thema befasst. Eine eigene Wissenschaft, die sich mit Humor beschäftigt, hat das griechische Wort für Lachen (gelos) mit dem Wortbildungselement „logie" verbunden und daraus wurde Gelotologie. Lachforscher heißen also Gelotologen.

Szeliga, Erst der Spaß, dann das Vergnügen, Mit einem Lachen zum Erfolg

Hauptsache, wir haben wieder eine neue Wissenschaft! Was hat sie uns gebracht? Wer kennt sie? Wer nutzt ihre fantastischen Erkenntnisse in seiner Praxis? Herrscht mehr Humor in der

Medizin, in den Therapierichtungen? Haben wir gegenseitig ein Lächeln bereit, wenn einer anders therapiert als man selbst? Gehören Sie zum deutschen Verein HumorCare?

Nein. Nur als Ausnahme.

Auch diese Wissenschaft wird vom Überhang Humorloser in einen Elfenbeinturm zurückgedrängt. Es ist Privatvergnügen, sich mit allem, was zum Thema Humor erkannt wurde, zu befassen.

Also, dann tun wir's, gönnen wir uns das Vergnügen!

Humor in seiner lustvollen Bedeutung hemmt Demenz und alle Formen von Enge im Denken, Fühlen und Handeln. Kein Glaubenssatz kann dem Humor widerstehen. Da sich chronische Krankheiten sowohl durch Stau, Stagnation als auch durch geistige Einengung auszeichnen, schwindet die Fähigkeit der psychosozialen Kompetenz. Darunter leiden Patienten am meisten, weil sie nicht mehr fühlen, was sie sagen, nicht mehr ausdrücken können, was sie fühlen und meinen. Ein Teil ihrer Persönlichkeit kann nicht mehr weiter wachsen, sich nicht mehr verwirklichen. Wie zu sehen sein wird, ist der Humor in seiner umfassenden Bedeutung ideal geeignet, dies mit einfachen Mitteln wieder in Gang und in Fluss zu bringen. Mit der Heiterkeit des Herzgeistes lade ich Sie zu einem wohltuenden Spaziergang an den Ufern der Flussläufe unseres Lebens ein.

An wen richtet sich das Buch?

An alle, die gerne lächeln und wissen, dass Lächeln und Lachen wichtige Immunstimulanzien und die besten Heilmittel sind. Es soll auch jene aufrichten, denen entweder das Lachen vergangen ist oder die sich mit dem Humor (noch) schwer tun. Darunter finden wir durchaus nicht nur Patienten. Auch Therapeuten, Esoteriker, Wissenschaftler, Geschäftsleute usw. sind oft in materialistischen Weltbildern gefangen, in denen nichts mehr fließt, sondern angestaute Arbeitsberge vorherrschen. Je weiter sich Menschen in den Kosmos hinauslehnen oder in schwindelnden Karrierehöhen versteigen, umso mehr schwindet die Fähigkeit, über sich selbst zu lachen. Irgendetwas muss beim Hinauslehnen oder Hinaufklettern verloren gehen – wohl der Sinn für Humor und der gesunde Menschenverstand.

Mit diesem Buch spreche ich auch alle an, die anderen etwas vermitteln, sei es nun Wissen, gute Ratschläge oder Lernstoff. Das sind Therapeuten, Lehrer, Pfarrer, Chefs, Politiker, darstellende

An wen richtet sich dieses Buch?

Künstler. Wenn jemand aufsteht, sich vor eine Gruppe stellt, den Mund aufmacht und Worte an ein Kollektiv richtet, wird schnell klar, ob jemand Humor hat oder nicht. Dem Humorlosen hört man ungern zu, dem Humorvollen öffnet man Herz und Geist. Warum? Weil der Humorvolle aus dem Herzen spricht und sich den Zuhörern zuneigt. Er bringt alles ins Fließen – bis hin zu den Körpersäften. Die Humor-Therapie beschränke ich daher nicht auf die Praxisarbeit mit Patienten, sondern erweitere sie auf alle, die andern etwas vermitteln wollen. Ob das nun auf einer sichtbaren Bühne geschieht oder auf einer „Bühne" im übertragenen Sinne, spielt keine Rolle. Vorne zu stehen, zum Beispiel als Schullehrer, Professor oder Seminarleiter, erfordert psychosoziale Kompetenz. Sie zeigt sich in der Art, wie man mit anderen umgeht, wie man etwas sagt.

Das Buch richtet sich an alle, die ohne Wattebäuschchen auskommen, denn ich gedenke nicht, auf Schongang zu schalten, um den heißen Brei herumzureden, sondern die notwendigen Dinge beim Namen zu nennen. Das tut vielleicht manchmal weh, weil das Denkkorsett eines Glaubenssatzes anfängt zu klemmen. Ich erwähne das, weil außerhalb der Psychotherapieszene der therapeutische Einsatz des Humors kaum bekannt ist. Während Fachbücher von Bernhard Trenkle (Das Hahandbuch der Psychotherapie) oder Eleonore Höfner (Glauben Sie ja nicht, wer sie sind) viele Auflagen erleben und zu Bestsellern avanciert sind, fragt man sich, warum unter Akupunkteuren, Naturheilkundlern, Homöopathen, Osteopathen oder manuellen Therapeuten Madame Heiterkeit selten bis nie eingeladen wird. Alles wird einer beinahe zwanghaften Ernsthaftigkeit unterworfen, wodurch unnötigerweise die eigene Wichtigkeit hervorgehoben wird. Innerhalb der Psychotherapie ist dank der Vorarbeit des irisch-amerikanischen Psychiaters Frank Farrelly und dank der deutschen Psychotherapeutin Eleonore Höfner der PROST (Provokative Stil) seit Jahren bekannt. Sie haben sich die Aufgabe gestellt, den Kern der Symptomatik aufzuspüren, der den Patienten an seiner Fähigkeit zu reifen, zu wachsen und sich zu entfalten hindert. Ist dieser Kernpunkt herausgearbeitet, ist das Ziel, dass der Patient das Hindernis erkennt und über sich selbst wieder lächeln oder gar lachen kann. Dazu ist Kreativität, Toleranz, Intuition und erweiterte Wahrnehmung gefragt. Und Humor, viel Humor – der Motor, den Patienten herauszufordern. Sanft und liebevoll. Ist das etwa nur in der Psychotherapie erforderlich? Warum nur stehen überall Elfenbeintürme herum und treffen wir überall auf geistige Umwallungen der „heiligen Hallen" einzelner Therapierichtungen? Zugegeben, das sind rhetorische Fragen, denn die Antwort ist leider klar:

- Neue Erkenntnisse werden nicht freizügig an alle Therapeuten gerichtet, sondern nur auf den inneren Kreis. Die Homöopathen glauben, die Psychotherapeuten verstünden nichts von Homöopathie. Die Psychotherapeuten interessieren sich nicht für Homöopathie oder manuelle Therapien, die Physiotherapeuten haben mit der Psyche nichts am Hut usw. So geht es in einem fort mit Abgrenzung und Humorlosigkeit. Jeder sieht beim anderen nur die Inkompetenz. Genau das ist das Kardinalzeichen für fehlende psychosoziale Kompetenz!

- Zu wenige Therapeuten verlassen ihren gewohnten Denkkreis und interessieren sich für geistige Errungenschaften anderer Denkkreise.

So bröselt jeder vor sich hin und hält die Entwicklung der Ganzheitsmedizin auf, aus Eitelkeit und Konkurrenzdenken. Da wird es Zeit, mit Humor die Pseudopfründe zu durchlüften und öfter mal das Märchen „Des Kaisers neue Kleider" laut vorzulesen.

In der Angewandten Kinesiologie heißt es:

Die Heilkunst ist die Kunst den Patienten zu unterhalten, während er sich selbst heilt.

Diese „Unterhaltung" will gelernt sein. Darum schreibe ich dieses Buch und wünsche Ihnen trotz aller Ansätze zur Wissensvermittlung vergnügliche Lese- und Übungsstunden.

Wie ist das Buch aufgebaut?

Ich habe vier Großkapitel gewählt, die schrittweise verdeutlichen, wie wir bei uns selbst und in der Therapie bei anderen den Humor als Weg zur emotionalen und sozialen Kompetenz entfalten. Da das Buch auch anderen Therapeuten als Grundlage zur eigenen Arbeit dienen soll, habe ich es so aufgebaut, wie ich sowohl in der Lehrtätigkeit für Profi-Therapeuten als auch in der Praxis mit Patienten vorgehe. Die Beispiele und Übungen sind so einfach, dass sie jeder umsetzen kann.

Es gibt einen allgemeinen Teil A zu Beginn, der vor Augen führt, wie wichtig, heilsam und sinnvoll der Humor ist.

In Teil B widme ich mich der Seminararbeit mit Therapeuten. Erst müssen wir selbst erleben, wie sich mit einfachen Mitteln Glaubenssätze, Urteile, Meinungen und Vorstellungen auflösen. Dann ist es leichter, mit anderen Menschen umzugehen. Das betrifft auch den privaten Bereich, in dem es bisweilen gehörig an emotionaler und sozialer Kompetenz mangelt. Die Art, wie ich privat mit Konflikten und Gedankenmustern umgehe, übertrage ich auch auf Mitmenschen. Davon hängt wiederum ab, wie ich andere unterrichte, unterweise und wie ich Wissen vermittle. Gruppenarbeit bedeutet somit auch, wie man die eigenen Erfahrungen mit Humor = emotionaler und sozialer Kompetenz an Kollegen weitergibt – sei es als Geschäftsmann an Untergebene, Schullehrer an Schüler, Therapeuten an Kollegen oder Esoteriklehrer an Suchende. Oberstes Gebot ist für mich die geistige Freiheit, die innere Unabhängigkeit von Dogmen, Glaubenssätzen und eine große Portion Humor, um alle Kräfte in Fluss zu halten. Als Lehrer im weitesten Sinne ist von zentraler Bedeutung, seine exponierte Position zu relativieren, jederzeit in der Lage zu sein, über sich selbst lächeln und lachen zu können. Dadurch entfaltet sich psychosoziale Kompetenz. Kann man die eigene Wichtigtuerei und Überheblichkeit als „Solist" vor einer Gruppe per Humor früh genug erkennen, bleibt man Mensch. Das fällt durchaus nicht leicht, ist aber unumgänglich, will man natürliche Autorität entwickeln.

In Teil C steht die therapeutische Arbeit mit Patienten im Zentrum. In den gängigen Ausbildungen von Therapeuten wird erwartet, dass man ein Füllhorn an Lösungsmöglichkeiten vor den Patienten hin- oder gleich in ihn hineinschüttet in der Hoffnung, er werde sporenstreichs seine Glaubenssätze, Fixierungen und Konflikte loslassen.

Das tut er nicht, das tun Sie nicht, das tut keiner. Aber jeder, der in unsere Praxis eintritt, will gesund werden. Möglichst schnell und ohne gravierend sein Denken, Fühlen und Handeln ändern zu müssen.

Einfach so.

Das aber funktioniert nicht.

Heilung ist in gewisser Weise harte Arbeit. Aber der Weichmacher ist mit dabei, der Humor. Er entlarvt alles, was nicht echt ist, er bietet den direkten Weg von der Kopie zum Original, von dem, wie jemand von Natur aus gemeint ist, mit allen wunderbaren Potenzialen. Wir werden sehen: Wenn Patienten wieder über sich lachen können, tritt unweigerlich Heilung ein.

Kapitel D ist Beispielen aus der Praxis vorbehalten. Sie dienen dazu, allen Mut zu machen, die meinen, in ihrer Praxis wäre es unmöglich, ein Lächeln auf das Gesicht der Patienten zu zaubern – ein toller Glaubenssatz! Weg damit!

Inzwischen haben durch meine Kurse viele Kollegen und Kolleginnen den Humor mit den im Buch erwähnten, einfachen Übungen eingeführt. Sie strahlen Heiterkeit und Gelassenheit aus, denn es geht ihnen gut dabei und deshalb auch den Patienten.

In diesem Buch tauchen immer mal wieder Zitate des niederländischen Kulturphilosophen Jan Huizinga auf. Er veröffentlichte 1944 – inmitten

Wie ist das Buch aufgebaut?

Abb. 7 Komik der Verkabelung

Abb. 8 Schunkeln der Dickdarmbewegung

des Wahnsinns von Holocaust und Krieg – sein Lebenswerk „Homo ludens". Während des kulturellen Untergangs stellte er sein Fähnlein auf, das verhieß: Ein spielender, humorvoller Mensch erschafft Frieden und Kultur. Mit Waffen gegen etwas zu kämpfen, die Welt in Schutt und Asche zu legen, ist dagegen ein teuflisches „Spiel". Spiel mit Humor hat aufbauende Kräfte für jede Form von Kultur, ob Stammeskultur oder Schriftkultur.

Ich möchte eine kleine Begebenheit aus dem Jahr 1971 erwähnen, die mein Leben, mein Denken und Handeln maßgeblich geprägt hat:

In Köln wurde neben Berlin das neue Studienfach der Musik-Ethnologie eingerichtet. Früherer Ordinarius in Köln war der berühmte Musikforscher Prof. Dr. Marius Schneider. Er war längst emeritiert. Da sich aber zwei Studentinnen, meine Freundin für Afrika und ich für Süd- und Ostasien, zum Studium

Wie ist das Buch aufgebaut?

eingeschrieben hatten, kam er höchst persönlich nach Köln und empfahl uns, das Buch von Huizinge gründlich zu studieren: „Wenn Sie fremde Völker, fremde Mentalitäten, fremdes Kulturgut verstehen wollen – und Sie sind ja auserkoren, in Außereuropa Feldforschung zu betreiben – müssen Sie erst mal grundsätzlich etwas von Kultur verstehen. Von ihren Triebkräften, von ihren Ausdrucksformen bei Ihnen selbst. Das ist das Spiel, das ewige „Spiel" der Schöpfung bis hinein in das spielerische Lernen durch Erfahrung und Erleben. Huizinge möge ihre kleine Kultur-Fibel sein und Sie stets begleiten, wenn Sie mit Fremdartigem konfrontiert werden und – bewahren Sie immer Ihren Humor! Er leitet das Spiel der Kräfte. Sie sind Vertreterinnen einer Kultur, begegnen einer anderen Kultur und sollten stets kultiviert handeln."

Das haben wir beherzigt.

Abb. 9 Begegnung mit roter Nase im Kollegenkreis

Abb. 10 Kollegen bei Klangübungen

Wie ist das Buch aufgebaut?

Auch ich empfehle allen Therapeuten, die banale Vorstellung von spielerischem Lernen abzulegen, von Huizinga wenigstens die Einleitung zu lesen und sich dessen inne zu werden, dass wir durch die Heilkunst ebenfalls Kulturträger sind und ein kultivierter Umgang unter uns und mit unseren Patienten eine Selbstverständlichkeit sein sollte.

Dazu brauchen wir das Spiel, den spielerischen Umgang mit ernsten Themen. Dadurch nehmen wir uns ernst. Und wenn es zu ernst wird, wenn sich das Ego aufzublähen beginnt durch Wichtigtuerei, Angst vor Versagen und Scheitern, dann wird es Zeit, über sich selbst lachen zu können.

Abb. 11a und b Ernsthaftigkeit und Heiterkeit im Unterricht

Wie ist das Buch aufgebaut?

Wie ist es bei Ihnen? Worüber können Sie lachen?

> LORIOT: Über eine sehr ernste Situation, die in der Emotion sehr hoch angesiedelt ist und sich plötzlich als sehr klein erweist.
>
> Wenn der Zufall etwas sehr Hohes zum Einsturz bringt.
>
> Große Würde… Staatsaktionen…tiefer Ernst… und plötzlich erweisen sich diese Dinge als brüchig.

Gibt es etwas an Ihnen, eine Eigenschaft, über die Sie selbst schmunzeln oder manchmal sogar lachen können?

> LORIOT: Ach Gott, viele! Die tägliche Unzulänglichkeit von morgens bis abends bietet immer wieder Anlass, sich selbst komisch zu finden.
>
> Loriot: Bitte sagen Sie jetzt nichts

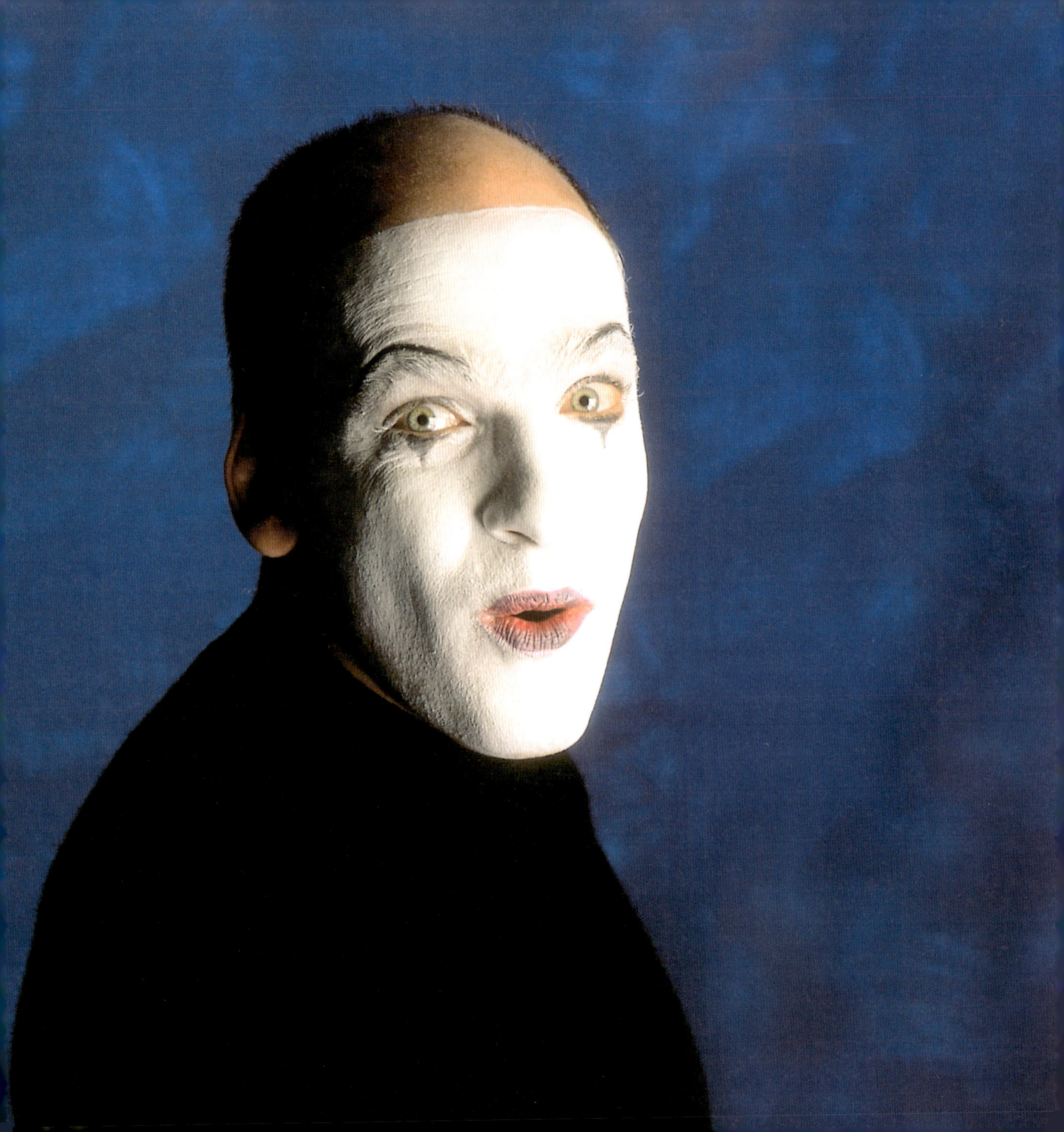

Kapitel A
Humor allgemein betrachtet

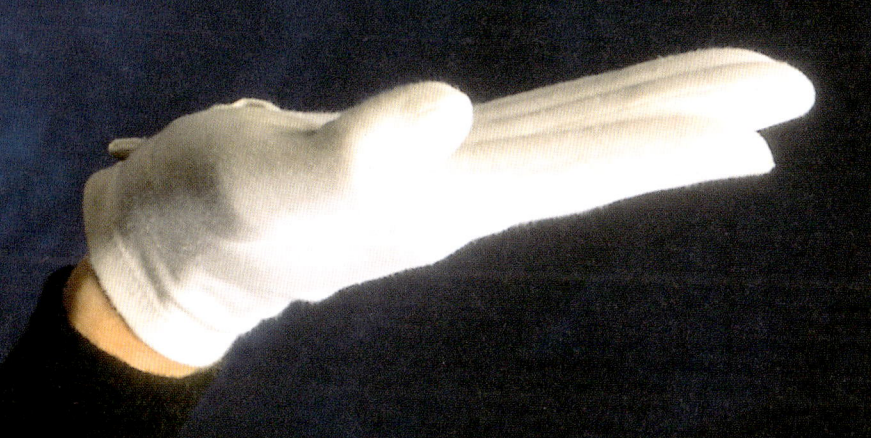

Humor allgemein betrachtet

Was vom Schaffen gilt, gilt auch vom Spielen. Dennoch scheint mir Homo ludens, der spielende Mensch, eine ebenso wesentliche Funktion wie das Schaffen anzugebenund neben Homo faber (der schaffende Mensch) einen Platz zu verdienen. Spiel wird hier als Kulturerscheinung aufgefaßt, nicht oder jedenfalls nicht in erster Linie – als biologische Funktion.

Huizinga

Zur allgemeinen Betrachtung gehört für mich als erstes der Dank, dass allein in Deutschland 20 Institutionen Humor thematisiert haben und sogar eine Humorvereinigung besteht, nämlich Humor Care e.V. Dieser in der Tat „gemeinnützige" Verein hat ethische Richtlinien als Grundlage, die zeigen, dass gerade der therapeutische Humor ernst genommen wird. Es geht in der Anwendung von Humor nicht um Effekthascherei, sondern…

Seine primäre Intention ist die systematische Vermittlung von Einsicht in das Entstehen jener komischen Phänomene, die die Identität eines Menschen in unfreiwilliger Weise akzentuieren und bestehende Krankheitssymptome dadurch verstärken können. Wer diese Wirkung bewusst steuern kann, vermag einen Wandel zu vollziehen, der einem anderen Weg des Denkens und Handelns entspricht und zu einer aktiven Selbstbestimmung hinführt. Dieser Prozess beruht zunächst auf der Empathie und der wohlwollenden Akzeptanz seitens derjenigen, die therapeutisch wirksamen Humor anwenden.

Claudia Zimmer, Lachen erlaubt!

Wunderbar, dass in unserem Land Humor ernsthaft thematisiert wird und ethische Grundregeln für den Umgang mit Patienten bestehen. Genau das fehlt in den Ausbildungen aller Therapierichtungen und vor allem im Medizinstudium. Der Fokus wird mehr auf Techniken, Apparate und Medikamente gerichtet statt auf den Menschen, um den es geht. Der therapeutische Humor dient dazu, dem Kranken oder Pflegebedürftigen die schwierige Lebensphase meistern zu helfen und anstelle der Angst wieder das Licht der Hoffnung zu spüren. Das geschieht von Herz zu Herz, von Mensch zu Mensch.

Und das ist nicht so einfach in die Tat umzusetzen, wie es sich liest. Darum fange ich ganz vorne an und lade Sie ein, den Humor in Ihnen erst einmal zu erwecken.

I. Humor als Lebenselixier

In jeder Lebenslage ist Humor angebracht, denn er gehört zu den größten menschlichen Tugenden, eine Lebenssituation zu meistern. Das gilt besonders für Situationen, in denen man geneigt ist, zu verzagen, aufzugeben, fatalistisch zu reagieren. Der Humor ist die stärkste „Waffe" gegen Mutlosigkeit und Selbstaufgabe, Selbsterhöhung, Selbstmitleid und Krieg. Er setzt dem Menschen die verdiente Krone auf, wenn er es schafft, sein Denken, Fühlen und Handeln von höchster Warte aus kritisch zu betrachten. Humor ist die Mächtigkeit des menschlichen

Abb. 12 Lachende Kollegen und Kolleginnen beim „bunten Abend" im Seminar

Abb. 13 Live-Anamnese der Autorin

Bewusstseins, das Unechte zu durchschauen und das Echte zu erwecken. Er ist die Fackel auf dem Weg zur Erleuchtung. Er ist der Stab des Lebens; mit ihm können wir getrost jeden Weg gehen, ob holperig, geradeaus, steil oder eben.

Jeden Tag bin ich dankbar, dass es in uns Menschen diese Instanz gibt. Mal ist sie überkrustet von Wichtigtuerei, Größenwahn, Machthunger und Zwangsvorstellungen, mal wird sie durch Glaubenssätze überschattet. Aber dieses Juwel ist immer da und kann in einem Nu wieder in vollem

25

Glanz erstrahlen. Viele Tugenden sind mühsam zu erwerben wie Geduld, Großzügigkeit oder Treue. Doch der Humor springt in einem Nu wie eine Fontäne aus dem Bewusstsein hervor, sobald wir die Schleuse öffnen und zulassen, erst mal über uns selbst zu lachen. Das ist das **A**(lpha) und **O**(mega).

Aus dem großen Schatz, menschliche Größe zu verwirklichen und Humor zu bewahren, greife ich drei Themen für dieses Buch heraus.

1. Die eigene Lebensbewältigung im Alltag
   Wer über sich selbst lachen kann, relativiert jede Form von Stress, jeden Glaubenssatz.
2. Die therapeutische Tätigkeit
   Wer es schafft, das hauptsächliche Symptom, das jemanden an der Selbstverwirklichung hindert, mit Humor bewusst zu machen, aktiviert damit die Selbstheilungskräfte der Patienten stärker als mit Arzneien.
3. Die Lehrtätigkeit
   Wer vorne steht und andere belehrt, unterweist und schult, braucht dringend Humor, damit das Wissen und die Botschaft ins Bewusstsein des Zuhörers eindringen.

Der Humor ist die fließende Energie, die uns bei allen drei Themen begleiten und sie ins Bewusstsein dringen lassen wird. Der Humor erweckt emotionale und soziale Kompetenz. Beides brauchen wir im zwischenmenschlichen, privaten und beruflichen Leben. In diesem Buch werden wir einige humorvolle Lösungen für fixierte Glaubenssätze, fehlenden Mut, für Angst vor Versagen und Scheitern kennen lernen.

2. Menschenliebe

Ich habe mich mal eine halbe Stunde lang mit Charlie Chaplin unterhalten. Er sprach kein Russisch, ich kein Wort Englisch. Wir haben uns trotzdem verstanden und sind Freunde geworden.

Oleg Popow, Stern-Interview

Die Liebe zu sich und den Mitmenschen ist eine Grundvoraussetzung für Humor und die Verständigung von Herzgeist zu Herzgeist.

Wer mit einem Mitmenschen kommuniziert, ob als darstellender Künstler – Musiker, Sänger, Tänzer, Schauspieler – oder als Therapeut oder als Redner, Schullehrer, Theologe, esoterischer Lehrer oder Seminarleiter, nichts hält den zwischenmenschlichen Energiefluss so lebendig wie Humor. Ein Lächeln, ein Lachen und schon bröckelt die Fassade von Wichtigtuerei und hängt der Heiligenschein schief. Er fällt sowieso hinunter beim ersten Aufleuchten von Erkenntnis und

A-2. Menschenliebe

das ist gut so. Der Humor ist die Gabe, Dinge von einem erhöhten Standpunkt aus betrachten zu können und die Komik menschlichen Verhaltens auf diese Weise zu erkennen. Das betrifft allerdings an erster Stelle einen selbst. Wer nicht über sich selbst lachen kann, sollte nicht vorne stehen und andere belehren. Besser in ein langweiliges Kloster gehen und Mönche oder Nonnen baden. Das könnte eventuell wieder Heiterkeit auslösen.

Humorlose Vorträge gleichen einer Schlaftablette in Menschengestalt. Das gilt auch für Fachvorträge. Wird nicht wenigstens ein Mal während eines Vortrags gelächelt oder besser noch gelacht, bleibt bei den Zuhörern nichts hängen. Humor ist die beste „Waffe" gegen Demenz und erfolglose Seminare.

Dann die Gelotologen! Wenn es ums Lachen geht, braucht man unbedingt einen wissenschaftlichen Begriff und Forschungszweig, damit jeder lernt und weiß, wie und wann man zu lachen hat. Herrlich, wie die Lach-Yoga-Profis da stehen, akademisch lachen und sofort sauer sind, wenn man sie karikiert. Das ist im Lachprogramm nicht vorgesehen. Auch die in Therapeutenkreisen angebotenen Lach-Gruppen sind bisweilen vom Humor Äonen entfernt. Sie verstehen nicht, dass man gerne den Grund des Lachens wissen möchte.

Lachen ohne Anlass ist pure Dämlichkeit.

Loriot, ebenda

Persifliert man ihren Lachunterricht, sind sie beleidigt und fühlen sich nicht ernst genommen. Fort ist Madame Heiterkeit, fort der Humor! Wenn es darum geht, verklemmte Zwerchfelle wieder in rhythmische Bewegung zu bringen, geht man einfach bei einem Profisänger in die Lehre. Da gibt es wunderbare Zwerchfellübungen, die jeden Zentimeter Zwerchfellmuskel trainieren. Nur, mit Humor hat auch das nicht unbedingt etwas zu tun. Der rangiert eine Etage höher und ist mit seiner Schwester, der Intelligenz, verwandt.

Die Kraft des Humors ist enorm. Sie entfaltet sich in drei Stufen: Strahlen in den Augen, Lächeln und Lachen. Lachen kann man, wie oben beschrieben, in akademischen Lachgruppen durch Zwerchfellrütteln bewirken. Ein Lächeln hat eine ganz andere Ausstrahlung. Warum reisen jahraus, jahrein Millionen Menschen ins Museum, um das Gemälde der Mona Lisa anzuschauen? Etwa, weil sie lacht? Nein, weil ihr Lächeln in den Augen und Gesichtszügen nur angedeutet ist. Lächeln birgt ein Geheimnis.

Warum berührt einen das Lächeln einer Buddha-Darstellung?

Das Lächeln beginnt in den Fenstern zur Seele, in den Augen. Erst strahlen die Augen, dann werden die Gesichtszüge um den Mund herum weich, die Mundwinkel heben sich und mit ihnen zeigen sich die Lachfalten.

A-2. Menschenliebe

Abb. 14 Buddha-Kopf am Arbeitsplatz

🙂 **Stehen Sie zu Ihren Lachfalten, das sind die gesündesten Hautveränderungen!**

Würde man Lächelgruppen bilden und genauso anpreisen wie die Lachgruppen, müsste die Menschenliebe in Gestalt von Humor im Zentrum stehen. Das ist ein weitaus größeres Format. „Liebe deinen Nächsten wie dich selbst". Da wäre der erste Schritt, sich liebevoll anzunehmen, wie man ist und der nächste Schritt, den Mitmenschen anzulächeln. Lachen kann man ohne humorvollen Grund, Lächeln hat immer einen Grund, da es aus dem Herzen kommt.

Humor in seiner Ausdrucksstärke des Lachens basiert auf geistiger Regsamkeit und Intelligenz. Lachen entwaffnet und entlarvt augenblicklich, was unecht, aufgesetzt und unnatürlich ist. Auf Platz 1 rangiert die Fähigkeit, über sich selbst lachen zu können, die Komik gerade dann in seinem Tun zu erkennen, wenn man sich besonders bedeutend fühlt, einen Glaubenssatz als existenziell wichtig hinausposaunt oder wichtige Anweisungen und Ratschläge predigt – die man selbst nicht erfüllt. Das ist besonders komisch.

Humor ist mehr als andere nachzumachen. Das kann zwar Heiterkeit auslösen. Ob aber Humor im Spiel ist, zeigt sich erst in der Fähigkeit, besagten Platz 1 einzunehmen:

Abb. 15 Buddha-Statue im Garten

Abb. 16 Buddha-Kopf im Garten

A-2. Menschenliebe

über sich selbst schmunzeln, lächeln und lachen zu können. Da scheiden sich schnell die Geister. Mitgefühl und Einfühlungsvermögen sind nämlich die Grundvoraussetzungen des Humors. Sonst artet er in Ironie, Zynismus und Sarkasmus aus und fort ist die Leichtigkeit des Heiteren.

Wie kann man die Menschenliebe in jemandem erwecken? Das ist eine große Aufgabe, die wir uns als Therapeuten sowohl im Kollegenkreis als auch bei Patienten stellen sollten. Schaut man sich in der Therapieszene um, sieht man fast keine Menschen vor lauter Abgrenzungsmauern, Elfenbeintürmen und Warnschildern, weil viele ihr Gedankengebäude meinen verteidigen zu müssen. Mit Humor werden alle diese egomanen Verteidigungslinien transparent und man sieht nur den Menschen, hier wichtigtuerisch aufgeblasen, dort geschwächt durch Glaubenssätze. Einfach nur Mensch zu sein, fällt den meisten schwer. Humor macht es leichter, zu sich selbst zu finden.

Menschenliebe kann man nur im Mitmenschen erwecken, wenn man sie selbst in sich spürt. Man sollte sich so annehmen, wie man ist. Ferner braucht man Möglichkeiten, sich in andere hineinzuversetzen, ohne mit deren Problemen, Leiden, Konflikten und Krankheiten in Resonanz zu gehen. Das ist ein großes Thema aller Therapeuten. Mitgefühl und Einfühlungsvermögen müssen erworben werden, ehe der erste Kranke erscheint und unsere volle Aufmerksamkeit verlangt. Wie oft ist zu beobachten, dass Therapeuten abends fix und fertig sind und in ein Burnout driften, weil sie mit den Kranken in Resonanz gehen und deren Themen nicht loslassen können. Dahinter steht zunächst die Gabe des Mitgefühls, aber auf derselben „Tonhöhe" zum Patienten. Das ist zu nah. Damit wir resonanzfähig bleiben, Einfühlungsvermögen und Warmherzigkeit bewahren, müssen wir lernen, von einem erhöhten Standort Leiden, Krankheit, Probleme usw. zu betrachten. Der Humor ist sozusagen die „Hebebühne" auf eine Ebene, wo wir eine Art Schutzmantel für unser eigenes Energiesystem erwerben. Wenn wir aus dieser Erfahrung heraus dann dem Patienten begegnen, bewahren wir einen klaren Kopf und ist sofort die schöpferische Kraft aktiv!

Es ist sicher kein Zufall, dass man in der traditionellen Heilerschulung so viel Wert auf Humor und Erdung durch die Kraft des Solarplexus legt. Beides ist das Rüstzeug, um einerseits nicht in Resonanz mit der Disharmonie einer Krankheit zu kommen und andererseits kein Helfersyndrom zu entwickeln. Es wäre ein Zeichen von Fortschritt, wenn dieses Arbeitsethos auch in der Ausbildung von Therapeuten als Grundlage diente. In den meisten Krankenhäusern sind bezeichnenderweise auch Ärzte und Pflegepersonal krank. In vielen Praxen arbeiten Therapeuten, die selbst mit dem Leben nicht zurechtkommen, hart am Abgrund des Burnout. Dies sind Menschen, die im Grunde Gutes, Heilsames bei anderen bewirken wollen und das ist ehrenwert. Wenn sie aber durch ihren therapeutischen Beruf chronisch krank werden, ist es ein Zeichen, dass sie nicht gelernt haben, die Sorgfaltspflicht ihrem eigenen Energiesystem gegenüber zu erfüllen.

🙂 **Humor stärkt auch Ihr Immunsystem, liebe Kollegen und Kolleginnen!**

Mir liegt am Herzen, dass es uns Therapeuten gut geht. Das strahlt dann positiv auf unsere Patienten aus. Darum habe ich mir unzählige Übungen in den Fortbildungen für Therapeuten einfallen lassen, wie Menschenliebe, Einfühlungsvermögen, Beziehungsfähigkeit und Warmherzigkeit mit Humor erweckt werden. Davon handelt dieses Buch.

3. Lachen ist gesund

Ja, lachen ist gesund, das weiß jeder. Lachen befreit, stärkt die Gesundheit und macht glücklich, weil jede Menge Glückshormone ausgeschüttet werden. Wir sind als moderne Menschen schon so krank, nehmen uns so bierernst, dass wir nicht mehr an diese Volksweisheit glauben. Wir brauchen wissenschaftliche Beweise. Es wird nur noch gelacht, wenn Lachen tatsächlich der Heilung dient und das auch wissenschaftlich beweisbar ist. Also haben wir eine neue Wissenschaft, die Gelotologie, begründet.

Nun gut, wir brauchen Fakten, dass Lachen gesund ist. Hier ein paar wesentliche Ergebnisse der Gelotologie, die in Europa und Amerika gute Forschungsarbeit geleistet hat:

1. Lachen steigert die Hormonproduktion.
2. Lachen sorgt für eine bessere Zirkulation und Verteilung von Immunzellen.

Abb. 17 Clown Cornelli

A-3. Lachen ist gesund

Abb. 18 Fröhliche Stimmung im Seminar

Abb. 19 Fröhliche Stimmung im Seminar

3. Lachen aktiviert das gesamte Herz-Kreislauf-System.
4. Lachen fördert den Ausgleich des neurovegetativen Systems.
5. Lachen ist sympathikoton, danach folgt die Entspannung = parasympathikoton.
6. Die Immunkraft wird um 100 % durch regelmäßiges Lachen gestärkt!

Es konnte nachgewiesen werden, daß die Aktivität und Anzahl der natürlichen Killer-Zellen nach einem intensiven Lachen ansteigen. Es ist erstaunlich, daß so etwas Einfaches wie ein heiteres Lachen es ermöglichen kann, eine so signifikante immunologische Zelle wie die natürliche Killer-Zelle zu modulieren. Offensichtlich modifiziert heiteres Lachen die Physiologie und die Chemikalien, die die natürlichen Zellen affizieren, und es steigert ihre Anzahl und Aktivität.

Titze, Michael: Therapeutischer Humor

Herzhaftes Lachen vermehrt die Immunglobulin-A-Antikörper. Das konnte eindeutig nachgewiesen werden, wenn Patienten eine heitere Komödie angeschaut hatten oder durch einen Klinik-Clown erheitert wurden.

Immunglobuline sind Eiweißkörper, die sich im Mundraum befinden, um Viren und Bakterien Widerstand zu leisten. Sie gelangen aus dem Blut in den Speichel. Aus früheren Untersuchungen war bekannt, daß Streß und alle Arten negativer seelischer Befindlichkeit die Anzahl der Immunglobuline senken und so dem Keimbefall Vorschub leisten.

Ebenda

A-3. Lachen ist gesund

In der Wissenschaft der Gelotologie und der Lachtherapie wurden viele Forschungen betrieben, um die immunstärkende Kraft des Humors zu beweisen. Deshalb wurde nach Lachübungen immer wieder durch Blutproben bestätigt, dass die Anzahl der Immunglobuline im Blutserum ebenso ansteigt wie im Speichel.

> *Bei Marathon-Joggern kommt es zum entgegengesetzten Effekt: Die Anzahl der Immunglobuline im Speichel nimmt ab, und die Anfälligkeit für Infektionen im respiratorischen Trakt erhöht sich.*
>
> Ebenda

Ein weiteres Forschungsgebiet galt den Zytokinen, die von immunkompetenten Zellen ausgeschüttet werden und signalübertragend sowie steuernd in den Ablauf immunologischer Schritte in der Zellkommunikation einwirken. Besonderes Augenmerk galt dem Zytokin Gamma-Interferon, das vom Immunsystem produziert wird und dessen antivirale Wirkung bekannt ist. Dieser Botenstoff hemmt nachweislich die Vermehrung von Tumorzellen und steigert die Eliminierungskraft (Phagozytose) spezieller Lymphozyten, wenn sie Tumorzellen begegnen. Eindeutig konnte nachgewiesen werden, dass dieses Zytokin vermehrt ausgeschüttet wird, wenn jemand herzhaft lacht. Es ist um ein Vielfaches schwieriger – wie wir alle aus der Krebstherapie wissen – dasselbe Ziel mit Medikamenten zu erreichen.

Ein durch die Diagnose und vor allem Prognose geschockter Patient ist ein Angstbündel. Seine Immunkraft sinkt rapide ab. Kommen dann noch Chemo- und Strahlentherapie ins Spiel, schwindet nicht nur die Immunkraft, sondern müssen auch noch die Nebenwirkungen verarbeitet werden. Ganz davon abgesehen ist medizinisch nachgewiesen, wie stark die Chemotherapie den Gehirnstoffwechsel beeinflusst, sodass die Patienten psychisch-mentale Veränderungen erleiden. Sie empfinden sich wie fremdbestimmt.

Da ist eine gehörige Portion Humor nötig, um den Sinn darin zu finden, dass man mit den konventionellen Kampfwaffen gegen Krebszellen ausgerechnet das zerstört, was man am dringendsten braucht: ein immunstarkes Energiesystem. Chemotherapie und Strahlentherapie können als Notlösung lebensrettend sein. Darum gebührt ihnen auch ein Platz in der Ganzheitsmedizin, aber sicher nicht Platz 1, wie das den Patienten vorgegaukelt wird.

Die konventionelle Onkologie führt seit mehr als 100 Jahren Krieg gegen Krebs, Viren, Bakterien. Das Gesetz des Krieges ist Töten und dazu erschafft es die passenden Waffen. Heilung ist aber ein Zeichen des Friedens. Im Frieden ruhen die Waffen, weil keine Feinde mehr vorhanden sind.

Wenn das in der Medizin allmählich mal klarer würde…

4. Humor – der Lichtbringer

Für mich ist der Clown, der auf den Hintergrund sieht, auf dem er sich bewegt, und die Schwächen der anderen Menschen erkennt, die Erfüllung eines Schauspielers.

Auch deshalb, weil ihm die Sprache nicht zur Verfügung steht, und er so mit einem Instrument oder stumm etwas spielen muss, was uns alle angeht.

Görtz, Franz Josef und Sarkowicz, Hans
Heinz Rühmann

In anderen Leuten die Komik ihres Verhaltens zu erkennen, ist eine Kleinigkeit. Andere „auf die Schippe zu nehmen", macht Spaß. Aber die Komik im eigenen Verhalten zu entdecken, bewirkt etwas, das ich als ein Glanzlicht des Menschseins bezeichne: die Selbstannahme.

Wer Menschen und das Menschliche nicht von Herzen annehmen kann, lehnt sich selbst ab und sollte nicht therapieren, vorne stehen und andere belehren. Humor öffnet die Herzkraft und durchströmt aus dem Herzgeist heraus alles, was wir tun. Es ist von zentraler Bedeutung, Mensch zu bleiben, egal, wie bekannt oder berühmt man ist. Der Humor holt Sie immer auf die Erde zurück und lächelt. Ja, wir können als Menschen Großartiges leisten – und Fürchterliches kreieren.

Mit Humor ist es leichter, das Licht der Hoffnung und Zuversicht zu entfachen, andere Menschen für das Gute im Menschen zu begeistern, sie zu motivieren. Das ist Aufgabe des Heilers im Therapeuten. Es ist nicht primär die Heilmethode, die Heilung bewirkt, sondern der Herzgeist, der aus dem Behandler spricht. Es geht nicht darum, was Sie lehren oder therapieren, sondern wie Sie lehren und therapieren! Es geht im ganzen Leben weniger darum, was wir tun, sondern wie wir agieren, wie wir denken, fühlen und handeln. Humor ist der beste Weg, die Qualität Ihres Tuns zu steigern. Er ist auch der direkte Weg zum Erfolg.

☹ **Wer auf einem Glaubenssatz beharrt, will sich nicht entwickeln und verändern.**

Dieser Tatsache begegnen wir nicht nur in der Therapieszene, sondern auch in der Esoterik. Das ist besonders fatal, weil die Verfechter eines Glaubenssatzes ja behaupten, sie hätten gar keinen, die anderen hätten das Problem. Viele von ihnen suchen Erleuchtung, innere Freiheit durch einen spirituellen Weg. Sie merken nicht, dass ausgerechnet der Glaubenssatz, an den sie sich klammern, dauernd das Licht der Erkenntnis auspustet. Das ist wahrlich eine Sisyphusarbeit, denn diese Menschen suchen ja das Heil. Aber es soll im Korsett des Glaubenssatzes geschehen. Das

A-4. Humor – der Lichtbringer

funktioniert nicht. Glaubenssätze sind heillos. Sie bremsen das Fahrzeug der Seele. Da liegt ein Fuß auf dem Gaspedal der Erleuchtungssuche und der andere auf dem Bremspedal eines Dogmas. Das Ganze ist besonders heillos, wenn der Glaubenssatz von einer Autorität, einem Lehrer oder Therapeuten eingebläut, eingeimpft wird. Das nennt man auch Gehirnwäsche.

Daraus geht eine gespaltene Persönlichkeit hervor. Eine tragische Situation, der ich schon oft unter Esoterikern und Therapeuten begegnet bin. Aber auch hier ist die humorvolle Betrachtung des menschlichen Verhaltens die Lösung. Dabei zerbröselt mitunter das zurechtgezimmerte Weltbild und es entsteht beispielsweise der Eindruck, jahrelang umsonst gebetet, meditiert, asketisch oder vegetarisch gelebt zu haben. Doch diese Ent-Täuschung ist wiederum heilsam, denn sie zeigt, dass sich jemand weiter entwickeln, das Denkkorsett ablegen will, um eigene Erfahrungen zu machen.

Abb. 20 Zenmeister Hotei
"Genieße dein Leben!
Es könnte dein letztes sein."

🙂 **Es gibt nur eine Wahrheit, nämlich die eigene Erfahrung.**

Meinungen, Urteile, Verurteilungen und Glaubenssätze basieren alle auf mangelnder eigener Erfahrung. Es entstehen zementierte Lehrmeinungen, die sogar weiter vererbt werden vom Lehrer auf den Schüler – eine kollektive Vollbremsung der eigenen Entwicklung. Gut, es gibt Menschen, denen genügt es, das Wort des „Meisters" weiter zu predigen und ihr Sendungsbewusstsein zu pflegen. Hört man ihnen gerne zu? Nein.

Jeder Glaubenssatz, jede zementierte Meinung fordert heraus, durch eigene Erfahrung überprüft zu werden, sonst bleiben sie leeres Stroh, tote Worte. So ist es auch mit Meinungen, die in die Welt gesetzt werden. Sie sind nur solange gültig, bis sie durch neue Erfahrungen aufgelöst werden. Meinungen, Urteile und Glaubenssätze sind immer Sprösslinge des Ego-Bewusstseins und daher kurzlebige Erscheinungen. Sie ziehen eine lange Spur von Leid, Zerstörung und Blutvergießen hinter sich her. Weise Erkenntnis-

A-4. Humor – der Lichtbringer

se entstehen durch Überwindung von Vorstellungen, Glaubenssätzen und Lehrmeinungen des Ego-Bewusstseins und sind zeitlos gültig. Jeder Mensch hat Sensorien für das Echte und Unechte, hat ein Ego-Bewusstsein und ein höheres Selbst. Jeder von uns kann entscheiden, welcher Stimme er folgen möchte. Wer Humor hat, lässt sich nicht so schnell ein X für ein U vormachen, egal, was andere sagen und meinen. Der Humor ist ein Sprössling des höheren Selbst, denn er kennt keine zementierten Glaubenssätze, sondern lässt sie zu Staub zerfallen, sollten sie sich eingeschlichen haben.

Solange ein Mensch noch merkt, dass etwas mit ihm nicht stimmt, dass er sich in Denkmustern, Meinungen und Vorurteilen gefangen fühlt, stehen alle Türen zur Heilung, Selbstverwirklichung und inneren Freiheit offen. Viel trauriger ist, dass es Menschen gibt, die meinen, keinem Denkmuster oder Glaubenssatz erlegen zu sein und nun den Fehler bei den anderen suchen. Sie sind nur in der Gruppe stark, denn die Gruppendynamik ist ein nicht zu unterschätzender Macht- und Gleichschaltungsfaktor – im Guten wie im Schlechten.

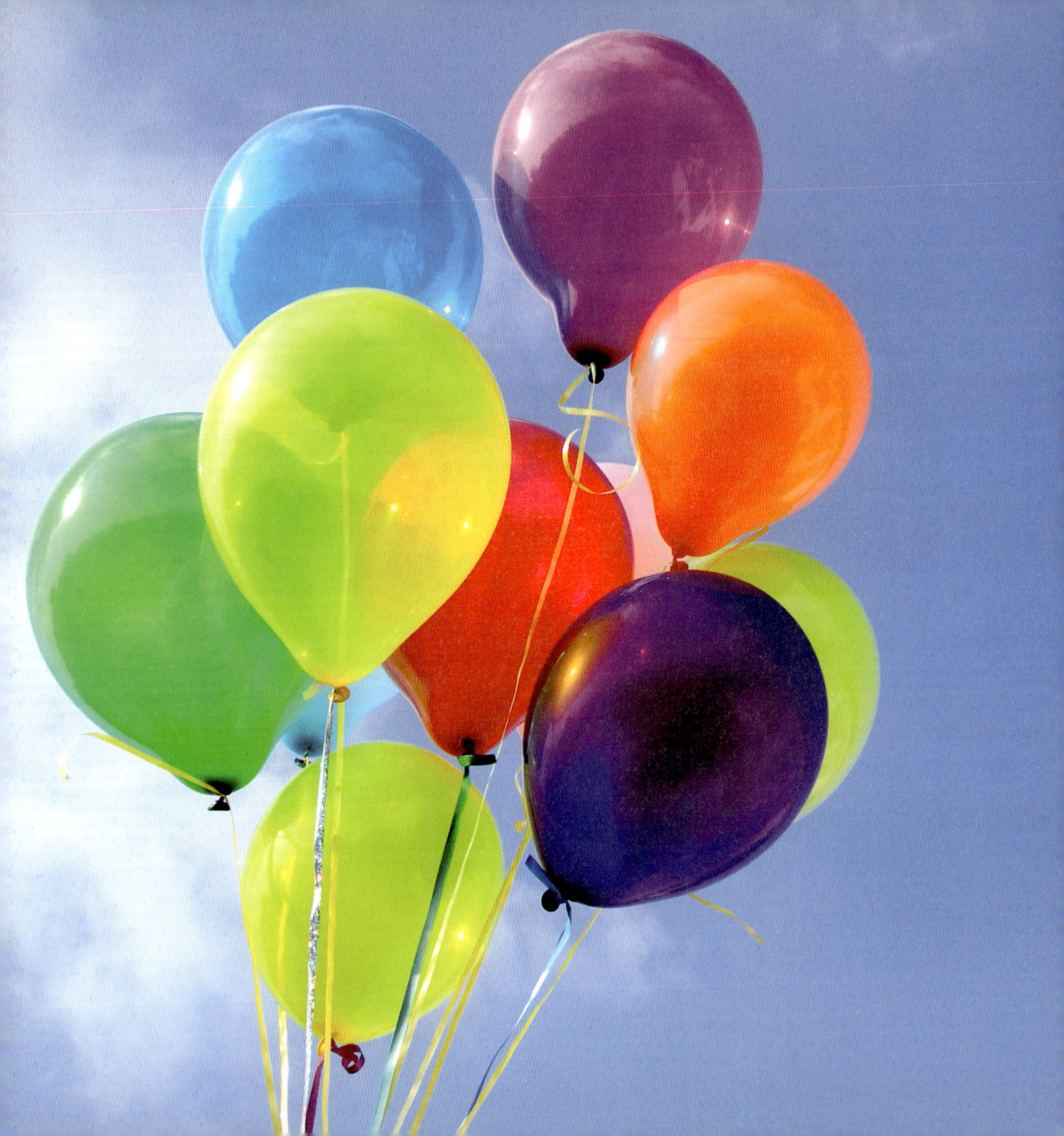

Kapitel B
Humor in der Gruppenarbeit

Humor hat in dem foliengetakteten System nur selten Platz, die strenge Reihenfolge ist programmiert, der Raum für Spontaneität begrenzt. Lachen hingegen schafft einen emotionalen Moment. Dadurch wird die Kreativität der Studenten angeregt, und der vermittelte Stoff verankert sich viel besser im Gedächtnis.

Michael Suda, Professor für Wald- und Umweltpolitik, FAZ 16.6.2012

Professor Dr. Michael Suda unterrichtet seine Studenten meistens mit roter Nase – das zur Information. Uni-Atmosphäre mal anders. Und was ist der Erfolg? Seine Seminare und Vorlesungen sind bis zum letzten Tag eines Semesters voll besetzt. Am Humor muss wohl was dran sein!

Nachdem wir das „warm up" rund um den Begriff Humor hinter uns haben, können wir nun loslegen und zuerst dort anfangen, wo in der Therapie Humor am nötigsten ist: bei mir, dir, Ihnen – bei uns selbst. Jeden einzelnen Therapeuten oder Berater darin zu unterweisen ergibt keinen Sinn, denn es geht beim Humor um emotionale und soziale Kompetenz und die entfaltet sich nur in der Gruppe, im Team, im Seminar, kurz: überall dort, wo Menschen etwas gemeinsam tun. Beziehungsfähigkeit ist also angesagt!

I. Mut zum Humor

Mutige finden wir heute in der Medizin und Wissenschaft, wo immer noch alte Strukturen der Pädagogik und Didaktik kursieren und man Intelligenz daran misst, wie gut und schnell jemand einen Stoff auswendig lernt. Das hat sowohl eine Auswirkung auf Prüfungen, die samt und sonders stressbesetzt sind, als auch auf die immer schlechter werdende Konzentrationsfähigkeit von Schülern und Studenten. Die Anzahl der Autoritäten wie Professor Suda, die auf humorvolle Weise festgefahrene Lehrmethoden karikieren und sich trotz des „trockenen Lehramtes", das sie inne haben, über die zwanghafte Ernsthaftigkeit von Dozenten hinwegsetzen, steigt. Das ist eine erfreuliche Entwicklung und beweist, dass es nicht auf den Lehrstoff ankommt, sondern wie er präsentiert wird. Die Tatsache, dass bei humorvollen Lehrern die Klassen und Hörsäle auch noch am Schuljahr- oder Semesterende voll sind, bestätigt, dass unsere jungen Leute nicht denkfaul, arbeitsscheu und unwillig sind. Sie haben nur keine Lust auf Schlaftabletten in Menschengestalt.

Wir haben als Lehrer gewiss nicht die Aufgabe, Schüler und Studenten mit Entertainment oder Comedy bei Laune zu halten, wohl aber unterhaltsam Stoff zu vermitteln. Das gehört zu einer intelligenten Pädagogik und Didaktik.

> *Die großen ursprünglichen Betätigungen des menschlichen Zusammenlebens sind alle bereits von Spiel durchwoben… in Mythos und Kult haben die großen Triebkräfte des Kulturlebens ihren Ursprung: Recht und Ordnung, Verkehr, Erwerb, Handwerk und Kunst, Dichtung, Gelehrsamkeit und Wissenschaft. Auch diese wurzeln sämtlich im Boden des spielerischen Handelns.*
>
> Huizinga

Lehren ist eine kulturelle Handlung, die den spielerischen Umgang mit Lernstoff verlangt. Wer im Spiel lernt, bewahrt das Gelernte. Menschen für etwas zu begeistern, was von Hause aus „trockener Lernstoff" ist, sollte die Herausforderung des Gruppenleiters sein. Wer es schafft, dabei Humor walten zu lassen, hat gewonnen. Ist Humor im Spiel, wird jede Thematik spannend, abwechslungsreich und interessant für die Zuhörer. Sie müssen so eingebunden sein, dass sie bereitwillig alles lernen wollen.

Das ist mein Ziel in jeder Art von Seminaren. Das größte Kompliment, das ich je von Profi-Therapeuten erhielt, lautete: „Sie könnten auch über eine leere Rolle Klopapier referieren und mich dafür begeistern!"

Ja, danke für die interessante Idee, ich werde darüber nachdenken beim nächsten Medizin-Kongress.

Humor bedarf des Mutes, über seine eigenen Unzulänglichkeiten, Kleinlichkeiten und Schwächen zu schmunzeln und zu lachen. Wer vor einer Gruppe steht, braucht ebenfalls Mut. Wir können nie davon ausgehen, dass alle Anwesenden gleichermaßen bereitwillig lernen. Meistens ist die Atmosphäre von Tastengeklapper erfüllt, da etliche Menschen alles Gehörte sofort in ihr Laptop eingeben. Da ruht es dann unerledigt, weil nichts empfunden, nichts wirklich erlebt wurde. Deshalb ist es sinnvoll, Übungen und Spiele in den Unterricht einzubauen. Ernst und Humor gehören wie siamesische Zwillinge zusammen. Von der einen zur anderen Ebene ganz selbstverständlich und blitzartig wechseln zu können, ist Teil der Ausbildung in der Humor-Therapie. Wo zu viel Ernst ist, schwindet der Humor, wo zu wenig Ernst herrscht, gibt es keinen Humor, allenfalls Albernheit. Wo Humor herrscht, ist emotionale Kompetenz vorhanden, also Tiefgang der Gefühle, des Mitgefühls. Das sind die heilsamen Aspekte von Humor.

Doch beginnen wir mit dem Mut, eine Gruppe zu leiten.

> *Wer nichts wagt,*
> *der nichts gewinnt.*

So lautet ein Sprichwort, das in einem Satz eine tiefsinnige Lebensweisheit zum Ausdruck bringt. Jeder weiß es auch: Wer nicht neugierig auf Neues ist, wer nicht experimentierfreudig ist, wer keinen Forschergeist entfacht oder wer nicht wagt, über den Tellerrand seines kleinen Weltbildes zu schauen, bewegt nichts. Leben ist Bewegung nach vorne. Hinten in der Vergangenheit können wir nicht leben, nur im Jetzt mit Hinblick auf eine Zukunft. Wer keine Visionen mehr hat, bleibt stehen. Als Kleinkind erobern wir die Welt, indem wir ständig neue Barrieren überwinden und Grenzen überschreiten. Wohl dem Menschen, der sich das innere Kind bewahrt hat und offen für neue Erfahrungen bleibt!

Mut ist ein gigantisches Thema, aber ich möchte es nicht pathetisch und gigantisch aufbereiten. Wirklich große Taten geschehen nicht auf dem Marktplatz des Alltags, nicht auf Kriegsschauplätzen, nicht im Presserummel, vielmehr geschehen sie unauffällig. Aber es bleibt ein Kometenschweif tiefer Beeindruckung, wenn sich Mut manifestiert und Grenzen überschritten werden. Ich setze ihn gleich mit menschlicher Größe in solchen Situationen, in denen die meisten Menschen kneifen oder gute Argumente beibringen würden, warum sie anders reagieren. Das sind zwischenmenschliche Situationen, sowohl im privaten als auch beruflichen Leben.

2. Mut und Angst

Haben Sie noch Ziele?
Natürlich! Zum Beispiel gleichmäßig weiteratmen.

Oleg Popow, ebenda

Mut, Grenzen zu überschreiten und Angst, zu versagen und zu scheitern, gehören zum Menschsein. Hier ein paar Themen, die wir alle kennen:

- Sie haben den Mut durch eine Lebenskrise oder Krankheit verloren.
- Sie wollen mutig sein, trauen sich aber nicht, weil Ihnen jemand den Glaubenssatz „Du kannst das nicht" eingeimpft hat.
- Sie verzagen schnell, sind ängstlich, wollen das aber ändern.
- Sie wollen etwas riskieren/verwirklichen, aber es fehlt Ihnen der passende Impuls.
- Sie stehen beruflich vorne als Therapeut, Lehrer, Seminarleiter, Künstler, Redner, Musiker, Politiker und wollen das mit weniger Stress und mehr Spaß ausüben.
- Sie spüren in sich den Drang nach einer großen Tat, nach einer Pionierarbeit und suchen einen „Motor", der die Begeisterung immer wieder anschürt.

B-2. Mut und Angst

Wer vorne steht, wer sich aus der Masse erhebt, ist Solist. Diese Rolle kann man nur zu 100 % einnehmen, denn entweder man ist Solist oder man ist es nicht. Man kann nicht ein bisschen Solist sein. Das ist eine zentrale Erkenntnis. Mit dem Solistentum verhält es sich wie mit dem Herzen. Das Herz ist der Kaiser des Organismus. Entweder er agiert (das Herz schlägt) oder nicht. Das Herz kann nicht ein bisschen schlagen, allenfalls unrhythmisch herumpoltern.

Fast 20 Jahre lang haben Harald Knauss und ich Kurse geleitet zum Thema „Bühne frei für…" Mal waren es Profikünstler, mal Veterinäre, Homöopathen, Heilpraktiker, Ärzte, Seminarleiter, kurzum: Menschen, die vorne stehen wollen oder beruflich müssen. Außer der Vermittlung der Bühnengesetze[1] wandten wir kinesiologische Stressablösungen zum Thema Lampenfieber an, setzten Bachblüten und homöopathische Arzneien ein und lehrten die Einheit von Rhythmik in Sprache, Stimme und Körperausdruck. Es zeigte sich, selbst wenn Begabung und Darstellungswille vorhanden sind, gibt es noch genügend zu lernen, als Einzelner vor einem Kollektiv zu bestehen. Das gilt nicht nur für den realen Fall, hier die Einzelperson, dort das Publikum, sondern auch im übertragenen Sinne, wenn man aus dem Kollektiv herausragt und einen mehr oder minder großen Bekanntheitsgrad erreicht hat. Wie geht man dann mit Kritik, negativen Buchrezensionen, negativen Urteilen, Häme und Neidprotest um?

Das ist die Nagelprobe jedes Solisten. Man kann nicht vorne stehen und sich zugleich verstecken wollen, wenn die Dinge nicht so laufen, wie man sie sich wünscht und vorstellt. Der Mut, vorne zu stehen, standhaft zu sein, für sich einzustehen, verlangt absolutes Loslassen, man muss sich fallen lassen in das, was gerade an Energie fließt.

Das ist eine gewaltige Herausforderung, denn sie verlangt, Glaubenssätze zu 100 % loszulassen und sich der dadurch erworbenen Freiheit hinzugeben. Von allen Mutproben finde ich dies am schwierigsten und habe es in über 20 Jahren Bühnenerfahrung hautnah erlebt. Ich möchte sogar sagen, als einstige Koloratursopranistin habe ich auf der Bühne mehr über Energiefelder und Heilkraft, Behinderung durch Glaubenssätze und den Erwerb innerer Freiheit gelernt als in meiner gesamten Therapeutenlaufbahn und spirituellen Schulung. Aus dieser Erfahrung heraus kann ich Menschen sowohl in ihrer Mutlosigkeit verstehen als auch in den Mut begleiten. Wie zu sehen sein wird, ist der Humor der beste Begleiter.

Dazu eine Begebenheit aus den „Sängertagen":

Eines Tages klagte ich meiner Gesangslehrerin Eva Krasznai-Gombos[2], ich könne nicht so virtuos in trockenen Konzertsälen singen. Wortlos stand sie auf, öffnete einen begehbaren Kleider-

---

[1] Siehe hierzu das Buch „Homöopathie fürs Rampenlicht", Narayana Verlag

[2] Einst Wagnersängerin in Budapest, dann 30 Jahre lang Gesangslehrerin in Basel für international tätige Sänger.

B-2. Mut und Angst

schrank, der in ihrem Studio stand und wies mich hinein. Verdutzt betrat ich den riesigen Schrank voller Kleider, Mäntel, Schals, Hüte. Draußen stimmte Eva eine Mozart-Koloraturarie an, die ich für einen Live-Mitschnitt im Konzert zu singen gedachte und sagte nur: „Los, Einsatz!" Da sang ich im Kleiderschrank die Arie, halb erstickend, halb mit einem Lachanfall ringend ob der abstrusen Situation: Mozart eingepfercht in Mänteln, Kleidern und Hüten. „Komm raus!", rief Eva. Ich trat aus dem Kleiderschrank, sah in ein belustigtes Gesicht der Grande Dame – und hatte nie wieder Probleme mit trockenen Räumen.

Eva wählte pragmatische Lösungen für ernsthafte Probleme und vermied damit ein Therapiebewusstsein für Bühnenkünstler.

Es gibt andere Gesangslehrer, die auf dieses gängige Problem von Sängern einsteigen, indem sie zahllose Mittelchen, Tricks und Übungen verordnen. Das ändert nichts an dem verständlichen, aber hinderlichen Glaubenssatz des Sängers, sondern jeder Fehlschlag vergrößert die Angst, in trockenen, überheizten Räumen stimmlich zu versagen. Solche Sänger landen dann in der Therapie und hören auf zu singen.

Mut zur Grenzüberschreitung von angstbesetzten Glaubenssätzen ist eine große Herausforderung. Denn auf der Gegenseite von Mut lauern eine Menge verschiedenster Ängste:

- Angst vor Misserfolg
- Angst vor Scheitern
- Angst vor Versagen
- Angst als Folge von fixierten Glaubenssätzen/Meinungen/Urteilen
- Angst, durchschaut zu werden, wenn man mit Mühe eine „Maske" angelegt hat
- Angst, dass eine Fassade zerbricht, die man ebenfalls mühevoll aufgerichtet hat
- Angst vor der Wahrheit beim Blick nach innen
- Angst vor Enttäuschung
- Angst vor den eigenen Potenzialen, positiven wie negativen
- Angst vor der Meinung anderer
- Angst vor Kritik

Abb. 21 Demonstration, wie man sich bei Glaubenssätzen verhält

B-2. Mut und Angst

- Angst, zurückgewiesen/abgelehnt zu werden
- Angst vor Neuem und Veränderungen
- Angst vor Berührung, physisch, emotional, mental, spirituell
- Angst vor schlechtem Karma

Abb. 22 Humorvoll in den Spiegel schauen

Abb. 24a und b Spaß am Spiel

Abb. 23 Einfache Hilfsmittel in der Humortherapie (flötende Lippen)

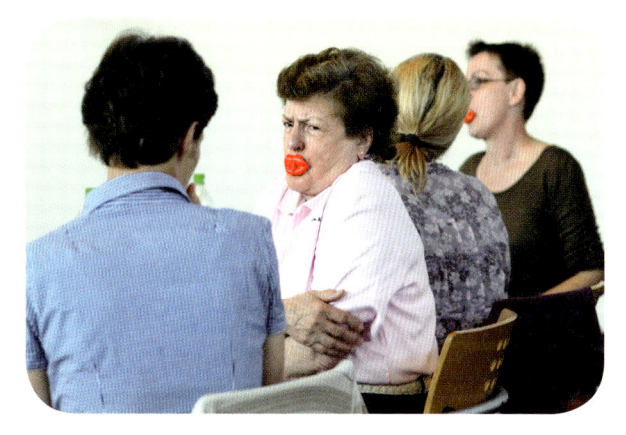

Abb. 25 Wie sich Angst anfühlt

B-2. Mut und Angst

Abb. 26 und 27 Angst und ihr Spiegel (innerer Narr)

treiben. Angst macht eng im Denken, Fühlen und Handeln.

Solange die Angst bei einem selbst bleibt, was zu erreichen schon mühselig genug ist, zieht man andere nicht unmittelbar in Mitleidenschaft. Was aber eine dramatische Wendung nimmt, ist, anderen Angst einzujagen. Darin haben wir im Abendland zweifelhaften Ruhm erlangt, da die christlichen Amtskirchen und viele aus östlichen Kulturen importierte Sekten Angst als Machtmittel eingesetzt haben und (leider) immer noch einsetzen. Heute floriert das Geschäft mit der Angst besonders stark in der Krebstherapie und in esoterischen Kreisen. Es muss nur irgendeine Sache oder ein Mensch stigmatisiert werden, und schon brechen Hysterie und Panik aus. Angst vor Außerirdischen, vor schwarzen Männern, negativen Energien, vor Weltuntergang, vor allen möglichen Truggebilden, die das eigene Bewusstsein erschafft. Noch anders gesagt: Alles, was uns ängstigt, einengt, durch Dogmen und Verbote lähmt, sind Widerspiegelungen des EIGENEN Bewusstseins und hindern uns

- erwachsen zu werden
- uns zu entfalten
- über uns hinauszuwachsen
- das Bewusstsein zu erweitern
- zu wachsen
- zu dem zu werden, was wir im Grunde schon sind.

Die Liste der Ängste jenseits des Mutes ist lang. Doch will ich mich auf die Themen beschränken, die uns im Leben auf dem Weg der Selbstverwirklichung häufig heimsuchen. Es gibt im Grunde nichts, vor dem man nicht ein Angstgebilde aufbauen könnte. Angst kann man vor allem und jedem haben. Angst gehört zu unserem Menschsein, ist ein natürlicher Gefühlsausdruck, kann aber auch unendlich viele seltsame Blüten

B-2. Mut und Angst

Draußen ist nichts, alles ist in einem selbst. Das zu begreifen, ist nicht Sache des Intellekts, sondern der Selbsterkenntnis und des Durchschauens der Truggebilde, Einbildungen und Illusionen von Glaubenssätzen. Und das ist nun mal ein langer, lebenslanger Weg, den wenige bereit sind zu gehen. Wer einen spirituellen Weg geht, weiß um dieses Ringen der Grenzüberwindung des eigenen Bewusstseins. Darum ist es ja besonders fatal, wenn ausgerechnet in Bewusstseinsschulungen zementierte Glaubenssätze die Suchenden an der Entwicklung hindern.

Für jeden noch so kleinen Schritt, dies zu wagen, schlägt mein Herz, denn, wie meine eigene Erfahrung mich gelehrt hat: Erst wenn ich Grenzen überschreite, kann ich Grenzen anerkennen. Zuerst muss ich merken, dass da eine Grenze ist. Das wiederum erfahre ich nur, indem ich meinem Herzgeist folge und die Erfahrung mit der Grenze mache. Diese Erfahrung kann schmerzhaft sein und mich in meine Grenzen zurückweisen. Dann stellt sich die Frage, wie ich mit dieser Erfahrung umgehe. Traue ich mich jetzt nicht mehr, einen Denkkokon, einen Glaubenssatz zu verlassen vor lauter Angst, wieder zurückgewiesen zu werden? Oder akzeptiere ich die durch Erfahrung wahrgenommene Grenze und öffne mich auf einem anderen „Feld" für neue Erfahrungen? Hier beginnt für mich der Mut.

Wohin es geführt hat, gar keine Grenzen mehr zu setzen, sehen wir in der Kindererziehung und im Schulsystem. Kinder und Jugendliche sind nicht mehr herausgefordert, mutig zu werden, sondern brutal aus Schwäche, weil es keine Regeln mehr gibt und sich kaum noch jemand traut, Grenzen zu ziehen. Eltern und Lehrer sind überfordert von unreifer und egomaner Anspruchshaltung von Jugendlichen.

Auch dazu eine kleine Begebenheit:

Als ich im Galli-Theater (Freiburg) an dem Trainingskurs „Die Geburt des Clowns" teilnahm, begegnete ich einer jungen Frau, die als Therapieclown in Berlin ausschließlich mit Schwererziehbaren, kriminellen Jugendlichen, Neonazis usw. arbeitet. Ihre Erkenntnis deckt sich genau mit den Erfahrungen der Humortherapeuten: Wer Humor hat, entwickelt Führungsqualitäten, soziale Kompetenz und somit auch emotionale Kompetenz. Jugendliche, die sich zuvor nur in der Rotte stark fühlten und buchstäblich „über Leichen" gingen, um ihren Frust abzulassen, verwandelten sich in Vertrauenspersonen für Jüngere oder „Noch-Mutlose" – nur durch Humor.

Wenn das kein Fortschritt ist?!

3. Einfühlungsvermögen

Wie eingangs schon gesagt, sind Einfühlungsvermögen, Beziehungsfähigkeit und Mitgefühl Zeichen des Humors und bewirken, dass die Menschenliebe – die Liebe zu sich selbst und zu anderen – im Herzen Platz nimmt. Diese Gaben benennen wir mit dem modernen, typischerweise „coolen" Begriff der „psychosozialen Kompetenz". Darum geht es. Wie immer stelle ich mir die Frage, wie man dahin kommt, wie es bei anderen funktioniert. Wenn ich diese Gaben lebe, heißt das noch lange nicht, dass es auch anderen leicht fällt. Wie aber die langjährige Erfahrung mit Kollegen zeigt, wollen ja viele, aber sie benötigen Impulse und Anleitungen. Die sicherste Quelle war und ist für mich die darstellende Kunst, denn sie hält unzählige Grade von Übungen bereit, wie man sich in etwas oder jemanden einfühlen kann.

Für mich war die musikalische Erlebnisreise durch unsere Kulturepochen als Berufsmusikerin der Schlüssel zum Verständnis der Miasmen in der Homöopathie, das heißt, die Interaktion des individuellen und kollektiven Bewusstseins, des familiensystemischen Feldes, in dem wir krank und gesund werden können. Doch ohne intensiv erlebt zu haben, was ein Renaissance-Geist oder ein Belle Epoque-Geist mit mir machte, wenn ich die Musikliteratur dieser Zeit interpretierte, hätte ich das niemals so gut begriffen, was wir akademisch als Erbkrankheiten wie Syphilis oder Tuberkulose bezeichnen. Um das Wesen einer Krankheit zu verstehen, muss sich der Blick weiten und über die sichtbare und messbare Symptomatik eines Patienten hinausreichen.

In meinen Fachfortbildungen geht es hauptsächlich um die ganzheitliche Behandlung chronischer Krankheiten aller Grade. Hinter jeder chronischen Krankheit steht ein chronischer psychisch-mentaler Konflikt. Den kann man intellektuell abhandeln. Auch die Arzneibilder der Homöopathie kann jeder aus Büchern lernen. Aber in das innerste Wesen von Krankheit, Konflikt und Arznei zu tauchen, bedingt eine ganzheitliche, körperlich-geistige Erfahrung. Deshalb lege ich Wert auf Team-Arbeit,

B-3. Einfühlungsvermögen

damit ein Thema schon auf dem Nährboden der Toleranz gedeiht.

Dann entscheidet die Gruppe, ob sie als Ganzes oder einer der Gruppe vorne steht und das Ergebnis der Arbeit vorliest oder präsentiert.

Noch intensiver wird das Einfühlungsvermögen gefördert, wenn die verschiedenen Gruppen die Aufgabe bekommen, den Konflikt hinter einer Krankheit und seine Lösung darzubieten – sei dies als lustiger Sketch oder als eine ernste Form der Darbietung gewählt. Ob in Prosa oder in Gedichtform, alles ist erlaubt und möglich. Damit wird nicht allein der gesunde Spieltrieb geweckt, vielmehr verhilft die spielerische Umsetzung dem Therapeuten dazu, sich auch auf Themen einzulassen, die im Praxisalltag oft stressbesetzt sind. Denken wir nur an die Krebstherapie oder an psychiatrische Krankheiten. Die Tatsache, dass nach solchen Seminaren die Kollegen beherzt an schwierige Therapieaufgaben herangehen, wesentlich mehr Heilungserfolge erleben als zuvor, geht auf das eigene Erleben im „Spiel" zurück. Die Aufgabe besteht ja darin, das Problem und die Lösung dem Auditorium darzubieten.

Die spielerischen Gruppenaufgaben dienen auch der Zusammenfassung des Lernstoffes, sodass alle ihn wiederholen, indem sie die Ergebnisse der Gruppenarbeit vorgeführt bekommen. Hier ein paar Beispiele:

Abb. 28 und 29 Kollegen erarbeiten gemeinsam ein Thema

B-3. Einfühlungsvermögen

Abb. 30a – c Darstellung der Austernbank und „Aussteiger-Auster"

Übung 1
Das Wesen von *Calcium carbonicum*

Die Aufgabe bestand darin, sich in das homöopathische Arzneiwesen von *Calcium carbonicum* einzufühlen, den Austernschalenkalk. Die Gruppe sollte uns das Wesen einer Austernbank zeigen, wie alle zu einem Familiensystem gehören, das gleiche tun, Tradition aufbauen.

Was geschieht, wenn einer ausschert und was anderes tun will, als die Familienkonvention vorgibt? Was macht das mit der Gruppe und dem Aussteiger?

B-3. Einfühlungsvermögen

Abb. 31a – c Vom mangelnden Selbstvertrauen
in die Eigenautorität

Übung 2
Positive Potenziale entdecken

Die Aufgabe war, sich in einen Patienten mit mangelndem Selbstvertrauen und Selbstwert einzufühlen und die Lösung zu präsentieren. Die Gruppe, bestehend aus Homöopathen und Homöopathinnen, entfaltete vor unseren Augen erst das Problem, dass sich jemand versteckt und unsichtbar macht. Dafür bildeten sie zunächst eine Hecke aus Thuja-Zweigen und anderen Baumzweigen. Dann trat eine Therapeutin hinter die Patientin, stützte sie von hinten mit der Botschaft „Gehen musst du allein". Schließlich entfaltete die Patientin ihre positiven Potenziale.

4. Humor in Stimme und Körpersprache

Spiel steht in unserem Bewusstsein dem Ernst gegenüber... das Komische fällt unter den Begriff des Nichternsten und... reizt zum Lachen. Alle Ausdrücke aus der nur vage zusammenhängenden Begriffsgruppe, zu der Spiel, Lachen, Kurzweil, Scherz, das Komische und die Torheit gehören, haben die Unableitbarkeit ihres Begriffs miteinander gemein. Ihre Ratio liegt in einer besonders tiefen Schicht unseres geistigen Wesens. Alles Spiel ist zunächst und vor allem e i n f r e i e s H a n d e l n.
                                                            Huizinga

Humorlosigkeit zeigt sich in der starren, arrhythmischen Körperbewegung und man hört sie an der metallischen Klangfarbe der Stimme und der hysterischen Stimmlage. Außer der Körpersprache bietet die Stimme bzw. die verbale Äußerung die größte Palette, Humor zum Ausdruck zu bringen. Die Stimme bedarf hörbarer Farbigkeit. Wir sagen ja auch Farbton – Tonfarbe.

Es kommt oft darauf an, was man sagt, aber auch sehr oft darauf, wie. Man kann alles sagen, sofern man den richtigen Ton findet. Das gilt auch uneingeschränkt für unsere Taten, Aktionen, Handlungen, Verhaltensweisen. Das Wie sagt etwas über das Bewusstsein aus, das spricht oder handelt. Wie wahr das ist, erfahren wir sofort, wenn jemand sich spontan äußert oder spontan reagiert. Wenn keine Zeit bleibt, seine Maske aufzusetzen, seinen Intellekt einzuschalten, um Verhaltensmuster abzurufen, die sich bewährt haben, zeigt jemand glasklar wie er/sie denkt, fühlt und handelt. Worte können töten, Worte können heilen. Der Humor drückt sich immer in heilsamer Sprache und Stimme aus. Ehe noch ein Mensch merkt, dass er sarkastisch oder zynisch wirkt, ist das längst an seiner Stimme und Wortwahl zu hören. Das Ohr trügt nicht. Es kommt etwas von außen herein und löst Gefühle aus. Wir sprechen sinnigerweise vom „Unterton", der oft mehr aussagt als das vordergründig Gesagte.

Übung 3
Den rechten Ton finden

- Sie sagen, was Sie fühlen.
- Sie fühlen, was Sie sagen.
- Sie sagen, was Sie meinen.
- Sie meinen, was Sie sagen.

Diese vier Varianten kennen wir in der negativen Form zur Genüge aus dem großen Reich der Missverständnisse. Die richtigen Worte zu finden ist nicht primär eine Sache der Sprachbeherrschung, sondern des Gefühls, das man dem anderen entgegenbringt. Wenn das Herz spricht –

und das tut es beim Humor – werden alle Sprachbarrieren überwunden. Man findet selbst in einer Fremdsprache den richtigen Ton und die passenden Worte. Darum sagen wir, dass „der Ton die Musik macht". Stimme und Gemütslage, Sprache und Psyche gehen Hand in Hand. Jeder Versuch, sich zu verstellen, muss scheitern.

Das betrifft an vorderster Stelle die, die vorne stehen. Man kann sofort an Stimme und Sprache erkennen, wer die Linie von Privat zu Solist missachtet hat. Wer seine privaten Probleme mit auf die Bühne bringt und sie dort zu kaschieren versucht, gerät in Stress. Da besteht zwar die Hoffnung, dass niemand etwas merkt, aber sie ist vergeblich. Die meisten Zuhörer spüren instinktiv den Stress des Vortragenden und kommentieren es so: „Da kam nichts rüber." Wer auf der Bühne in privaten Emotionen und Konflikten gefangen ist, ist nur mit sich selbst beschäftigt und braucht alle Energie dafür. Dadurch kann nichts nach außen strahlen, die elektrischen, solaren Kräfte sind zu schwach, die magnetischen dagegen zu stark.

Die Stimme ist wunderbar dazu geeignet, sie bewusst zu verstellen. Man kann zum Beispiel jemanden stimmlich imitieren oder eine Aussage karikieren. Das ruft Heiterkeit hervor. Dazu ein Beispiel:

Ich sprach in einer Fortbildung für Therapeuten über das brisante Thema, dass es Patienten gibt, die im Konsum gefangen sind, die meinen, weil sie die Behandlung bezahlen, müssten wir ihr Problem beseitigen. Die einen schauten betreten vor sich hin, die anderen nickten verständnisinnig. Es entstand eine bedrückte Atmosphäre, weil jeder das Problem kennt.

Plötzlich sprach ich, eine hessische Männerstimme karikierend, eine miesepetrige Miene aufsetzend: „Isch hab bizaahlt. Sie müsset mir des wegmache!" Alle lachten oder kicherten. Der Bann war gebrochen und der Weg frei zu überlegen, wie wir mit Konsumpatienten künftig umgehen. Da Therapeuten aus den verschiedensten Bundesländern und deutschsprachigen Ländern anwesend waren, bat ich die Kolleginnen und Kollegen erst, den Satz noch einmal in ihrem jeweiligen Dialekt zu sagen. Ein Riesengelächter, als wir hörten, wie das bei den Sachsen, Rheinländern, Bayern, Schwaben, Friesländern, Schweizern oder Wienern klang. Jeder hatte seinen Frust kreativ gelöst und erlebt, dass wir alle das gleiche Problem kennen und wir gemeinsam auch eine Lösung finden, die in jedem Landstrich oder Bundesland oder Land umsetzbar ist.

4.1 Beispiel „Wie sage ich etwas?"

Mit diesen Beispielen greife ich etwas voraus, da sie sowohl die Einzelarbeit mit einem Patienten beleuchten, als auch die Arbeit vor einem Kollektiv. WIE sage ich etwas? Aus welcher inneren Haltung heraus mache ich dem an Medikamen-

B-4. Humor in Stimme und Körpersprache

tenkonsum gewöhnten Patienten klar, dass er/sie aktiv am Heilungsprozess mitzuarbeiten hat? Das erfordert zweifellos Fingerspitzengefühl und Kreativität. Es muss aber erst einmal klarwerden, dass niemand aus böser Absicht die Konsumhaltung einnimmt. Sie ist Teil der Krankheit und kein Affront gegen den Therapeuten. Zu solchen Erkenntnissen kommen Therapeuten, wenn sie den Humor einladen und spielerisch, wie in den drei folgenden Beispielen demonstriert, mit dem Problem umgehen.

4.1.1 Delikates Thema sexuelle Frustration

2006 wurde ich als erste Frau und Deutsche von der Kaiserlichen Homöopathiegesellschaft nach Tokio eingeladen, um das Seminar „Ganzheitliche Krebstherapie" zu halten. In Tokio waren etwa 250 Therapeuten anwesend, weitere 700 waren über Konferenzschaltung in verschiedenen Städten auf mehreren Leinwänden zu sehen. Es waren zwei Live-Anamnesen mit Krebspatienten angesagt, die mit großer Spannung erwartet wurden, weil es weniger um die Verordnung von Medikamenten ging. Was man erleben wollte, war, wie ich dem Patienten den Konflikt hinter seiner Krebserkrankung klarmache und welche Aufgaben zur Lösung ich ihm

(oder ihr) anbiete. Eine sehr brisante Sache, coram publico mit Japanern zu arbeiten, die überhaupt nicht gewohnt sind, ihre Gefühle auszubreiten!

Abb. 32 Seminarteilnehmer in Tokio

Von der behandelnden Homöopathin wurden mir die Laborbefunde, klinischen Diagnosen und der bisherige Behandlungsplan vorab überreicht, sodass ich mir ein Bild von der Krankheitsgeschichte der Patientin machen konnte. Es handelte sich um eine 48-jährige Dame aus einer durch und durch traditionellen Familie. Die Patientin hatte Uteruskrebs gehabt, wurde operiert, erfreulicherweise sofort homöopathisch behandelt und genas einigermaßen. Dann tauchten Lungenmetastasen auf. Es musste ein Teil des linken

Lungenflügels operiert werden. Wieder war die Patientin bereit, auf eine Chemo- und Strahlenbehandlung zu verzichten und lieber eine ganzheitliche Therapie mit Homöopathie, Ernährung, fermentierten Naturheilmitteln vorzuziehen, die in Japan bei Krebs erfolgreich eingesetzt werden. Das Problem war, dass der ursächliche Konflikt des Uterus-Karzinoms noch nicht gelöst war: Sexuelle Frustration, möglicherweise auch eine Vergewaltigung. Genaueres war nicht bekannt.

Es kam eine in sich verkrümmte kleine Japanerin auf zwei Krücken aufs Podium. Rechts von ihr saß die Übersetzerin, links saß ich. Die Dame schaute scheu vor sich hin und hob nicht den Blick, als ich sie sanft ansprach. Folgender Dialog entspann sich, bei dem man eine Stecknadel hätte fallen hören können, so aufmerksam, so gespannt lauschten die 250 Therapeuten. Jeder Satz von mir wurde vom Englischen ins Japanische oder die Sätze von der Patientin vom Japanischen ins Englische übersetzt:

Ich: Danke, dass Sie gekommen sind. Ich finde das sehr mutig.

Patientin: Lächelt, sagt nichts.

Ich: Schauen Sie mal, wie die alle freundlich gucken und uns gute, heilsame Gedanken schicken.

Patientin: Schaut überrascht auf.

Alle im Saal strahlen von einem Ohr zum andern. Sofort herrscht eine entspannte Atmosphäre.

Ich: Die Kollegen müssen auch arbeiten, nicht nur wir beide.

Patientin: Lächelt und schaut mir direkt in die Augen.

Ich: Ich möchte die Zusammenarbeit damit beginnen, dass ich zuerst mal Ihre Potenziale wahrnehme und begreife, mit welcher Persönlichkeit ich es zu tun habe. Darf ich Ihre Hand mal kurz halten?

Patientin: Reicht mir ihre linke Hand, die ich mit beiden Händen halte.

Atemlose Stille im Saal, während ich medial die Potenziale wahrnehme. Es zeigt sich mir ein Bild von einer Kommode, über der ein Rollbild mit einer Kalligrafie hängt. Ich lasse die Hand der Patientin los.

Ich: Ich sehe mit meinen inneren Augen eine schöne Kommode oder ein kleines Schränkchen. Haben Sie so etwas in Ihrem Wohnraum?

Patientin: Ja.

Ich: Hängt darüber eine Kalligrafie von Ihnen?

Patientin schüttelt vehement den Kopf und schlägt die Hände vors Gesicht: Nein, nein, nicht von mir!

Ich: Das ist aber sehr schade. Ich mache ein enttäuschtes Gesicht und lehne mich widerwillig zurück.

Patientin schaut verwirrt: Ich habe Sie nicht verstanden.

B-4. Humor in Stimme und Körpersprache

Ich: Ich sehe da ein Rollbild, das Sie gemalt haben. Haben Sie schon mal kalligrafiert?

Patientin im Flüsterton und abwehrend: Ja, ich habe das früher gemacht. Aber das war nicht gut genug. Ich habe es nie wieder versucht.

Ich: Wie schade, wie schade! Wenn Sie wieder ein Bild malen würden, würde Ihre Seele vor Freude hüpfen. Auch Ihre Homöopathin. Denn Sie bräuchten viel weniger Medikamente.

Patientin schaut interessiert auf und lauscht gespannt der Übersetzerin: Oh?

Ich: Ja, ich schreibe das mal auf den Behandlungsplan: Kalligrafie mit dem Titel „meine Heilung". Unten sind Ihr Stempel und Ihr Name zu lesen. Das sieht gut aus.

Ich schaue in die Luft und stelle mir das Rollbild vor.

Ja, das ist stark. Wären Sie bereit, es zu versuchen?

Patientin in bestimmtem Ton: „Hai!" (Ja)

Ich: Großartig. Immer wenn Sie etwas Heilsames für Ihre Seele tun mögen, dann malen Sie Ihr Heilungsbild. Unten muss aber Ihr Namen stehen und nicht irgendein Zenmeister.

Patientin lacht verschämt.

Ich: Jetzt ist das meiste schon getan. Sie haben sehr gute Arzneien bekommen, ich überlasse das Ihrer Homöopathin, welche Mittel Sie jetzt anschließend brauchen.

Patientin schaut dankbar ihre Therapeutin im Zuschauerraum an.

Ich: Jetzt geht es noch um die Ursache Ihrer Krankheit, weshalb der Körper auch noch die Lunge bemüht hat.

Patientin senkt den Blick und seufzt.

Ich: Darf ich fragen, ob Sie verheiratet sind?

Patientin leise: Ja.

Ich: Wie lange denn?

Patientin: 17 Jahre…

Ich falle erschrocken nach hinten, halte mich am Stuhl fest, verdrehe die Augen nach oben: Du liebe Zeit! Das ist ja schon eine Ewigkeit! Das ist eine Meisterleistung, so eine Ehe!

Patientin muss unwillkürlich lachen ob meiner pantomimischen Darbietung.

Ich: Wann waren Sie denn zuletzt mit Ihrem Mann im Urlaub?

Patientin schaut mich entsetzt an und redet sehr schnell: Mein Mann macht keinen Urlaub. Er muss so viel arbeiten. Er ist so fleißig.

Ich setze mich aufrecht hin, wechsle aber immer wieder, wenn es um Urlaub geht, in die entspannte Haltung beim Zurücklehnen: Ja, das ist eine große Tugend. Aber Urlaub ist auch schön, oder?

Patientin scheu aufblickend: Ja, das ist schön.

Ich: Was halten Sie davon, Ihren Mann zu fragen, ob er mit Ihnen eine Woche in Urlaub fährt?

B-4. Humor in Stimme und Körpersprache

Patientin schlägt die Hände vors Gesicht und redet schnell: Das ist unmöglich, das kann er nicht, unmöglich!

Ich ruhig und gelassen: Ich bin sicher, Ihr Mann schenkt Ihnen gerne eine kleine Reise. Aber erst müssen Sie ihn fragen. Frauen können so was gut!

Ich lache ihr ins Gesicht und zwinkere mit den Augen.

Patientin lacht verschämt: Es geht nicht – eine Woche ist ein langer Urlaub.

Ich: Dann fragen Sie doch „Liebster Freund, wie viele Tage magst du mir schenken?"

Patientin: Oh, oh. Lacht dabei aber leicht verschmitzt.

Ich: Natürlich müssen wir Frauen etwas raffiniert sein. Wir poltern nicht rein: Hey, du arbeitest zu viel. Du kümmerst dich zu wenig um mich. Hey, Urlaub ist dran! Ich imitiere eine grobschlächtige Frau. Nein, so nicht. Wir säuseln. Etwas kokettierend: Urlaub! Du bist so fleißig, ein so guter Geldverdiener. Wie viele Tage schenkst du mir mit dir? Ich schaue der Patientin lachend in die Augen.

Patientin lacht: Vielleicht zwei Tage.

Ich: Er will mehr. Ein Mann, ein Wort. Fangen Sie mit vier Tagen an. Darunter ist kein Urlaub. Er tut es gerne, sich und Ihnen zuliebe. Da ist ein

Abb. 33 a – c Szenen der Anamnese mit der Krebspatientin

B-4. Humor in Stimme und Körpersprache

liebendes Herz. Aber es ist von so viel Arbeit zugeschüttet. 17 Jahre harte Arbeit…

Patientin schaut sinnend vor sich hin: Ja, viel Arbeit…

Ich fröhlich: Und jetzt vier Tage Urlaub. Das ist doch ein Geschenk! Das haben Sie beide verdient.

Patientin lacht scheu: Das wäre sehr schön.

Ich: Spüren Sie mal, wo es sich am schönsten anfühlt, hier im Bauch. Legen Sie mal die Hände dahin.

Patientin legt beide Hände auf den Oberbauch und schließt die Augen: Ja, ich fühle.

Ich: Denken Sie an den Urlaub, zusammen mit Ihrem Mann. Wie ist das Gefühl?

Patientin: Angenehm.

Ich: Vielleicht gibt es noch ein stärkeres Gefühl. Legen Sie die Hände mal auf den Hara, hier etwas tiefer. Wie ist es da?

Patientin legt die Hände auf den Unterbauch: Ich weiß nicht…

Sie schaut mich fragend an.

Ich: Ich verstehe, was Sie meinen. Aber Sie haben nicht nur einen physischen Leib. In Ihrem Energieleib ist alles vorhanden. Manchmal ist es so im Leben. Dann opfern wir etwas Materie. Aber im Energieleib ist immer alles so, wie es sein soll.

Patientin: Auch hier oben?
Sie weist auf die Brust und meint die Lunge.

Ich: Ja, oben, unten. Egal wo. Sie können da unten im Bauch genau so fühlen wie jede andere Frau. Dort ist Ihr Telefon zur Seele.

Patientin lächelt: Telefon?

Ich: Ja, der heiße Draht, der Ihnen sagt, wie es Ihnen geht, was Ihnen gut tut. Hara ist natürlich ein viel vornehmerer Ausdruck.

Patientin: Ah so, ah so, so.
Legt die Hände brav wieder auf den Unterbauch.

Ich: So, jetzt denken Sie ganz fest daran, dass Sie Ihren Mann fragen, wie viele Tage er Ihnen beiden Urlaub schenkt --- geht das?

Patientin: Ja, gut.

Ich: Und Sie vertrauen ganz stark, dass Sie den richtigen Moment wählen und die richtigen Worte sagen? --- geht das?

Patientin: Ja, es ist gut.

Ich: Und nun zuletzt schauen Sie über die Kommode und stellen sich vor, dort hängt Ihre Heilungskalligrafie. --- geht das?

Patientin lächelt: Ja, ich sehe.

Ich: Unten steht Ihr Name?

Patientin lächelt: Ja, ich sehe.

Ich: Danke, das ist wunderbar. Wie war es im Bauch. Warm?

Patientin: Ja, warm, angenehm.

Ich: Da haben Sie jetzt eine schöne Übung. Immer, wenn Sie überprüfen wollen, wie es Ihnen

B-4. Humor in Stimme und Körpersprache

mit dem oder dem geht, prüfen Sie es im Hara. Er hat immer recht.

Patientin lacht und schaut mir strahlend ins Gesicht.

Ich: Arigato gozaimasu (Vielen Dank)

Patientin: Arigato gozaimasu.

Wann immer ich mit Japanern arbeitete, stellte ich fest, dass sie eine enorme Vorstellungskraft haben. Da ihr Sprachzentrum auf der rechten Gehirnseite liegt (bei uns auf der linken), brauchen sie Bilder zu den Worten. Konflikte direkt anzusprechen, wäre nicht nur unschicklich gewesen. Es hätte auch gar nichts gebracht.

Am nächsten Tag erschien der Ehemann der Patientin. In der Pause begrüßte er mich mit vielen Verbeugungen und sagte: Danke, was Sie für meine Frau getan haben. Ich habe ihr fünf Tage Urlaub geschenkt. Wir verreisen bald.

Wir können gar nicht ermessen, was für Quantensprünge hier bei Frau und Mann stattgefunden haben. Das Beispiel zeigt zudem, dass Humor nicht von der Sprache abhängt, sondern von der inneren Haltung. Worte müssen übersetzt werden, Humor ist eine universale Sprache und braucht keine Übersetzung.

Als ich 2009 erneut nach Japan eingeladen wurde, erfuhr ich, dass es der Patientin sehr gut geht und sie mit ihrem Mann jedes Jahr eine Woche (!) Urlaub macht. Sie hat stabile Blutwerte und die Nachuntersuchung ergab keine weitere Metastasierung. Inzwischen geht sie ohne Krücken dank Qi-Gong-Übungen. Sie hat eine Reihe Kalligrafien angefertigt. Bekannte von ihr waren im Seminar und bestätigten, dass die Bilder immer schöner geworden seien.

4.1.2 Panik in der Schwangerschaft

Bei meiner zweiten Reise nach Japan arbeitete ich mit Schwangeren, die erstmalig dank homöopathischer Behandlung gesunde Kinder zur Welt gebracht hatten. Seit dem Abwurf der Atombomben in Hiroshima und Nagasaki hatte sich Japan trotz aller konventionell-medizinischen Maßnahmen zu einem sterbenden Staat insofern entwickelt, als Fehl- und Totgeburten an der Tagesordnung waren. Frauen trauten sich nicht mehr, schwanger zu werden, Männer trauten der Qualität ihrer Spermien nicht mehr. Viele erfolgreiche Geschäftsleute und Intellektuelle begannen, Hormone zu nehmen, um sich allmählich dem beruflichen Leistungsdruck zu entziehen, dies mit dem kollektiven Bewusstsein: „Lieber Frau sein, als den Stress auszuhalten!" Als Dr. Torako Yui die Homöopathie nach Japan brachte, lag eine der größten Hoffnungen auf dem Zuwachs einer gesunden Geburtenrate. Dieser Wunsch ging innerhalb von 16 Jahren in Erfüllung. Auch in den Reihen Transsexueller leistete Dr. Yui enorme Fortschritte, indem sie die Männer homöopathisch behandelte und diese wieder Mut hatten, sich mit Frauen einzulassen. Schwangere, die

B-4. Humor in Stimme und Körpersprache

ohne vorherige Fehlgeburt gesunde Kinder gebären konnten, wurden gefeiert. Im Jahr 2009 tauchte nun ein damals noch unerklärbares Phänomen auf, da viele junge Schwangere schreckliche Träume von Atombomben hatten und befürchteten, dass ihr Kind darunter leiden und eventuell im Mutterleib sterben könnte. Eine Vorahnung der Katastrophe in Fukushima.

Auf diesem Hintergrund ist zu verstehen, warum sich in meinem Seminar in Tokio nur Schwangere für eine Anamnese meldeten. Dabei ging es nicht nur um homöopathische Arzneien, sondern um die Bewältigung der Ängste.

Als erste kam eine junge Frau, die stolz erzählte, dass sie schon zwei gesunde Kinder habe und sich gemeinsam mit ihrem Mann auf das dritte Kind freute.

Ich: Das ist wirklich eine große Freude. Und jetzt sind Sie schon im siebten Monat?

Patientin: Ja, ja, im siebten Monat.

Ich: Noch zwei Monate, dann will der Gast raus.

Patientin lächelt: Ja, aber ich habe solche Angst, dass das Kind nicht rauskommt.

Ich (erstaunt): Wie, was? Ihr Kind kennt den Ausgang nicht? Das ist das erste Kind auf der Welt, das nicht weiß, wo es an die frische Luft geht.

Patientin (erstaunt, lachend, hält die Hände vor den Mund): Ah so, ja, natürlich. Mein Kind weiß das.

Ich: Eben. Was erzählt Ihnen denn Ihr Kind so im Laufe des Tages?

Patientin perplex: Mir erzählt? Ich habe solche Angst.

Ich: Richtig. Da ist ja Ihre Angst. Was ist denn das für eine Angst?

Patientin (aufgeregt und intensiv, schnell berichtend): Ich träume Nacht für Nacht, dass am Horizont eine Atombombe explodiert, alles ist grell, furchtbarer Donner. Dann rollt eine Feuerwelle auf mich zu und… (Patientin zittert am ganzen Körper)… und mein Kind stirbt.

Ich nehme und halte ihre Hand: Ja, das ist ein furchtbarer Traum. Und wenn Sie aufwachen, wissen Sie, es war nur ein Traum?

Patientin: Ja, ja, aber der Traum kommt wieder.

Ich: Ja, er kommt wieder, weil Sie fest daran glauben. Sie haben doch als Japanerin eine große Vorstellungskraft…

Patientin schaut scheu vor sich hin: Ja.

Ich: Dann können Sie Ihre Gedanken doch auch beeinflussen, oder?

Patientin: Vielleicht.

Ich: Ganz sicher. Ich wünschte, ich hätte so eine tolle Vorstellungskraft wie Sie und die vielen Japaner, die ich schon kennen gelernt habe. Sie haben die Kraft, Gedanken zu lenken.

Patientin schaut mir direkt in die Augen und schweigt.

B-4. Humor in Stimme und Körpersprache

Ich: Ich habe da so eine Idee, was Sie einmal versuchen könnten. Hätten Sie Lust, etwas auszuprobieren?

Patientin: Ja, sicher, sicher.

Ich schaue die Patientin verschmitzt an: Sie erzählen Ihrem Baby eine lustige Geschichte. Sie haben sicher mal was Lustiges erlebt. Das erzählen Sie ihm und dann lauschen Sie ganz intensiv, was Ihnen Ihr Baby erzählt. Es hat sicher auch schon so manches Lustige erlebt, wenn es da in Ihrem Bauch herumschwimmt und hört, was Sie denken und sprechen und singen. Wäre noch toller, wenn Ihre anderen Kinder und Ihr Mann dabei wären. Dann hätten alle ihren Spaß.

Patientin: Oh ja, das Baby hört alles. Ich weiß, es merkt auch meine Ängste.

Ich: Eben. Deshalb langweilt es sich und sagt: Immer dieselbe Nummer, wie langweilig! Ich bin doch ganz okay, was will sie denn immer mit dem Feuer und Krach und dem Getöse. Da ist doch gar nichts.

Abb. 34 a – c Szenen der Anamnese mit der Schwangeren

Patientin nachdenklich, dann schmunzelnd: Vielleicht ist mein Baby viel klüger als ich?

Ich: Kann sein, dass es viel Humor hat und immerzu herumstrampelt, um Ihnen was mitzuteilen: Hey, Mama, lass die schweren Gedanken, erzähl mir mal was Heiteres, damit ich mich in den letzten zwei Monaten nicht langweile.

Patientin lacht fröhlich: Ja, es ist ein sehr lebendiges Kind und strampelt viel.

Ich: Na, also! Sie haben in Ihrem Leben sicher viel Schönes und Heiteres erlebt. Erzählen Sie das dem Baby, damit es sich auf dieses Leben freut und die letzten Monate noch tüchtig Lachmuskeln entwickelt.

Patientin lacht und hält sich den Bauch. (Auch die Übersetzerin und alle Anwesenden lachen.): Ja, das will ich tun.

Die Patientin macht gewissenhaft die Übung und ich erfahre noch während des Kurses, dass sie besser schläft und andere Träume hat, die deutlich weniger Ängste verursachen. Später erfuhr ich, dass die Alpträume gänzlich verschwunden waren und ein gesunder Knabe geboren wurde, der recht keck in die Welt schaute.

Wenn man bedenkt, dass 2009 viele Schwangere das drohende Unheil von Fukushima 2011 vorausahnten, wird deutlich, wie eng Japaner mit ihrem unruhigen Land verbunden sind.

4.1.3 Angst, schwanger zu werden

Dieses Beispiel ist besonders interessant, weil die Patientin 1000 km entfernt nur über Konferenzschaltung mit mir kommunizieren konnte.

Diese junge Frau aus Nordjapan[3] hatte Nacht für Nacht Träume von Feuer und Wasser, von Atombombenexplosionen, bei denen sie und ihre Familie umkommen. Sie hatte deshalb Angst schwanger zu werden.

Patientin: Ich bin wie paralysiert.

Ich: Sie können sich kaum noch bewegen?

Patientin: Ja, ich bin ganz steif am ganzen Körper.

Ich: Und das als so junger Mensch. Das ist arg. Dann verhalten Sie sich so wie der Winter.

Patientin: Ja, ja, genau. Es ist schon kalt hier.

Ich: Oh, Frau Winter, Eis und Schnee liegt auf Ihren Schultern, Eiszapfen hängen an der Nase. Sie sind uralt, oder?

Patientin, erstaunt, intensiv der Übersetzerin lauschend, schmunzelt: Oh nein, so alt bin ich noch nicht.

Ich: Eben. Ich sehe Sie, eine hübsche junge Dame mit flottem Pferdeschwanz. Daran erkenne ich, dass Sie sich eigentlich gerne bewegen, wie ein junges Fohlen.

Patientin lacht: Ja, ich mag Pferde.

---

3 Sie lebte nicht weit von Fukushima entfernt!

B-4. Humor in Stimme und Körpersprache

Ich: Und Pferde sind rhythmische Tiere, sie können sogar tanzen.

Patientin: Ja, ja.

Ich: Sie tanzen doch sicher auch gerne.

Patientin: Ja, schon, aber ich tanze schon lange nicht mehr.

Ich: Oh, Großmütterchen, klapper, klapper, Sie sind schon sooo steif, oh Sie Arme…

Patientin lacht: Ja, so sieht das aus.

Ich: Es wird höchste Zeit, dass Sie tanzen, richtig kräftig rhythmisch, damit Sie wieder Ihren Bauch spüren, Ihr Hara.

Patientin: Ja, das würde ich gerne.

Ich: Da gibt es auch ein schönes Mittel für noch nicht vorhandene Bäuche: *Sepia*. Kennen Sie das?

Patientin: Ja, ich habe es schon im Homöopathieunterricht gehört.

I.: *Sepia*, der Kopffüßler. So malen ganz kleine Kinder, Kopf und darunter gleich zwei Beine. Später malen sie einen Bauch, dann sind sie richtig inkarniert. Für eine stabile Inkarnation braucht man einen ordentlichen Bauch.

Patientin lacht, auch alle im Saal schmunzeln oder lachen: Ja, das stimmt.

Ich: Wo soll denn die Seele Platz nehmen, wenn Sie gar keinen ordentlichen Bauch haben und nicht tanzen? Seelen lieben tanzende Bäuche, nicht so schlaffe oder magere Säcke.

Patientin lacht: Ja, das klingt gut. Ich habe etwas Bauch…

Ich: Das ist doch ein guter Anfang. Gehen Sie tanzen, egal was und wie, Hauptsache ein kräftiger Rhythmus durchströmt Sie. Dann verfliegen die düsteren Gedankenbilder. Sie räumen dann auch gut auf im Bauch, damit eine Seele ein schönes Heim findet. Verstehen Sie das?

Patientin: Oh ja, sehr gut verstehe ich das. Das ist ein schönes Bild. Das macht mich froh.

Abb. 35 Kommunikation über Konferenzschaltung

B-4. Humor in Stimme und Körpersprache

Ich: Je mehr Sie tanzen und für ein paar Wochen mal *Sepia* C30 nehmen, umso leichter werden Sie schwanger. Sie werden sehen, dass auch Ihr Partner begeistert ist von einer tanzenden Schönen…

Patientin lacht, schaut verschämt vor sich hin: Ja, das kann sein.

Ich: Das kann nicht nur sein, das ist so. Der Mann wird feuriger, wenn seine Frau sich rhythmisch bewegen kann. Alles in der Natur ist rhythmisch. Ist gut, wenn wir das als Menschen beherzigen. Außerdem – wenn Sie tanzen, fliegen überflüssige Gedanken weg. Träume sind sicher manchmal Wegweiser, aber sie dürfen nicht das tägliche Leben lähmen und die natürlichen Rhythmen vertreiben. Sie werden stärker als Ihre Angstträume, denn die fürchten den Rhythmus. Die wollen jede Nacht immer dasselbe, nämlich Angst einjagen. Wenn Sie aber jetzt Mutter Erde vertrauen und tüchtig tanzen und sich Ihres Lebens erfreuen, flüchten sie.

Patientin hört aufmerksam zu und nickt fortwährend mit dem Kopf: Ich verstehe. Ja, ich werde suchen, wo ich tanzen kann.

Ich: Wie wäre es zu Hause? Nehmen Sie eine flotte Musik und bewegen sich dazu.

Patientin: Oh!

Ich: Ich mache es auch so. Wenn mein Herz schwer wird, tanze ich ganz allein für mich mit flotter Musik. Danach sind Kopf und Herz frei und ich kann wieder mit Schwerkranken arbeiten.

Patientin: Ich verstehe das. Ich werde das tun.

Was immer Japanern an Ideen vorgeschlagen werden mag, sie setzen es sofort in die Tat um. So auch diese junge Frau. Sie tanzte, ihr Mann folgte ihr und tanzte mit. Beide waren bald in einem Tanzclub. Sie wurde nach einem Dreivierteljahr schwanger. Leider habe ich nicht erfahren, wie es ihr und ihrer Familie nach der Katastrophe in Fukushima ergangen ist.

Die Beispiele mögen erhellen, dass Humor nicht von der Sprache abhängig ist, wohl aber von dem Gefühl für eine Mentalität. Ich bin immer wieder erstaunt, wie leicht es ist, mit Japanern bildhaft zu sprechen und dass der Humor durch die Übersetzung vom Englischen ins Japanische nicht verloren geht, sondern verstanden wird. Diese Beispiele mögen auch zur Anregung dienen, mit Menschen anderer Kulturen humorvoll umzugehen. Ich kenne einige muslimische Ärzte, die mit ihren Klienten bereits mit der roten Nase arbeiten und auf diese Weise viele Spannungen, Glaubenssätze, Ängste und Denkblockaden bei Muslimen abbauen helfen, die in Deutschland leben.

4.2 Perfektion darf sein, muss aber nicht

Guter Humor ist immer seriös und zeugt von höchster sozialer Kompetenz.

Lachen befreit, motiviert und ist gesund… Humor verbindet, transportiert Botschaften einprägsam und nachhaltig.

Humor ermöglicht es, Kritik besser anzunehmen und Stress besser zu bewältigen.

Szeliga, ebenda

Der heute mehr denn je grassierende Perfektionswahn lähmt die Kreativität und fördert Intoleranz und Fundamentalismus. Er mündet meistens in einen chronischen Erschöpfungszustand, der genau das Gegenteil von dem bewirkt, was angestrebt wurde. Kein Mensch ist perfekt, denn er ist keine Maschine. Perfektionisten erkennen wir leicht an den schmalen, verkniffenen Lippen, den tiefen Stirnfalten und dem fehlenden Humor. Lachen ist tabu, denn das zerstört die Uniformität des Denkens. Für sie ist es die beste Lösung zu lernen, dass im Mut zum Scheitern wesentlich mehr Erfolg liegt als im zwanghaften Karrieredenken und Perfektionsstreben. Perfektionismus wird schon in der Schule gelehrt, nicht kreatives, lösungsorientiertes Denken. Folglich müssen wir wieder einmal jene zuerst betrachten, die andere belehren und unterweisen.

Abb. 36 Milan Sladek

B-4. Humor in Stimme und Körpersprache

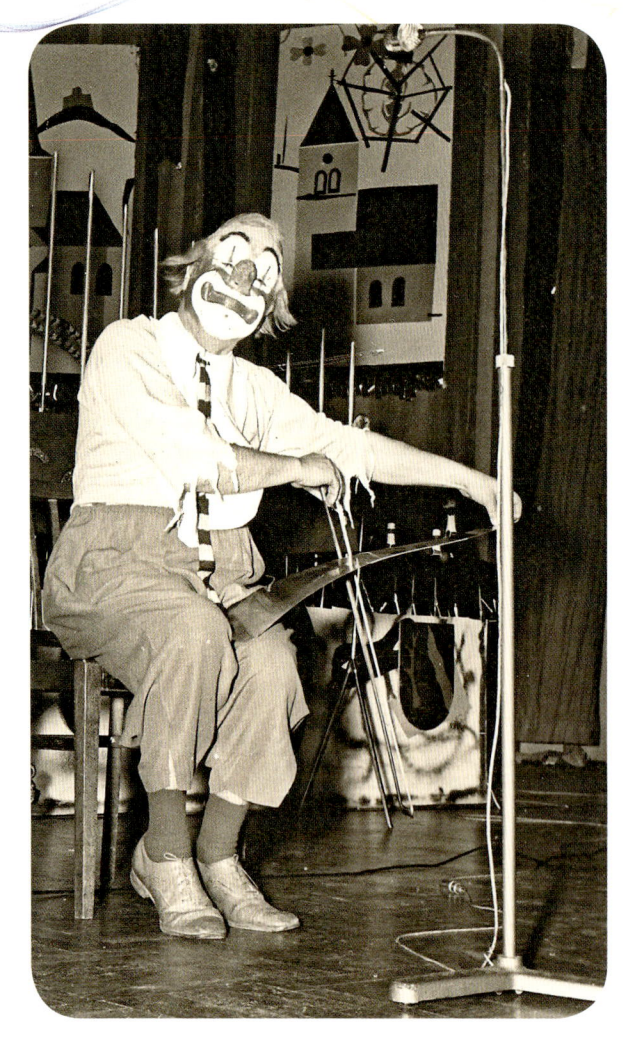

Abb. 37 Clown Cornelli mit der Singenden Säge

Abb. 38 Clowns Pitt&Pott

Wer andern etwas vermittelt, **darf** perfekt sein wollen. Da jeder Mensch fehlbar ist, können Fehler unterlaufen. Doch ist es gefährlich, den Glaubenssatz zu nähren: Ich muss immer perfekt sein. Es gibt Berufe wie die des Musikers, Tänzers, Chirurgen und in speziellen Bereichen der Naturwissenschaft, in denen haben die Ausführenden nur einen Wurf zu einer Zeit. Weder kann der Musiker auf der Bühne sagen: „Ich probier das jetzt mal", noch der Chirurg bei einer Operation mehrere Ansätze planen. Es soll JETZT gelingen und das wird erwartet – hier vom Publikum, dort vom Patienten. Da Musiker und Chirurg viel gemeinsam haben, müssen beide lernen, wie sie mit Versagen und Fehlern umgehen. Dazu sind zwei Voraussetzungen nötig:

- Die lange Phase des Probens/Übens auf das spezielle Ereignis hin
- Das Beherrschen der Kunst der Improvisation

Vor dem Auftritt wird geprobt. Je höher der Anspruch auf die Darbietung, umso mehr muss geübt und geprobt werden. Das Darzubietende ist

B-4. Humor in Stimme und Körpersprache

von höchster Ordnung, wenn es alles erfüllt, was notwendig ist:

- Fehlerfreies Beherrschen der Technik
- Fehlerfreie Darbietung
- Individuelle bzw. originale Interpretation
- Energetische Ausstrahlung
- Sich für seine Sache begeistern können und das Publikum begeistern
- Die Energien in Fluss bringen und halten

Wenn jemand noch in der Falle des Perfektionswahns ist, mangelt es an Ausstrahlung und Begeisterung und endet in der Starre.

Die Improvisation ist der Inbegriff der momentanen Einfälle von Möglichkeiten, von Variationen zu einem Thema. Wer aus einer Sonate rausfliegt und kunstvoll wieder hineinfindet, wird erleben, dass kaum jemand etwas gemerkt hat. Oder das Publikum hat es gemerkt und ist begeistert, wie der Künstler die Situation durch Improvisation gemeistert hat.

Auch der Patient und die assistierenden Fachleute werden begeistert sein, wenn dem Chirurgen in einer kritischen Situation während der Operation etwas einfällt, um sie zu meistern.

Wir halten fest:

Auf der einen Seite besteht eine hohe Erwartung von Perfektion – bei Solisten wie beim Publikum.

Auf der anderen Seite kann die hohe Erwartung nur erfüllt werden, wenn der Solist in der Lage ist, sich dem Prozess vertrauensvoll hinzugeben, durch Übung auf sein Können vertrauend. Hingabe ist nur möglich, wenn das Tun von Herzen kommt und nicht vom Kopf.

Der Schlagschatten von Perfektion ist nämlich die Routine. Dann rangiert Quantität vor Qualität. Sobald die Vorstellung von Quantität – viele Konzerte, viele Operationen, viele Seminare – Besitz ergreift, verliert der Solist das Maß, die Ruhe und in letzter Konsequenz seinen Lebensrhythmus. In diesem Prozess rennt der Solist förmlich hinter seinem Können her und hält nur noch den Glaubenssatz aufrecht: Ich muss perfekt sein, das erwarten die da draußen. Eine furchtbare Situation, die das Versagen und Scheitern ruft! Sobald sich ein Glaubenssatz dieser Art in das Bewusstsein des Solisten eingenistet hat, verliert er den Boden unter den Füßen und strauchelt selbst bei Kleinigkeiten, weil nur noch die Angst vor Fehlern, Versagen und Scheitern vorherrscht.

Ganz so dramatisch ist es nicht bei Lehrern, Trainern, Therapeuten und Seminarleitern. Sie haben zwar mehrere Würfe, können sich versprechen, etliche Male „Äh" sagen, um eine Synapse im Hirn zu „schalten". Doch der Perfektionismus ist auch in diesen Kreisen ein Problem. Vielleicht ist es hier besser zu sagen: Die Angst zu scheitern, sich zu blamieren, Blackout zu erleben oder sich

B-4. Humor in Stimme und Körpersprache

Abb. 39 und 40 Erschöpft und gelangweilt durch Routine

auf irgendeine Weise eine Blöße zu geben. Das nagt an allen, die vorne stehen und steigert sich entsprechend dem Publikum. Je nach Situation kann auch bei dieser Klientel Lampenfieber auftreten. Das trifft natürlich ganz besonders auf Prüfungssituationen zu.

Der Perfektionszwang wird uns anerzogen. Je perfektionssüchtiger jemand wird, umso weniger Humor kann sich ausbreiten.

Es kam mal ein Heilpraktiker fröhlich zur Amtsarztprüfung. Er wurde etwas gefragt, wusste es und freute sich, lachte und verbreitete eine gute Stimmung. Der Amtsarzt ließ sich davon beflügeln. Doch die anwesende Heilpraktikerin zerriss die gute Stimmung mit den Worten: „Wo kommen wir denn hin, wenn in der Prüfung gelacht wird. Ihnen wird das Lachen noch vergehen!" Schade, dass ich nicht anwesend war. Ich hätte gesagt: „Was Sie da sagen – kann man behandeln!" Oh, diese Miesepeter und -peterinnen!

Ein andermal nahm ein völlig frustrierter Medizinstudent an einem meiner Miasmenkurse teil und sagte vor der Gruppe, dass er „das Handtuch werfe" und auf das Staatsexamen verzichten wolle. Ich fragte ihn: „Und was wäre, Sie gingen mit Frohsinn, guter Laune und mit einem Rucksack voller Humor in die letzten Prüfungen?" Er schaute mich an, als käme ich frisch vom Mond und sagte, das sei doch völlig unmöglich und ginge an der Realität vorbei. Ich darauf: „Na, wenn Sie mit so einer Einstellung Arzt werden wollen, lassen Sie es lieber. Überarbeitete und lustlose Ärzte haben wir genug. Verschonen Sie uns bloß mit Ihrem Examen! Die Patienten leiden schon genug und dann noch ein junger leidender Arzt, nein, lassen Sie es. Welchen Beruf wollten Sie jetzt

B-4. Humor in Stimme und Körpersprache

als Alternative ergreifen?" Fassungslos schaute mich der junge Mann an und sagte spontan: „Moment mal, ich will ja Arzt werden, aber…" Er sah das Zwinkern in meinen Augen und musste lachen. „Ja, wirklich, ich will ja Arzt werden, aber ich habe das Studium so dicke!" – „Aha, dann ist alles in Ordnung. In vier Tagen nach diesem Kurs werden Sie süchtig nach Ihrem Staatsexamen werden und gar nicht abwarten können, es zu bestehen."

So kam es. Ich thematisierte sein Problem auch im Seminar, wir machten viele heitere Übungen zum Thema Organ-Konflikt-Heilung, an dem der Student mit Freude teilnahm. Er besuchte alle Miasmenseminare, bestand sein Staatsexamen, das, wie er berichtete, „in die Annalen der Medizinerprüfungen eingehen wird, weil ich reinkam und von Herzen sagte, dass ich mich auf die Prüfung freue. Es herrschte eine gute Stimmung bei allen Prüfern und mir ging es richtig gut." Sein Traum ging ebenfalls in Erfüllung, indem er sofort eine Stelle in einer renommierten Kurklinik bekam. Als ich ihn wieder auf einem meiner Seminare für praktizierende Miasmatiker traf, sagte er: „Die Stelle bekam ich sofort wegen meiner positiven Ausstrahlung und meinem humorvollen Umgang mit den Patienten."

Wie von den Hirnforschern bestätigt, sind viele Medizinstudenten von Ritalin abhängig und sehen keine andere Chance, mit dem immensen Lernstoff fertig zu werden. Was wollen wir von solchen Medizinern erwarten, die schon in jungen Jahren ihre Ideale begraben und als Wracks in die Praxisarbeit einsteigen?! Ich erlebte etliche Male einige Medizinstudenten und Heilpraktikeranwärter in meinen Seminaren, die frustriert und verzweifelt kamen und nur einen riesigen Berg vor sich sahen, den sie nicht bewältigen können. So sieht es zunächst aus. Dann aber zu sehen, wie zuversichtlich und fröhlich sie ihre Examina bestanden und ihre Praxis eröffneten – und erfreulicherweise auch gleich Heilerfolge erleben dürfen – das ist ein Geschenk des Humors.

Es gibt keinen Ort im Leben, wo Humor nicht die Kraft hätte, Situationen zu erleichtern. In der Kirche darf nicht gelacht werden und nicht in staatlichen Prüfungen. Kein Wunder, dass wir alle traumatisiert unsere Berufe beginnen und mühselig wieder lachen lernen.

Zurück zum Perfektionismus. Es ist vollkommen in Ordnung, das hohe Ziel der Perfektion anzustreben. ABER parallel dazu brauchen Sie dringend die Erfahrung, dass Scheitern und Versagen heilsam sein kann. Das Erste, was ich Solisten jeglicher Couleur verordne, ist:

- Filme von Stan Laurel und Oliver Hardy (Dick und Doof) anzuschauen,
- Filme von Charly Chaplin anzuschauen,
- Filme von Hans Moser und Theo Lingen anzuschauen,
- Filme von berühmten Clowns anzuschauen,

B-4. Humor in Stimme und Körpersprache

- Einen guten Zirkus zu besuchen, wenn sich eine Gelegenheit bietet.

Der Clown spielt das Mißgeschick, und indem der andere lacht, signalisiert er, daß er sehr wohl weiß, wovon der Clown spielt… Die Begegnung mit dem Clown ist das Eingeständnis aller eigenen Mißgeschicke… Der Clown ist ein gigantischer Therapeut. Er gibt dem Zuschauer die Möglichkeit, sich selbst Mißgeschicke einzugestehen.

Johannes Galli, Der Clown als Heiler

Zuerst tut es gut, das Gegenteil von Perfekt bei jemand anderem zu erleben, der das Scheitern „perfekt" darstellt. Das ist der Clown. Er muss durchaus nicht im Zirkuskostüm auftreten. Der Clown ist eine heilsame Erscheinung, da er alle Möglichkeiten des Versagens und Scheiterns widerspiegelt. Versagen auf höchstem Niveau! Denn der Künstler, der den Clown darstellt, ist alles andere als ein Versager. Er ist genauso perfektionistisch wie andere, die unter Perfektionismus leiden. Dazwischen liegt eine Transformationsschwelle, sodass Perfektionismus und Scheitern eine Einheit bilden. Könnten wir sonst lachen? Es ist leichter, zuerst den Narren uns gegenüber zu betrachten. Dann muss der zweite Schritt vollzogen werden: den Narren oder Clown in uns selbst zu erwecken. Er ist ja immer da. Wir haben ein Ego-Bewusstsein und ein höheres Bewusstsein. Der Humor gehört zum höheren Bewusstsein oder ICH, wie schon gesagt. Diese höhere Instanz in uns vermag einen erhöhten Betrachtungsort einzunehmen. Von dort aus werden wir innerlich weit, gewinnen Überblick und sehen unser Tun in milderem Licht. Für die Erlösung des Narren, die gleichzeitig das Thema Perfektion beinhaltet, habe ich eine amüsante und tiefgreifende Übung entwickelt. Die wollen wir uns in einem eigenen Kapitel anschauen.

5. Das Spiel der Kräfte an der seelischen Tafelrunde

Spiel ist nicht das „gewöhnliche" Leben.

Es ist vielmehr das Heraustreten aus ihm in eine zeitweilige Sphäre von Aktivität mit einer eigenen Tendenz... Der Gegensatz Spiel – Ernst bleibt stets schwebend.

Das Spiel schlägt in Ernst um und der Ernst in Spiel.

Es kann sich auf Höhen der Schönheit und Heiligkeit erheben, wo es den Ernst weit unter sich läßt.

Huizinga

Nun kommen wir zu einem der spannendsten „Spiele", der sogenannten „seelischen Tafelrunde". Sie gehört in den Bereich der systemischen Aufstellungsarbeit, nur, dass hier nicht die Familienangehörigen, sondern die eigenen Persönlichkeitsanteile oder Potenziale aufgestellt bzw. hingesetzt werden. Meine Erkenntnis und Erfahrung hierzu ist: Dank Bert Hellinger haben wir wieder einen Ahnenkult und durch unzählige Aufstellungen den Beweis, dass es erstens tatsächlich ein morphogenetisches Energiefeld gibt und zweitens dieses sofort reagiert, wenn ein Lebender es aktiviert. Es muss nur einen Anlass geben. Gemessen an der Zahl ungelöster Konflikte, die in den meisten Familien bestehen, gibt es genügend Anlässe, wie die Arbeit mit chronisch Kranken beweist.

So dankbar ich für die familiensystemische Arbeit auch bin, sehe ich es dennoch kritisch, dass wir uns seit Jahrzehnten mehr mit der Vergangenheit befassen als mit uns selbst. Familiensystemische Arbeit zielt darauf ab, die Ursache, den vermeintlich Schuldigen im Umfeld, in der Familie zu suchen. Tatsächlich wird man da auch fündig und das ist auch gut so, da es Menschen hilft, in Versöhnung zu kommen. Was dabei aber unbeachtet bleibt, ist eher aus spiritueller Sicht zu betrachten: Jeder wählt diese momentane Inkarnation und ist allein für ihren Verlauf verantwortlich. Jeder ist mit Gaben, Qualitäten, Talenten und positiven Potenzialen ausgestattet, die der Selbstverwirklichung dienen. Jeder wird auch mit Schwächen geboren, an denen wir ebenso seelisch wachsen können. Jeder hat also eine Menge Arbeit an sich selbst zu vollziehen, um eine integrierte Persönlichkeit zu werden. Das ist, nebenbei bemerkt, in jeder sozialen Schicht, in jedem Alter möglich. Wenn wir nicht nur die Weisheiten aus Ost und West in netten Geschenkbändchen lesen, sondern ernst nehmen und versuchen, diese aus Er-

B-5. Das Spiel der Kräfte an der seelischen Tafelrunde

fahrung gewonnene Weisheit selbst zu erfahren, ahnen wir, dass es sinnvoll ist, immer zuerst bei sich selbst anzufangen und dann nach draußen zu schauen. „Draußen", damit meine ich das familiäre Umfeld. Das haben wir mehr als 30 Jahre nach Konflikten, Übernahmen und Verhaltenskopien durchstöbert und damit den zweiten Schritt vor dem ersten getan.

Mit der Aufstellungsarbeit der seelischen Tafelrunde hole ich sozusagen den ersten Schritt nach und bringe die Arbeit an uns selbst ins Bewusstsein. Denn, das wissen wir alle aus eigener Erfahrung: Ist man mit sich im Reinen, akzeptiert man seine Stärken und Schwächen, sieht die Welt draußen um einiges heller, freundlicher und friedlicher aus. Wir nehmen immer nur das wahr, was unserem Bewusstsein entspricht. Ändere ich mein Bewusstsein, ändert sich auch mein Umfeld – vielleicht nicht sofort, aber mit der Zeit ernten wir, was wir säen. Damit sind nicht die täglich wechselnden Stimmungen, Ärgernisse, Emotionen gemeint, sondern Denkmuster, die wir festzurren, in Beton gießen, in Stein meißeln und womöglich auch noch weitergeben an folgende Generationen.

Es gibt viele spirituelle Wege, die wir gehen können, um das selbst zu erfahren, was ich hier kurz umrissen habe. Da ich selbst aus einer strengen, traditionellen Zen-Schulung komme, kann ich sagen, dass klösterliche Schulungswege nicht mehr unserem Zeitgeist entsprechen. Darum wähle ich Wege zum gleichen Ziel der Selbst-Erkenntnis, aber mit spielerischen Mitteln, sodass die Menschen zunächst gar nicht merken, dass sie sich auf einem spirituellen Weg befinden.

Einer dieser Wege ist nun die Aufstellung der seelischen Tafelrunde. Sie dient dazu, sich seiner Persönlichkeitsanteile bewusst zu werden und sie zu integrieren. Das ist ein unerhört spannender Prozess, der Spaß macht, aber von tiefem Ernst durchdrungen ist. Wer seine Tafelrunde offenbart, gesteht sich seine Stärken und Schwächen ein. Das Ziel ist, dass bestimmte Kräfte der Persönlichkeit jedem zur Verfügung stehen und als Basiskräfte bezeichnet werden. Dazu kommen flexible Aspekte einer Persönlichkeit, die sich durchaus wandeln können und maßgeblich am inneren Wachstum und an der Selbstverwirklichung beteiligt sind.

Die Idee der Tafelrunde ist alt und ein Archetypus der 12 Kräfte. Wir kennen sie als 12 Ritter der Artusrunde, als die 12 Apostel, den Kalender mit 12 Monaten oder die 12 Tierkreiszeichen der Astrologie. Andreas Krüger und Hans-Jürgen Achtzehn waren die Berliner Homöopathen, die die Tafelrunde in die homöopathische Heilkunde einführten und uns von der Wahnidee befreiten, nur eine einzige Konstitution zu besitzen. Damit geriet erstmalig die „Ein-Mittel-Homöopathie" ins verdiente Wanken und befreite uns Therapeuten von dem Stress, mit nur einem Mittel komplexe chronische Krankheiten heilen zu müssen. Wir

B-5. Das Spiel der Kräfte an der seelischen Tafelrunde

sprechen daher von verschiedenen Persönlichkeitsanteilen und nicht „multiplen Persönlichkeiten", um nicht ins Gehege der psychiatrischen Schizophrenie zu geraten.

Ich griff die Idee der Tafelrunde noch aus anderen Gründen auf, da durch unsere Medial- und Heilerschulung die Arbeit am Selbst und die Wahrnehmung von positiven Potenzialen im Zentrum steht und wir dafür keine Übungen mit „erhobenem Zeigefinger" wählen, sondern kreative, spielerische Prozesse. So entwickelte ich die Aufstellungsarbeit der Persönlichkeitsanteile, die im Sitzen stattfindet, nämlich auf 12 Stühlen, entweder an einem entsprechend langen Tisch oder um einen gedachten Tisch. Es hat sich erwiesen, dass diese kreative Arbeit am Selbst, der Blick in die eigene Persönlichkeit und ihre reale Manifestation durch Stellvertreter hilft, sowohl zu einer integrierten Persönlichkeit zu werden als auch die Komplexität von Humor, Kreativität und Erfolg bildhaft zu begreifen und mit dem ganzen Sein zu erleben. Welche Kräfte stehen uns jederzeit zur Verfügung?

Ich bediene mich des archetypischen Symbols der Artus-Runde, an der 12 Gleichgesinnte hierarchisch angeordnet sitzen. Eine Tafelrunde ist daher kein runder Tisch – trotz des Wortteils „...runde", denn an einem runden Tisch sind alle gleich und austauschbar. Die Runde kennzeichnet nur den geistigen Aspekt derer, die an ihr teilnehmen. Wir sollten eher von „gleicher Wellenlänge" oder „von einem Geiste" sprechen. Die Hierarchie ist aufschlussreich, wenn wir sie auf uns selbst übertragen. Wir sind komplexe Persönlichkeiten, multitalentiert und multifunktional. Die 6 wichtigsten Persönlichkeitsanteile oder Basiskräfte habe ich in Abb. 41 benannt: ICH, Narr, Vater- und Mutterkraft, innerer Heiler und innerer Künstler.

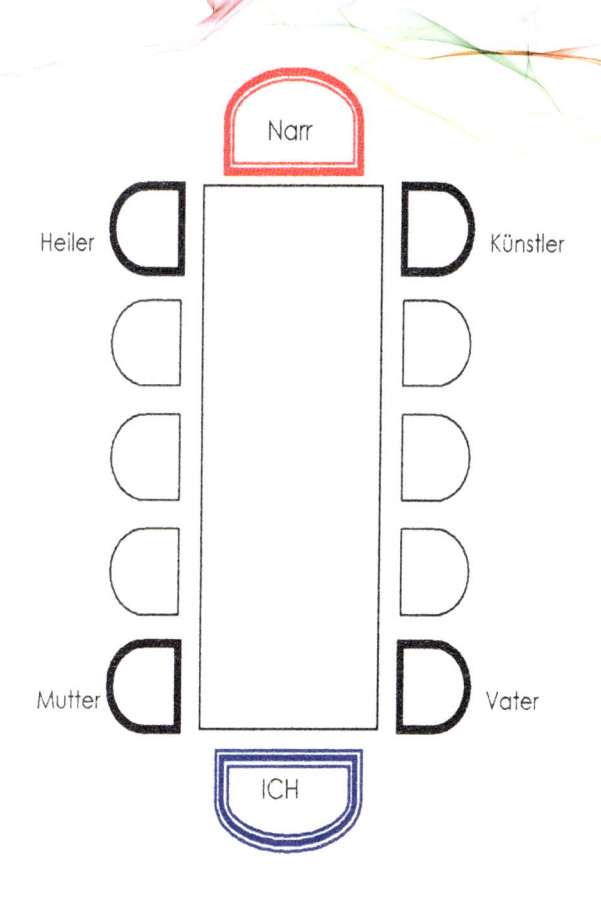

Abb. 41 Die 12 Plätze der seelischen Tafelrunde

B-5. Das Spiel der Kräfte an der seelischen Tafelrunde

Für die Aufstellungsarbeit werden benötigt:

- 1 Aufstellungsleiter
- 6 Teilnehmer
- Eventuell ein rechteckiger Tisch
- Eine rote Nase für den Narren

Das Spiel der Tafelrunde beginnt mit der Erlösung und Bewusstwerdung der 6 Basiskräfte.

5.1 ICH und der Narr

An einem Ende der Tafel (siehe Abb. 41) regiert das große ICH. Man könnte es auch den inneren Kaiser/die innere Kaiserin nennen. Es ist jedenfalls die höchste Instanz, die Verschmelzung von Ego-Bewusstsein und höherem Selbst. Damit sie wirksam wird, muss man erst einmal bereit sein, den „hohen Sitz", den Thron einzunehmen. Der Kaiser oder König sitzt erhöht, weil er den Überblick einerseits und die Größe der Verantwortung andererseits signalisiert. Für uns heißt das: Selbst-Bewusstsein entwickeln und die Fähigkeit erwerben, Dinge auch von oben, von einem erhöhten Standort aus zu betrachten. Das Ego-Bewusstsein sorgt für Unterscheidungsvermögen und die Lebensfähigkeit, die aus lauter polaren Kräften besteht. Das höhere Bewusstsein oder höhere Selbst/ICH ist die Einheit aller Gegensätze, sozusagen „der göttliche Funke" in uns, das universale Schöpfungsprinzip, aus dem die sichtbare, messbare Welt hervorgeht.

Abb. 42 Das große ICH, die Königin

Abb. 43 Das große ICH, der König

Doch hat auch die höchste Instanz einen pragmatischen, irdisch umsetzbaren Anteil, den Humor. Er befindet sich im ICH in einem Latenzzustand. Das heißt, wir müssen bewusst den Zugriff vollziehen. Das unterscheidet uns vom Tierreich. Tiere können lustig sein, aber sie üben keine Selbstreflexion. Dies ist aber eine Gabe von uns Menschen, die zur Selbst-Erkenntnis führt. Der Humor ist wie ein Keim in unserer spirituellen Sinnsuche, jederzeit bereit zu sprießen, um die

B-5. Das Spiel der Kräfte an der seelischen Tafelrunde

Machenschaften des Egos zu durchschauen und zu schwächen. Das Ego in uns hat kein Interesse an Veränderung liebgewonnener Denk- und Verhaltensmuster. Aber das Leben bedeutet ständige Veränderung, Wille zu neuen Erfahrungen, Begeisterung für Erkenntnis. Dazu ist geistige und körperliche Bewegung notwendig.

Der nächst wichtige Platz ist am anderen Ende der Tafel. Das ist der Spiegel, in den der König schaut und zu dem er Vertrauen hat: der innere Narr oder Clown. Obgleich in der tatsächlichen adeligen Ära der Hofnarr niemals am Tisch sitzen durfte, sondern sich um den Tisch herum bewegte und sich gelegentlich neben den König wagte oder ihm gegenüber seine Possen trieb, habe ich in der seelischen Tafelrunde dem Hofnarren oder „Spiegel" den Platz gegenüber dem Regenten gegeben. Der Spiegel dient dem ICH dazu, trotz der überragenden Stellung, trotz aller Privilegien menschlich integer zu bleiben, ja, Mensch zu bleiben. Das große ICH schaut in das Menschliche, und je besser es das kann, umso größer erstrahlt seine Persönlichkeit.

... mit dem ICH (König) auf

Abb. 46 Der erlöste innere Narr

In der praktischen Umsetzung der Tafelrunde sitzen sich ICH/Kaiser/König und Narr an einem rechteckigen Tisch gegenüber. Der Tisch ist nicht zwingend notwendig, aber für Erstlinge in dieser Arbeit eine gute Orientierungshilfe. Die Teilnehmer dürfen wählen, ob sie Insignien der beiden Anteile anlegen möchten oder nicht. Meistens greift das ICH zur Krone und der Narr zur roten

Abb. 44, 45 Der Narr nimmt Kontakt ...

73

Nase. Nun wird einmal von der Warte des ICHs und dann von der des Narren überprüft, ob die Resonanz stimmt. Es ist geradezu umwerfend, wie schnell sich Schwächen zeigen und klären. Das ICH schaut in den Narren und spürt:

- Gibt es in mir einen Widerstand?
- Kann ich den Narren da drüben annehmen?
- Spüre ich in mir Würde, Selbstverstrauen, Selbstachtung?

Nun schaut der Narr auf sein Gegenüber und prüft:

- Sitzt dort ein großes ICH?
- Welche Schwäche(n) spüre ich?
- Bin ich bereit, die Schwäche(n) zu karikieren, also meines Amtes zu walten?

Dem Narren wird erlaubt, spontan eine Schwäche des ICHs spielerisch zu demonstrieren, denn seine Aufgabe ist, den Humor im König zu wecken, ihn zum Lachen zu bringen. Das geht nur, wenn sein Herzgeist von Liebe erfüllt ist. Das heißt, das ICH muss die liebenswerte Art der Karikatur wahrnehmen können. Dazu gibt der Narr auch verbal eine Botschaft, frei von intellektuellem Getue, sondern spontan intuitiv.

Das ist ein wichtiger Punkt im Spiel. Er dient ja der Erlösung des inneren Narren im ICH. Deshalb ist die Grundvoraussetzung die liebende Annahme. Es muss die Liebe zu sich, und zu den Menschen ganz allgemein, aus dem Herzen kommen. Weder schaut das ICH auf den Narren herab, noch macht sich der Narr über das ICH lustig. Das sind gefährliche Gleitstellen in Richtung Arroganz und Sarkasmus.

Dazu eine amüsante Begebenheit aus einem Kurs mit Tierärzten und Tierärztinnen:

Eine elegante Tierärztin nahm würdevoll den Thron ein, setzte sich die Krone auf und war ganz Königin. Ans andere Tischende setzte sich spontan ein junger Tierarzt und schaute keck zur Königin herüber, zwinkerte mit den Augen und war ganz Narr. Erbost ergriff die Königin ein schwarzes Tuch[4], rannte zum Narren und verhängte ihn. Ihre Botschaft war: „So was Albernes brauche ich nicht!"

Der „Narr" aber stand auf, tastete sich durch den Raum und sprach eins ums andere Mal: „I hör nix, i seh nix, i hab nix, i bin nix. Auauauau!" Er tanzte durch den Raum und sang: „Oh wie gut des niemand woiß, des i Blödelweible hoiß!"

Die „Königin" erstarrte fast zur Salzsäule, rang mit den Tränen der Wut.

Der „Narr" tastete sich, immer noch mit dem schwarzen Tuch überm Kopf, zur Königin, umarmte sie und sprach pathetisch: „Schau mir tief in die Augen, Kleines!" Spontan musste die „Königin" lachen und riss dem „Narren" das Tuch

---

[4] Für die Aufstellung der seelischen Tafelrunde halte ich allerlei Requisiten bereit, die jeder spontan wählen und benutzen kann.

vom Kopf. Der stand da, die Arme weit auseinander und rief: "Komm a mei Bruscht, Gäliebtä!" Beide fielen sich lachend in die Arme.

Resümee:

Die elegante Tierärztin hatte den Humor aus ihrer Arbeit ausgeklammert, war sehr erfolgreich mit großer Praxis, aber strahlte Unnahbarkeit und Kühle aus. Der junge Tierarzt spürte sofort diese Schwäche, als er den Narrensitz eingenommen hatte. Er tat das Richtige, karikierte seine Wahrnehmung, anstatt mit dem Affront gegen ihn in Resonanz zu gehen. Was hätte diese Situation bei einer üblichen Psychotherapie stundenlange Gespräche gekostet! Hier aber die kreative, sofortige Lösung! Natürlich wartete die Tierärztin, wie der verhängte Narr wohl mit ihrer Reaktion umgehen würde. Er spielte sich frei, bewegte sich und brachte die Lösung. Er hielt der Königin den Spiegel vor – und sie musste lachen. Die Tierärztin beschrieb diesen Augenblick so, als wäre eine Fassade zerbrochen, eine uralte Mauer zu Fall gebracht worden. Sie spürte eine nie gekannte Freiheit und kam nach dem kurzen Spiel an der Tafelrunde zu der Erkenntnis, dass ihr Image, ihre Kompetenz in dem Glaubenssatz gefangen war, Veterinärmedizin sei etwas Ernstes, da dürfe nicht gelacht werden.

Ist die Energieachse ICH – Narr erlöst, wenden wir uns den nächst wichtigen Basiskräften zu.

5.2 Vater- und Mutterkraft

Das Spiel sondert sich vom gewöhnlichen Leben durch seinen Platz und seine Dauer...

Es „spielt" sich innerhalb bestimmter Grenzen von Zeit und Raum „ab".

Es hat seinen Verlauf und seinen Sinn in sich selbst...

Solange es im Gange ist, herrscht Bewegung, ein Auf und Nieder, ein Abwechseln,

bestimmte Reihenfolge, Verknüpfung und Lösung.

Huizinga

Rechts und links neben dem inneren König oder der inneren Königin sitzen die wichtigsten Energiespender: die Vaterkraft und die Mutterkraft. Diese beiden Anteile hat jeder, egal, ob man seine Eltern kennt oder nicht. Jeder ist das „Produkt" von Vater und Mutter.

In der seelischen Tafelrunde sind das die „starken Seiten" in einem Menschen, die maßgeblich die Persönlichkeit prägen. Sie sind gleichsam die „innere Stimme", die immer das Beste für das ICH will und doch so oft missachtet wird. Rechter Hand sitzt die Vaterkraft, die für Struktur, Halt, Stabilität und die materielle Sicherheit steht. Sie ist der Wille zur Tat, die nach außen gerichtete Kraft, die elektrische Energie, die solare Spann-

B-5. Das Spiel der Kräfte an der seelischen Tafelrunde

Abb. 47 Kontaktaufnahme mit der Stellvertreterin der Mutterkraft

Abb. 49 Spüren, wie die Mutter- und die Vaterkraft zum ICH fließen

Abb. 48 Kontaktaufnahme mit dem Stellvertreter der Vaterkraft

kraft, die nach oben und nach vorne in die Zukunft strebt. Es ist für den Erfolg im Leben bedeutsam, dass wir die Vaterkraft in uns erlösen und mit dem leiblichen Vater, eventuell auch noch mit dem Stiefvater in Versöhnung kommen.

Das ist heute nicht selbstverständlich bei Betrachtung des Heers alleinerziehender Mütter. Väter machen sich aus dem Staub oder sind schwach und nehmen nicht ihren gebührenden Platz im Spiel der Geschlechter ein, ihr „Revier" markieren zu können, der Partnerin oder Familie Schutz und Sicherheit zu bieten. Das Kind braucht den Vater, denn er ist der erste Held, „hoch zu Ross", stark und verlässlich in der „Handhabung" von Leben. Wie immer auch die reale Situation eines Menschen sein mag, er braucht die Vaterkraft, damit in ihm die männlichen Qualitäten erweckt werden, er sein Leben meistern, nach vorne gehen kann. Von der Vaterkraft lernen wir, WAS man tut und was der Sinn unseres Tuns ist.

Zur Linken des ICH wirkt die Mutterkraft, Sinnbild für das Nährende, nach innen Gerichtete, Empfangende. Die Mutterkraft sorgt dafür, dass man sich sein Leben „nahrhaft" einrichtet und gerne lebt. Sie ist die Mondkraft, die dehnende lunare Kraft der Entspannung, der ruhende Pol. Sie ist das Urweibliche, die ständig gebärfreudige Kraft, die mal physische, mal geistige Kinder in die Welt setzt. Von der Mutter lernen wir, was man aus etwas machen kann, WIE man etwas tut. Sie vermehrt Besitz, indem sie eintauscht, wovon sie zu viel hat gegen das, was dem Haushalt fehlt. Die weibliche Kraft in uns ist multifunktional talentiert, legt sich nicht auf eine Sache, Richtung oder Berufswahl fest. Sie ist immer wandlungsbereit, offen für Neues, bereit zur Kommunikation. Sie braucht die Ansprache und teilt sich auch gerne mit.

Von der Mutter bekommen wir die erste Wegzehrung, die da heißt „Du bist willkommen", die zweite folgt sogleich und ist die Muttermilch. Ein gut genährtes Kind an der Mutterbrust lernt sich gut zu nähren, gut für sich zu sorgen. Kann sein, dass die Mutter, wie Tausende Frauen nach dem 2. Weltkrieg, keine oder kaum Milch in den vertrockneten Brüsten ihres ausgemergelten Leibes hatte. Aber sie kann mit ihrer Liebe die Ersatznahrung in eine wertvolle Wegzehrung verwandeln. Mit der Mutterkraft verbünden wir die Liebe zum Leben und zu unseren Werken.

Wer das liest, ahnt, wie es einem geht, wenn diese natürlichen Anteile in uns nicht erlöst sind. Wiederum ist es eine Sache, mit der leiblichen Mutter und eventuell der Stiefmutter in Versöhnung zu kommen. Aber – davon unabhängig – müssen wir die Mutterkraft in uns erwecken, ob Mann oder Frau, um das Leben zu meistern und in prekären Situationen kreativ reagieren zu können.

Diese beiden Basiskräfte, die das ICH vorzüglich nähren und zu einer starken Persönlichkeit entfalten, sind ihrerseits wieder Nahrung für zwei weitere Kraftquellen, die jeder in sich trägt.

5.3 Der innere Künstler und Heiler

Das Spiel nimmt sogleich feste Gestalt als Kulturform an.

Wenn es einmal gespielt worden ist, bleibt es als geistige Schöpfung oder als geistiger Schatz in der Erinnerung haften.

Es kann jederzeit wiederholt werden.

Huizinga

Rechts und links vom Narrenplatz sind Plätze für die zwei wichtigsten Begabungen, die das Agieren im Leben eines Menschen bestimmen. Ich nenne sie den inneren Künstler/die innere Künstlerin und den inneren Heiler/die innere Heilerin. Der Künstler ist das stärkste Ausdrucksorgan der Vaterkraft. Deshalb sitzt er auf derselben Seite wie die Vaterkraft. Der Künstler in uns will sich zeigen, seine Werke vorführen, Perfektion anstreben, gut und erfolgreich sein. Er will gesehen werden und bleibende Werte erschaffen. Natürlich kann sich das künstlerische Talent auch in den Schönen Künsten verwirklichen und professionelle Maßstäbe erreichen. Die Schönen Künste haben solare Qualität und werden von der Vaterkraft

B-5. Das Spiel der Kräfte an der seelischen Tafelrunde

maßgeblich beeinflusst, denn sie brauchen das Außen, um sich zu zeigen: „Das bin ich, schaut her, das kann ich tun, diese Fähigkeiten habe ich!" Sie brauchen den energetischen Austausch mit einem Publikum. Kunstwerke werden lebendig durch die Betrachtung, durch das Hören und Sehen. Der Künstler im Menschen spürt einen Drang, seine Gaben nach außen auszudrücken und sich zu zeigen, er braucht eine Bühne, ein Podium, ein Forum, ein DU und WIR. Es ist also der innere Künstler, der uns in Gestalt des Lehrers, Trainers, Pfarrers oder Seminarleiters nach vorne treten lässt. Die Ausdrucksformen sind wandelbar, doch alle tragen eine Botschaft nach draußen. Sind Vaterkraft und innerer Künstler vereint, sind wir erfolgreich, egal, was wir „anpacken". Es fällt uns immer etwas ein, wir sind pragmatisch und kreativ zugleich. Wir sind immunstark, nehmen Herausforderungen an, stehen „unsere Frau" oder „unseren Mann" im Leben.

Erinnern wir uns der Perfektion. Zum inneren Künstler gehört ein gesunder Drang nach Perfektion, so gut wie irgend möglich zu sein. Wenn Vaterkraft und Künstler Arm in Arm dem ICH zufließen, sagt es: „Ich darf perfekt sein. Ich darf auch Fehler machen. Ich darf auch scheitern."

Schauen wir noch mal die Tafelrunde an, diesmal aus der Warte des Narren. Zu seiner linken sitzt der innere Künstler/die innere Künstlerin. Der Narr nährt diese Kraft mit seiner Flexibilität und Lösungsorientiertheit. Bilden Vaterkraft und innerer Künstler eine Einheit, ist der Narr der Maßhalter, der im ICH immer wieder die Situationen, die sich zuspitzen, relativiert.

Denn gerade die Künstlerkraft kann übers Ziel hinausschießen, sich furchtbar wichtig fühlen, Allüren entwickeln und der Künstler so, dank der kräftigen Vaterkraft, zum Workaholic degenerieren. Ist das ICH aber von Vater- und Künstlerkraft gut genährt, schaut es immer mal wieder in den Spiegel des Narren, bleibt mit beiden Beinen auf dem Boden und entfaltet HUMOR.

Nun bleibt noch die linke Seite, wo die Mutterkraft den inneren Heiler ernährt. Der Heiler steht für Selbstheilungskräfte, Empathie und Mitgefühl für alle Geschöpfe. Die wichtigsten menschlichen „Ausdrucksorgane" der heilenden Kräfte sind Hände, Stimme und Augen. Heilenergie für andere ist ein Nebenprodukt der Selbstheilungskräfte.

Abb. 50 Guter Kontakt zwischen Narr und innerer Künstlerin

B-5. Das Spiel der Kräfte an der seelischen Tafelrunde

Abb. 51 Mangelnder Kontakt zwischen Narr und Künstlerin

Abb. 52 Belebung zwischen Narr und Künstlerin durch die homöopathische Information *Calcium phosphoricum*

Abb. 53 Der innere Heiler ist nicht integriert, er erhält die Information *Pulsatilla*

Die Heilergabe wächst und gedeiht im Verborgenen, sie schimmert hindurch, sie macht sich ohne äußere Merkmale bemerkbar, denn sie verlangt das Spüren und Gespürtwerden, Berühren und Berührtwerden. Der Heiler in uns will sich nicht im Außen zeigen, sondern von innen nach außen strahlen, einfach, unspektakulär. Da die Heilkraft in uns von der Mutterkraft genährt und gesteuert wird, wird jetzt auch deutlich, wie wichtig beim Humor Herzenswärme und Liebesfähigkeit sind. Anderen zu helfen, Notleidenden und Kranken die Hand zu reichen, ist das bevorzugte Betätigungsfeld des inneren Heilers. Deshalb gehen aus ihm alle Therapeuten hervor. Ohne eine echte

B-5. Das Spiel der Kräfte an der seelischen Tafelrunde

Abb. 54 Der integrierte innere Heiler

Abb. 56 Der Narr beobachtet genau die Energielage zugunsten des ICH

Abb. 55 Die innere Heilerin braucht Unterstützung

Abb. 57, 58 Zufriedenes ICH, dem alle Basiskräfte zur Verfügung stehen

Liebe zu Menschen, Tieren und Pflanzen, ja, zu Mutter Erde und der ganzen Natur bleiben wir „coole" Techniker und Methodiker.

Sind Mutterkraft und innerer Heiler vereint, strömt dem ICH die Kraft zur Selbstverwirklichung zu, hier aber als Strahlkraft von innen nach außen. Der Humor bekommt eine besondere

B-5. Das Spiel der Kräfte an der seelischen Tafelrunde

unterscheiden und uns nichts vormachen lassen. Das ICH traut seiner Intuition und entfaltet ein gesundes Selbstvertrauen, ja, ein Urvertrauen ins Leben, in die Weisheit der Natur.

Die Teilnehmer spüren über die Hände, ob und wie die Energie kreist, wie jeder mit jedem Anteil und alle zusammen mit dem ICH verbunden sind.

Die seelische Tafelrunde als reales Spiel mit den 6 Hauptkräften ist ideal geeignet, Blockaden, aber auch den Fluss der Energien sichtbar zu machen. Sie ist auch ein eindrückliches Erlebnis, wie wohl man sich fühlt, wenn alle „Platzhalter" ihre Funktion ausüben und alles dem ICH zuströmt.

5.4 Die Erlösung der 6 Basiskräfte (Anleitung)

Übung 4
Tafelrunde mit 6 Basiskräften

- Wählen Sie einen rechteckigen Tisch und stellen 6 Stühle auf (wie auf der Zeichnung von Abb. 41)
- Legen Sie ein paar Spielattribute bereit: Krone, rote Nase, Sonnenbrille, Perücke, Masken usw.
- Die Person, die ihre Basiskräfte erlösen will, sitzt auf dem Platz des großen ICH = König/Königin.

Abb. 59 Versöhnung scharfer Gegensätze kommen dem ICH zugute

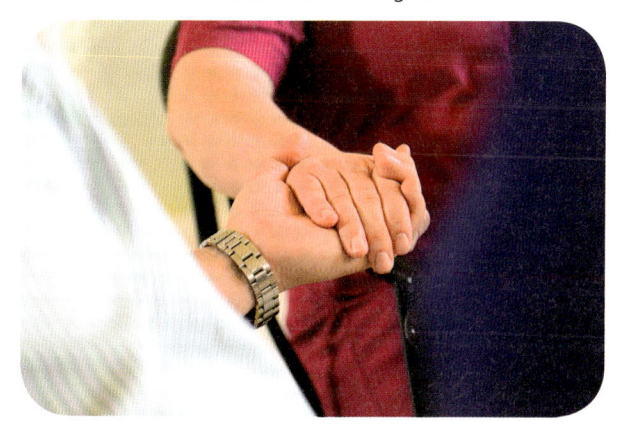

Abb. 60 Die Hände als Energieleiter

Note. Betrachten wir auch die Mutter- und Heilerkraft vom Narren aus. Zu seiner Rechten residiert die Heilerin/der Heiler. Fließt dem Narren diese gebündelte Kraft zu, wird der liebenswerte Clown geboren, begleitet vom Mutterwitz. Das Powerpaket Mutter- und Heilerkraft sorgt dafür, dass wir unser Original leben, Echt von Unecht

B-5. Das Spiel der Kräfte an der seelischen Tafelrunde

- Sie sollte sich eine Krone aufsetzen, weil sie dann gerade sitzen muss.
- Von ihrem Platz am Kopfende des Tisches wählt sie aus den Anwesenden Narr, Vater, Mutter, Künstler und Heiler aus, die sich an die entsprechenden Plätze setzen.
- Das ICH sagt, wie er/sie sich auf dem Thron fühlt.
- Der Narr gibt als erster sein Feedback, ob das ICH stark genug ist.
- Der Narr hat die Erlaubnis, das ICH liebevoll zu karikieren, um es zu stärken.
- Ist das ICH stark, spürt es zuerst, ob die Vater- und Mutterkraft verfügbar ist. Es sagt, welche Kraft weniger stark fließt.
- Dann gibt der Narr spontan dem ICH eine Botschaft, was die schwache Mutter- oder Vaterkraft stärken könnte.
- Das ICH spürt wieder in Vater- und Mutterkraft hinein. Sie sollten jetzt ausgeglichen und verfügbar/spürbar sein.
- Nun geben Mutter- und Vaterkraft ihren Segen mit Worten.

MERKE: Es ist wichtig, dass die Aktionen spontan, zügig, fließend verlaufen, damit der Intellekt weniger Chancen hat, sich einzumischen und Zweifel aufkommen zu lassen.

- Die Vaterkraft motiviert die Künstlerkraft, die nun ihrerseits eine Botschaft an das ICH richtet.
- Die Mutterkraft motiviert die Heilerkraft, die ebenfalls eine Botschaft an das ICH richtet.
- Das ICH nimmt alles dankbar an und spürt, was der Zufluss der Kräfte bewirkt.

Abb. 61 Energische Botschaft des Narren an das ICH

Abb. 62 Der harmonische Zufluss der Basiskräfte

- Alle reichen sich die Hände und spüren, wie die Energie fließt.
- Wenn alles stimmig ist für das ICH, ist die Sitzung beendet.

5.5 Monster & Co – die flexiblen Persönlichkeitsanteile

Das Anderssein und das Geheime des Spiels findet seinen sichtbarsten Ausdruck in der Vermummung. In diesem wird das „Außergewöhnliche" des Spiels vollkommen.

Der Verkleidete oder Maskierte „spielt" ein anderes Wesen.

Er „ist" ein anderes Wesen.

Huizinga

Das „Außergewöhnliche" des Spiels, von dem Huizinga hier spricht, wird spontan erfahrbar, wenn die seelische Tafelrunde nun vollständig ausgestattet wird. Man kennt das Phänomen bereits von der Systemischen Familienaufstellung nach Bert Hellinger: Sobald eine Person ihre Familie aufstellt, erwacht das morphogenetische Feld ohne jegliche Zensur, sodass die Stellvertreter Dinge wissen, die sie intellektuell nicht wissen können. Ahnen erwachen gleichsam, werden lebendig und man kann mit ihnen arbeiten. Das ist mediale Arbeit, die die vermeintliche Trennung zwischen Diesseits und Jenseits auflöst. Im aktiven morphogenetischen Energiefeld gibt es keine verschiedenen Zeitfenster, alles ist jetzt, im Augenblick verfügbar, sichtbar, spürbar, hörbar – natürlich mit den sensitiven Sinnen. Doch auch die physischen Sinne nehmen wahr, dass ein Stellvertreter im „Feld" anders spricht, aussieht und sich anders verhält.

Das Gleiche geschieht an der seelischen Tafelrunde. Ich habe schon so viele Tafelrunden geleitet, dass ich sagen kann: Sobald das ICH die Persönlichkeitsanteile benennt, greifen die Stellvertreter intuitiv zu den passenden Attributen und äußern sich auch entsprechend.

Auf Abb. 41 sehen wir jeweils rechts und links noch 3 leere Felder. Während die sechs besprochenen Plätze definiert sind, dienen die sechs leeren den Anteilen in uns, die wir kennen, zu denen wir mehr oder weniger stehen oder die auch noch nicht integriert sind. Sie können also beliebig benannt werden und sind flexibel.

Der innere Richter, Sportler, Faulpelz, Lügner, Feigling, Lehrer, Liebhaber, Krieger, das Monster, das innere Kind oder die Erotik können in der Tafelrunde erscheinen. In der Aufstellung zeigt sich dann, ob jeder Anteil mit jedem vernetzt ist, alle Anteile integriert sind und alle Kräfte dem ICH zur Verfügung stehen. Manche Anteile zeigen sich vielleicht erst in ihrem „Schattengewand";

wir kennen sie, wollen sie aber nicht wahrhaben. In der Aufstellung wandeln sie sich in eine positive Kraft, sobald sie erlöst und integriert werden.

Jeder, der bisher seine Tafelrunde aufgestellt hat, bestätigt, dass der Blick in die real gespielten Persönlichkeitsanteile geradezu atemberaubend und sehr spannend ist. Einige Anteile sind vermummt, andere grell aufgetakelt, wieder andere unscheinbar. Typisch ist zu Beginn die überwältigende Erkenntnis: „Das bin alles Ich?! Dieses Panoptikum trage ich in mir?!"

Dann geht es darum, die Anteile zu integrieren. Dies geschieht, indem jeder Anteil eine Botschaft an das ICH richtet. Der Narr hat immer das erste Wort, es folgen Vater- und Mutterkraft, Künstler und Heiler. Dann folgen die anderen sechs gestaltenden Kräfte, die eine Persönlichkeit ausmachen. Die Botschaften sind nie belehrend, nie einengend, sondern dem ICH wohlgesonnen. Es ist unfassbar, welchen emotionalen Tiefgang die intuitiven und spontanen Äußerungen haben. Jede seelische Gestalt füllt ihren Platz aus, ist mit allen anderen verbunden und das Ganze macht das ICH aus. Bis jetzt hat noch jeder gestaunt, welch erhabenes Gefühl es ist, seinen inneren Reichtum und die Versöhnung mit sich selbst einmal so hautnah zu spüren. Unter den aufgestellten Kräften befinden sich auch Schattengestalten, die einem im „normalen Leben" eher abstrakt vorkommen. Aber das Spiel findet außerhalb des alltäglichen Lebens statt. Es öffnet eine Dimension und erlaubt durch die Regeln der Tafelrunde einen erhöhten, spirituellen Standort der Betrachtung. Das äußert sich in den Botschaften der Stellvertreter.

Schauen wir uns ein paar Beispiele der sechs flexiblen Persönlichkeitsanteile näher an, die häufig genannt werden.

5.5.1 Das innere Monster

Da ist zunächst einmal eine Instanz, die ich „Monster" genannt habe. Das ist der primitive, grobschlächtige, stammhirngesteuerte Anteil in einer Person, der im besten Falle durch Anstandsregeln und gutes Benehmen in Schach gehalten wird, aber in einem unbewachten Augenblick durch die Fassade von Bildung und Anstand hervorbrechen kann.

Fragen Sie sich:

- Was bringt mich schnell in Harnisch?
- Was geht mir schnell an die Nerven?
- Worüber kann ich mich immer wieder aufregen?
- Was macht mich krank?

Nun sagen Sie bloß nicht, es gebe nichts in Ihrem Leben, das Sie ärgern kann! Was immer es sei, es ist völlig überflüssig, aber realistisch. Sie haben schon 100 Mal erkannt, dass es sich nicht lohnt, darüber in Ärger zu geraten. Sie haben auch in Weisheitsbüchern über die drei größten Untu-

B-5. Das Spiel der Kräfte an der seelischen Tafelrunde

genden gelesen: Ärger, Habgier und Neid. Aber Sie regen sich auf, sind verstimmt und sauer. Der erste Schritt in eine spirituelle Lösung ist, Ja dazu zu sagen. Der zweite Schritt ist, diesem ungehobelten, primitiven, monströsen Stammhirnanteil einen Platz an der Tafelrunde zu geben. Dann kann seine enorme Energie positiv verwandelt werden.

Bei der Aufstellung der großen Tafelrunde gehen wir so vor, dass das ICH dem Monster einen Platz zuweist und die Stellvertreterperson spontan ein Attribut oder eine Verkleidung wählt. Das ist für das ICH oft eine große Überraschung, in seinen Monsteranteil zu schauen.

Mein inneres Monster sitzt neben der inneren Heilerin. Er ist der Neandertaler oder primitive

Abb. 63 – 66 Beispiele für die Wahl, das innere Monster darzustellen

Hau-drauf-und-Schluss mit einer Riesenkeule in den Pranken. Sobald ein Patient drei Mal „Ja, aber…" sagt, steht in mir der Neandertaler auf und schwingt unheilverheißend die Keule für den Fall, dass ein weiteres „Ja, aber" ertönt. ICH merke, dass es mir nicht mehr gut damit geht, dem Patienten hilfreich zur Seite zu stehen, während er alles in Frage stellt. Ich ärgere mich nicht über seine Äußerung, sondern darüber, dass ich bei ihm fabelhafte positive Potenziale wahrnehme und er lieber in der Sackgasse oder in der Selbstmitleidbadewanne hocken bleibt. Ich sehe also, was möglich wäre und dass der oder die nicht in die Gänge kommt. Eine Situation, die wir alle in der Therapie kennen.

Ich mache also kein Hehl daraus, in mir das Monster zu erkennen. Es könnte aufgrund meines cholerisch-sanguinischen Temperaments laut werden und sagen: „Okay, dann bleiben Sie doch einfach krank und baden weiter im Selbstmitleid. Bitte schön!" Da mein Monster aber bei der Heilerin sitzt, merke ich, dass es mir mit solch einer cholerischen Haltung nicht gut geht. Also schaue ich auf den inneren Narren und mir fällt schlagartig etwas viel Besseres ein, mit der Situation umzugehen. Das Monster setzt sich hin und unterhält sich gemütlich mit der Heilerin. Ich rege mich ab, habe eine kreative Idee und dem Patienten geht es ebenfalls besser. Ich habe schon viele Patienten so „in die Gänge" verholfen, ohne sie zu kritisieren oder zu verurteilen, wohl aber auch den „Ja, aber-Punkt" zur Karikatur freigeben. Dann müssen wir beide lachen. Gerade in solchen Situationen, die mich vordergründig ärgern, siegt meine Liebe zur eigenen Spezies, somit auch zu dem Ja-Aber-Sager. Da wallt statt Ärger dann Mitgefühl auf, wie blöde wir Menschen uns manchmal verhalten, wo doch das Glück vor den Füßen liegt und wir dauernd darüber stolpern.

Immer wieder erlebe ich, dass Kollegen wie Patienten zunächst bestürzt sind, in sich einen primitiven, unkultivierten Anteil zu entdecken, der sofort die dünne Tünche von Bildung fallen lässt, wenn einen etwas heftig verärgert, verletzt oder kränkt. Sie sind gleichzeitig erleichtert, real an der Tafelrunde zu erleben, dass sie ja über weitere elf Anteile verfügen und die Chance haben, durch diese Anteile den Negativdenker, Neandertaler oder das Monster in eine positive Kraft zu verwandeln. Um das geht es schließlich bei einer chronischen Krankheit, egal welches klinische Diagnoseetikett ihr anhängt. Das ICH bei der Aufstellung ist oft erstaunt, mit wem sich das Monster an der Tafelrunde gut versteht.

5.5.2 Das innere Kind

Das innere Kind ist eine wichtige Instanz. Sie steht für die Bereitschaft, immer wieder neue Erfahrungen zu machen, die Leichtigkeit des Seins zuzulassen. Ist das innere Kind verstummt, fehlt auch der Humor, der Spaß am Leben. Alles dünkt schwierig, schwer, kompliziert. Das innere Kind ist eine verwandte Kraft des Narren und hat da-

B-5. Das Spiel der Kräfte an der seelischen Tafelrunde

her „Narrenfreiheit". Die müssen wir uns als Erwachsene erst wieder zugestehen. Darf das innere Kind wieder sein, werden auch die Heilerkräfte aktiviert. Es hilft dem Menschen, alte Verletzungen, die er als Baby, Kleinkind oder Jugendlicher erlitten hat, aufzuarbeiten, wieder Leichtigkeit und Humor zuzulassen.

- Musste jemand früh erwachsen werden?
- Musste jemand schon als Kind große Verantwortung tragen?
- Hat jemand eine kollektive Last seines Volkes, seiner Familie getragen?

Das sind „heiße" Themen, die den Humor eliminieren. Das innere Kind ist die Instanz in uns, die

Abb. 67 Das innere Kind neben dem Monster

Abb. 69 Das kontaktfreudige innere Kind

Abb. 68 Das unerlöste innere Kind

Abb. 70 Mutterkraft und inneres Kind nehmen Kontakt auf

der Heilung bedarf, egal wie alt wir geworden sind. Bereit zu sein, als nunmehr Erwachsener den abgespaltenen Kindanteil wieder hereinzuholen, bringt den Heilungsprozess in Gang. Ja zu sagen zu den Verletzungen und sie dann loszulassen, ist das Ziel der Heilung. In dieser schwierigen Phase ist die seelische Tafelrunde ein Segen. Sie wird real an einem Tisch erlebt. Die Patienten oder auch Kollegen haben die Möglichkeit, ihre Ordnung zu erschaffen. Es ist fantastisch zu erleben, wie sich das Gesicht der Traumatisierten oder um ihre Kindheit Betrogenen aufhellt, wenn sie schließlich sehen, dass ihr inneres Kind an der Tafelrunde gut aufgehoben ist. Das hilft ihnen, nicht mehr an der Vergangenheit zu kleben und frei zu werden mit der Affirmation: Das darf gewesen sein.

In der Aufstellung der Tafelrunde ist sehr interessant, mit welchen Attributen das innere Kind erscheint, mal hässlich, mal schüchtern, mal anmutig. In jedem Fall sagt dies etwas über die Art aus, wie dieser Anteil vom ICH gelebt wird.

5.5.3 Der innere Krieger

Der innere Krieger/die innere Kriegerin – auch das ist ein heilsames Lernfeld. Es gibt nun mal Menschen, die gerne zu Demonstrationen gehen, für eine gute Sache kämpfen. Niemand soll so tun, als wäre das überflüssig. Ohne die Weberaufstände im 18. Jahrhundert und etliche Kämpfe für die Menschenrechte wären wir nicht da, wo wir gesellschaftlich und politisch heute sind. Ich bin froh, dass es solche Menschen gibt, die auf die Straße gehen und ihre Meinung kundtun. Ich bin dafür nicht geeignet, sondern wähle meinen Weg, nämlich in meinem „Haus", vor meiner Haustüre im übertragenen Sinne zu „kehren". Ich fange ausschließlich bei mir selbst an.

Das erhebe ich jedoch nicht zur Regel, sondern respektiere Mitmenschen, die einen aktiven „inneren Krieger" besitzen. Er darf einen Platz einnehmen. Wenn die sechs Basiskräfte erlöst sind, wird der Krieger sein Maß finden und nicht per Gehirnwäsche faschistoide Züge annehmen und zum Fundamentalisten mutieren. Mensch sein, Mensch bleiben – dafür sorgen die anderen Anteile in solch einem „Kriegertypen". Sie mahnen ihn rechtzeitig, niemals den Menschen aus einer Sache herauszunehmen. Keine Sache ist so wichtig, dass andere dafür sterben müssen.

In den Aufstellungen ist beeindruckend, dass zunächst die Figur bis an die Zähne bewaffnet erscheint, aber im Zuge der Integrationsarbeit ihre Waffen niederlegt. Dann kommt die positive Seite des Kriegers zum Ausdruck, indem das ICH einen Standpunkt im Leben einnimmt, ethische Prinzipien vertritt, Nein sagen kann, Selbstbewusstsein ausdrückt, dies aber gelassen und ohne Drohgebärde.

5.6 Die Erlösung der 12 Potenziale (Anleitung)

Bevor ich einzelne Aufstellungen analysiere, hier zunächst zusammengefasst die Vorgehensweise, wie die 12 Potenziale in einem Menschen erlöst werden.

Übung 5

Tafelrunde der 12 Potenziale

- Es finden sich 12 Teilnehmer ein, die bereits ihre 6 Basiskräfte erlöst haben.
- Alle haben ihre Tafelrunde auf der Zeichnung (Abb. 44) mit den 6 Basiskräften und den 6 flexiblen Kräften bestückt.
- Die Person, die ihre Basiskräfte erlösen will, sitzt auf dem Platz des großen ICHs = König/Königin.
- Sie bestimmt, wer auf den 6 Basiskraftplätzen sitzen soll.
- Dann bestimmt sie die 6 flexiblen Plätze – nicht die Person, sondern welche Anteile auf welchem Platz sitzen sollen.
- 6 Leute aus der Gruppe übernehmen spontan eine Rolle.

MERKE: Für das ICH ist es überraschend, wie sich seine Anteile darstellen. Das ist ein wichtiger Punkt im Spiel, dass es nicht entscheidet, wie seine Anteile auszusehen haben!

- Das ICH spürt zunächst einmal in die Fülle seiner Anteile. Wie geht es ihm damit? Ist es überwältigt, erfreut, erfüllt, verängstigt, erstaunt?
- Als erstes verbündet es sich mit dem Narren.
- Der Narr gibt als erster eine spontane, intuitive Botschaft an das große ICH.
- Dann verbindet sich der König/die Königin mit der Vater- und Mutterkraft.
- Vater- und Mutterkraft geben ebenfalls spontan und intuitiv eine Botschaft an das ICH.
- Als dritten Schritt konzentriert sich der König/die Königin auf die Künstler- und Heilerkraft.
- Der Narr hat die Aufgabe zu spüren, ob Künstler- und Heilerkraft dem König zur Verfügung stehen.
- Hier müssen eventuell Künstler und Heiler durch eine Heilinformation gestärkt werden.
- Wenn die Energie harmonisch fließt, geben Künstler und Heiler spontan und intuitiv eine Botschaft an das ICH.
- Als vierten Schritt nehmen Vater- und Mutterkraft Kontakt mit ihren Nachbarn auf.
- Diese Nachbarn teilen mit, ob und wie sie von Mutter- und Vaterkraft genährt werden.

B-5. Das Spiel der Kräfte an der seelischen Tafelrunde

- Wenn sie nicht integriert sind, benötigen sie eventuell eine Heilungsbotschaft.
- Das ICH spürt, ob es diese Kräfte integriert hat. Diese geben ihm eine Botschaft.
- Als fünften Schritt lenkt das ICH seine Aufmerksamkeit auf die beiden Kräfte, die neben Künstler und Heiler sitzen.
- Künstler und Heiler prüfen, ob sie diese beiden Anteile gut nähren oder nicht.
- Falls nicht, müssen diese Anteile eventuell durch eine Heilinformation gestärkt werden.
- Das ICH spürt, ob es diese Kräfte integriert hat. Diese geben ihm eine Botschaft.
- Als sechsten Schritt nimmt das ICH Kontakt zu den beiden Kräften in der Mitte der Tafelrunde auf.
- Wie fühlen sich diese beiden Anteile an der Tafelrunde? Halten sie die Balance der Tafelrunde oder nicht? Wollen sie sich an eine der Basiskräfte anschließen oder lieber autonom bleiben?

MERKE: Die mittleren Kräfte sind ideal geeignet, eine Persönlichkeit im Lot und in Balance zu halten. Sie können auch Schattenseiten einer Person sein, an der sie wachsen will. Nichts ist besser oder schlechter.

- Die beiden Mittlerkräfte prüfen, ob sie integriert sind.
- Wenn nicht, benötigen sie eine Heilinformation.
- Sie geben ihre Botschaft an das ICH.
- Als siebten Schritt spüren ICH und Narr, ob alle Anteile miteinander vernetzt sind – reihum, gegenüber, überkreuzt.
- Alle reichen sich die Hände, sodass ein geschlossener Kreis entsteht.
- Das ICH spürt wieder in seine Fülle, genießt sie und dankt allen Anteilen.

Sollte die Gruppe größer als 12 Teilnehmer sein, kann man die übrigen Personen als Stellvertreter von Heilinformationen wählen. Sie stehen sozusagen „auf Abruf" bereit und stellen sich hinter den Persönlichkeitsanteil, der gestärkt werden soll.

Der Leiter der Tafelrunde flüstert der Person die Heilinformation ins Ohr, diese sendet sie mental an den bedürftigen Anteil und legt dabei sanft die Hände auf die Schulter. Der Leiter der Aufstellung sendet die Information in die Mitte der Tafelrunde. Danach sollte ein harmonischer Energiefluss bei allen Teilnehmern spürbar sein.

6. Wenn alles sein darf – Beispiele der großen Tafelrunde

Die seelische Tafelrunde dient der Bewusstwerdung, was Freiheit bedeutet: Alles tun, alles lassen können. Wenn alles sein darf, alle Anteile erlöst sind, geht es einem gut. Das gönne ich immer besonders meinen Kollegen und Kolleginnen. Denn wenn es uns gut geht, springt der heilsame Funke auf unsere Patienten über. Das Schöne an der Tafelrunde ist, dass auch Schattenanteile ihren Platz erhalten und wir nicht versuchen, sie zu unterdrücken oder auszuklammern. Die wichtigste Erkenntnis der Kollegen und der Patienten ist, dass durch die bildhafte Darstellung der seelischen Tafelrunde wieder Hoffnung, Selbstvertrauen und Humor erwachen.

Die Aufstellung der großen Tafelrunde enthält feste Plätze, wie schon dargelegt: ICH, Narr, Vater- und Mutterkraft, Künstler und Heiler. Die Stellvertreter für diese Anteile werden auch bestimmt durch das ICH, das ist die Person, die aufstellt.

Schauen wir uns jetzt an, wie sie ausgeführt wird.

Zur Demonstration der einzelnen Schritte und der verschiedenen Beispiele habe ich hierzu 21 Therapeuten, Heilpraktiker, Ärzte und Psychologen zu einem Kurs eingeladen, ihre sechs- und zwölfteilige Tafelrunde aufzustellen. Ich habe die Aufstellungen geleitet.

Abb. 71 Die Gruppe der Kollegen und Kolleginnen

B-6. Wenn alles sein darf – Beispiele der großen Tafelrunde

Abb. 72 Die Clown-Torte, eigens für den Kurs gebacken

Abb. 73 Besprechung der Vorgehensweise bei der Aufstellung

Die Vorbereitung:

- Für die Stellvertreter der 12 Persönlichkeitsanteile stehen alle möglichen Attribute wie Masken, Larven, Spielzeug, Tücher, Perücken, Hüte usw. zur Verfügung. Aus diesem Arsenal wählen sie spontan ihre Mittel.

- Alle arbeiten sensitiv, das heißt, sie nehmen ganzheitlich mit allen Sinnen wahr. Alle vertrauen ihrer Intuition, wenn sie inspirierte Worte an das ICH richten.

Abb. 74 – 75 Attribute für die Stellvertreter

B-6. Wenn alles sein darf – Beispiele der großen Tafelrunde

Nun die Vorgehensweise:

- Es finden sich 12 Teilnehmer ein, die bereits ihre Basiskräfte erlöst haben.
- Alle tragen in die Zeichenvorlage der Tafelrunde (Abb. 41) mit den 6 Basiskräften die 6 flexiblen Anteile ein.
- Die Person, die ihre Basiskräfte erlösen will, sitzt auf dem Platz des großen ICH = König/Königin.
- Sie bestimmt, wer auf den 6 Basiskraftplätzen sitzen soll.
- Dann bestimmt sie die 6 flexiblen Plätze – nicht die Person, sondern welche Anteile auf welchem Platz sitzen sollen.
- 6 Leute aus der Gruppe übernehmen spontan eine Rolle.

Abb. 77a und b Die Königin verliest ihre Anteile und weist ihnen die Plätze zu.

Abb. 76 Attribute für die Stellvertreter

B-6. Wenn alles sein darf – Beispiele der großen Tafelrunde

6.1 Tafelrunde „Anna" (Lehrbeispiel)

Wie erwähnt, schreibt jeder in die Tafelrundenvorlage seine Persönlichkeitsanteile, die man anschauen und nach Bedarf erlösen möchte. Immer geht es um die humorvolle Integration seiner Qualitäten, aber auch um Schattenthemen.

MERKE: Für das ICH ist es überraschend, wer sich als Stellvertreter meldet und wie sich seine Anteile darstellen, ob männlich oder weiblich. Das ist ein wichtiger Punkt im Spiel, dass niemand entscheidet, wie seine Anteile auszusehen haben!

Vor jedem der nun folgenden Lehrbeispiele steht die entsprechende Aufstellungsskizze. Hier die Aufstellung von Anna, der Heilpraktikerin:

Mutter	Feigling	Arbeiter	Lügenbold	Heilerin
ICH				Narr
Vater	Kind	Abenteurer	Blödmann	Künstler

- Das ICH spürt zunächst einmal in die Fülle seiner Anteile. Wie geht es ihm damit? Ist es überwältigt, erfreut, erfüllt, verängstigt, erstaunt?
- Als erstes verbündet sich das ICH mit dem Narren.

Der Narr richtet als erstes eine intuitive Botschaft an die Königin. Dadurch verändert sich sofort die Energie im Feld und der Kontakt ICH – Narr ist hergestellt.

Abb. 78 Staunen, wer sich da alles versammelt hat!

Abb. 79 Der Narr ist unzufrieden, seine Energie fließt auch nicht zur Heilerin rechts und zur Künstlerin links

- Dann spürt ICH in die Vater- und Mutterkraft.
- Als nächstes konzentriert sich das ICH auf die Künstler- und Heilerkraft und prüft, ob diese Energien zu ihm fließen.
- Beide Kräfte nehmen Kontakt zum Nachbarn auf.

B-6. Wenn alles sein darf – Beispiele der großen Tafelrunde

Abb. 81a Die innere Künstlerin nimmt Kontakt zur Nachbarperson auf: hier der innere Blödmann

Abb. 80a und b Stellvertreter für die Vater- und Mutterkraft

Abb. 81b Der Kontakt ist hergestellt und der Nachbar wird integriert

- Diese Nachbarn teilen mit, ob und wie sie vom Künstler bzw. vom Heiler genährt werden.
- Das ICH spürt, ob es diese Kräfte integriert hat. Diese geben ihm eine Botschaft.
- Als drittes lenkt das ICH seine Aufmerksamkeit auf die beiden Kräfte, die bei Mutter- und Vaterkraft sitzen.

- Mutter- und Vaterkraft prüfen, ob sie diese beiden Anteile gut nähren oder nicht.

Hier im Lehrbeispiel sind Mutter und Feigling geschwächt, weshalb sie Unterstützung benötigen. Auf Abb. 84 ist zu erkennen, dass Vaterkraft und Kind nichts miteinander zu tun haben. Es musste erst der innere Abenteurer gestärkt werden und schon floss die Energie:

95

B-6. Wenn alles sein darf – Beispiele der großen Tafelrunde

Abb. 82 Die innere Heilerin wird integriert

Abb. 84 Neben der Vaterkraft sitzt hier das innere Kind

Abb. 83 Der innere Blödmann

Abb. 85 Mutterkraft und Feigling benötigen eine Heilinformation

- Das ICH spürt, ob es diese Kräfte integriert hat.
- Die Stellvertreter von Mutter- und Vaterkraft geben ihm eine Botschaft
- Als viertes nimmt das ICH Kontakt zu den beiden Kräften in der Mitte der Tafelrunde auf.

- Wie fühlen sich diese beiden Anteile? Halten sie die Balance der Tafelrunde oder nicht? Wollen sie sich an eine der Basiskräfte anschließen oder lieber autonom bleiben?

B-6. Wenn alles sein darf – Beispiele der großen Tafelrunde

- Die beiden Mittlerkräfte geben ihre Botschaft an das ICH.
- Alle spüren, ob sie miteinander vernetzt sind – reihum, gegenüber, überkreuzt.

Abb. 86 Integrierte Kräfte von Vater, Kind und Abenteurer

Abb. 87 Der innere Arbeiter wendet sich versöhnlich dem Lügenbold zu

Abb. 88 Der Lügenbold in Monstermaske

MERKE: Die mittleren Kräfte sind ideal geeignet, eine Persönlichkeit im Lot und in Balance zu halten. Sie können auch Schattenseiten einer Person sein, an der das ICH wachsen will.

- Alle reichen sich die Hand, sodass ein geschlossener Kreis entsteht.
- Der Narr hat das letzte Wort und betrachtet kritisch, ob alles stimmig ist.
- Das ICH spürt wieder in seine Fülle, genießt sie und dankt allen Anteilen.

Annas Tafelrunde war erst in perfekter Harmonie, als ich *Aurum metallicum* C1000 als Information in das Energiefeld eingab. Alle reagierten positiv darauf und das Gold durfte glänzen, obgleich Anna etliche

B-6. Wenn alles sein darf – Beispiele der großen Tafelrunde

Abb. 89 Der Narr beobachtet alles genau

Eine große Tafelrunde zu leiten bedarf einiger Übung, denn alle 12 Persönlichkeitsanteile zu einem harmonischen Ganzen zu führen heißt, das Energiefeld sollte sich wie eine Wasserwoge energetisch aufbauen und alles ins Fließen bringen. Die Energie sollte nicht absacken. Deshalb benötigt man Gespür und Blick für das, was sich energetisch im morphogenetischen Feld der Tafelrunde abspielt. Nebenbei bemerkt: Solch eine Sitzung dauert mit erfahrenen Therapeuten oft nur 10 – 15 Minuten. Bei Patienten dauert sie länger und muss meistens auf mehrere Sitzungen verteilt werden.

Noch ein Letztes sei erklärt: Die Tafelrunde gibt nicht nur einen Einblick in Persönlichkeitsanteile, die unsere Aktivitäten oder Charaktereigenschaften kennzeichnen. Sie geben auch einen Einblick in homöopathische Konstitutionen, die sich in einer Person spiegeln. Darum sollte die Leitung einer Tafelrunde in

Schattenanteile aufgestellt hatte, mit denen sie in Versöhnung kommen wollte.

Für die Aufstellungsleitung ist wichtig, den Energieaufbau, den Energiefluss und vor allem die Potenziale des ICH im Blickfeld zu behalten und intuitiv zu erspüren, wo die Blockade an der Tafelrunde besteht und was sie lösen kann. Dazu ist ein Höchstmaß an Kreativität erwünscht.

Abb. 90 Wenn alles sein darf, herrscht Harmonie und Heiterkeit

der Lage sein zu erkennen, welche Konstitution im ICH besonders zum Ausdruck kommt oder auch zur Lösung eines Konflikts nötig ist.

Damit noch verständlicher wird, welche Probleme auftauchen können und wie sie gelöst werden, stelle ich mit Erlaubnis der Kollegen und Kolleginnen einige Tafelrunden vor.

6.2 Tafelrunde „Gisela"

Mutter	Kind	Arbeiterin	Flittchen	Heilerin
ICH				Narr
Vater	Amazone	Lehrer	Sportler	Künstler

Die Heilpraktikerin Gisela traute sich, ein paar tief verborgene Persönlichkeitsanteile zuzulassen und sie zu integrieren.

Vorab sei erklärt, dass Frauen gut daran tun, ihr inneres „Flittchen" zu erlösen, denn das ist ähnlich dem Monster eine Instanz, die abgelehnt, mit Verboten und Tabus belegt wird. Es geht nicht darum, tatsächlich das Wesen eines Flittchens oder einer Prostituierten anzunehmen, sondern Schattenanteile bei sich zu durchschauen und Ja dazu zu sagen. Was ausgegrenzt wird, manifestiert sich in Untugenden.

Auf Abb. 93 ist deutlich zu sehen, dass die Persönlichkeitsanteile auf der Vaterseite beziehungslos

Abb. 91 Königin Gisela

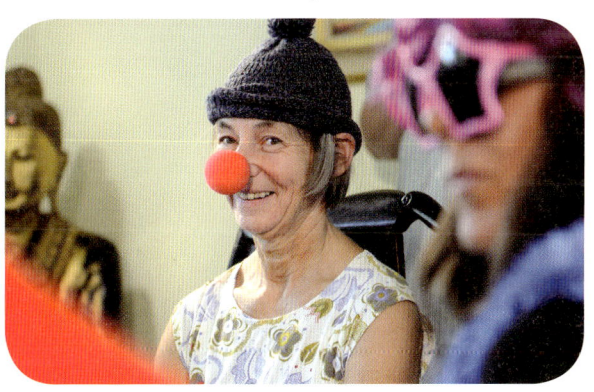

Abb. 92 Ihr Narr

Abb. 93 Amazone, Lehrer, Sportler, Künstlerin, Narr

B-6. Wenn alles sein darf – Beispiele der großen Tafelrunde

dasitzen. Gisela spürte auch den mangelnden Zugang. Erst als hinter dem Sportler und dem Lehrer die Information *Lac caninum* C1000 eingegeben wurde, änderte sich sofort die gesamte Energielage.

Die kampfbereite Amazone spiegelt den Glaubenssatz von Gisela wider, sie müsse sich alles hart erkämpfen, nichts dürfe leicht gehen. *Lac caninum*, ein wichtiges Mittel, um die extrovertierte Kraft in einer Persönlichkeit zu erwecken, führte dazu, dass die Amazone die Waffen niederlegen und sich entspannen konnte.

Abb. 94 Künstlerkraft und Sportler sind erlahmt

Abb. 96 Die erlöste Amazone

Dadurch neigte sie sich der Vaterkraft zu und Gisela spürte den durchgehenden Energiestrom bis zum Narren.

Auf der Mutterseite gab es auch viel zu tun, denn Mutter und Kind harmonierten erst, nachdem hinter der Mutter *Pulsatilla* und hinter dem Kind *Calcium carbonicum* „eingegeben" wurde. Dadurch wurde auch das Schreckgespenst der inneren Arbeiterin gemildert.

Abb. 95 Künstlerin und Sportler sind versöhnt

B-6. Wenn alles sein darf – Beispiele der großen Tafelrunde

Abb. 97 Mutter, Kind, Arbeiterin, Flittchen

Abb. 99 Beziehung zwischen Arbeiterin, Flittchen und Heilerin

Wie nicht anders zu erwarten, wurde das Flittchen zunächst abgelehnt. Nachdem ihm die Heilinformation *Hyoscyamus* C1000 „zugeführt" wurde, änderte sich sofort der Energiefluss zwischen Arbeiterin, Flittchen und Heilerin.

Die Aufstellung kam zu einem harmonischen Ende; Narr und Königin waren zufrieden mit dem neu erlebten inneren Reichtum.

Abb. 98 Flittchen erhält *Hyoscyamus*

Abb. 100a und b Narr und Königin sind zufrieden

B-6. Wenn alles sein darf – Beispiele der großen Tafelrunde

6.3 Tafelrunde „Enrico"

Mutter	Kind	Liebhaber	Lehrerin	Heilerin
ICH				Narr
Vater	Perfektionist	Sportler	Monster	Künstlerin

Bei Enrico (Heilpraktiker) war durch die Tatsache, dass er seinen inzwischen schon verstorbenen Vater nicht kennen gelernt hatte, sein beruflicher Erfolg von viel Willen und Leistungsdruck bestimmt. Er hatte schon viel an Vater- und Mutterthemen gearbeitet, was gleich zu Beginn daran zu sehen war, dass sich alle Persönlichkeitsanteile – bis auf die Mutter – dem König Enrico freundlich zuwandten.

Abb. 102 Der kritische Narr

Für Enrico unerwartet war die kraftvolle Erscheinung des Vaters, der seinem Sohn versicherte, sehr stolz auf ihn zu sein. Die Vaterkraft nährte alle anderen Persönlichkeitsanteile an seiner Seite. Einzig der Perfektionist brauchte eine Heilinformation: *Platinum* C1000.

Abb. 101 Eröffnung von Enrico´s Tafelrunde

Dem Narren ist die Unstimmigkeit zwischen König und Mutterkraft nicht entgangen. Er gibt als erstes eine Botschaft zur Stärkung der ICH-Kraft.

Abb. 103 Die unerwartet mächtige Vaterkraft

B-6. Wenn alles sein darf – Beispiele der großen Tafelrunde

Enrico war erstaunt, wie mächtig seine Vaterkraft war und erkannte den Erfolg seiner Arbeit an sich selbst, an seiner eigenen männlichen Mächtigkeit.

Nachdem die innere Künstlerin eine Stärkung erfuhr durch die Heilinformation „ein Strauß duftende Nelken", kam es sofort zu einer Entspannung zwischen Monster und Künstlerin.

Abb. 105 Spannungen auf der Mutterseite

Abb. 106 Kontakt Liebhaber – Lehrerin

Abb. 104 Das Monster entspannt sich

Auf der Mutterseite gab es noch viel Spannung. Das innere Kind brauchte eine Unterstützung durch *Agaricus* C200. Dadurch floss sofort die Energie zwischen Liebhaber und Lehrerin und erfasste auch auf der gegenüberliegenden Seite den Sportler.

Abb. 107 Erlöster Sportler

B-6. Wenn alles sein darf – Beispiele der großen Tafelrunde

Abb. 108 Genuss des inneren Reichtums

Alle spürten, dass jeder Anteil mit jedem verbunden war und Enrico genoss den inneren Reichtum seiner Persönlichkeit.

6.4 Tafelrunde „Romana"

	Mutter	Kind	Monster	Feigling	Heiler	
ICH						Narr
	Vater	Kämpfer	Flittchen	Lehrer	Künstler	

Die Gynäkologin Romana kennen wir als humorvolle Person und Erzählerin bester Witze. Die Aufstellung der Tafelrunde gestattete einen Einblick in verborgene und ernste Tiefen ihres Wesens. Wenn wir mal die starken Gegensätze in der Tafelrunde anschauen: Kämpfer – Kind, Flittchen – Monster, Lehrer – Feigling, wird verständlich, welche Spannung die Persönlichkeit Romana aushalten kann. Aber sie zeigt auch, dass diese Spannung hinderlich für die Selbstverwirklichung sein kann. Diese Tafelrunde lehrte uns alle, dass auch äußerst humorvolle Menschen durch zu viel Spannung im Energiesystem blockiert sein können und Humor kein Freibrief für Problemlosigkeit ist. Nur hilft der Humor, sie schneller zu lösen

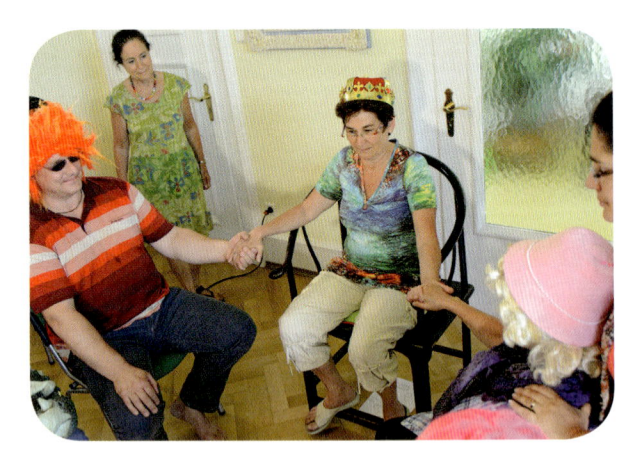

Abb. 109 Erstes Spüren von Mutter- und Vaterkraft

Abb. 110 Der Narr bemängelt den Kontakt zur Künstlerin

B-6. Wenn alles sein darf – Beispiele der großen Tafelrunde

Abb. 111 Als Heilinformation beleben „Malkasten mit vielen Farben" und „Champagner" die Beziehung Narr – Künstlerin

Abb. 114 Disharmonie zwischen Kind und Monster

Abb. 112 Kämpfer lehnt Flittchen ab

Abb. 115 Lösung der Disharmonie Mutter – Kind

Abb. 113 Freier Energiefluss Vater – Kämpfer – Flittchen

Abb. 116 Der unerlöste Feigling behindert den gesamten Energiefluss

B-6. Wenn alles sein darf – Beispiele der großen Tafelrunde

Abb. 118 ist ein Schnappschuss davon, wie tiefgreifend die Arbeit an der Tafelrunde sein kann. Romana kann die Fülle ihrer Potenziale und die Harmonie noch gar nicht fassen und braucht in letzter Sekunde noch die Information *Sulfur* C1000, um alle einstigen Blockaden loszulassen.

6.5 Tafelrunde „Birgit"

Abb. 117 Lösung der Blockade Monster – Feigling

Für diese Tafelrunde waren ungewöhnliche Heilungsinformationen notwendig: Auf der Vaterseite kam alles erst in Harmonie, als der Kämpfer die Energie von *Plutonium nitricum* C1000 spürte. Auf der Mutterseite wurde durch *Pulsatilla* für Mutter und Kind die Energie frei, um an die verborgene Blockade Kind – Monster – Feigling heranzukommen (Abb. 114, 115, 116).

Mutter	Frau/Hure	Kind	Monster	Heilerin
ICH				Narr
Vater	Kriegerin	Lehrerin	Sängerin	Künstler

Bei dieser Aufstellung lernten wir viel über Verhüllungen bzw. über starke Seiten einer Persönlichkeit, die lange nicht sein durften. Als Birgit die Anteile verlas, griffen die Stellvertreter spontan zu Brillen, Larven und Masken. Das zeigt, wie die Feldinformationen unmittelbar aufgegriffen werden, wenn das Feld durch den Eigner eröffnet wird.

Abb. 118 Königin Romana kurz vor dem Abschluss der Tafelrunde

Abb. 119 Königin Birgit schaut frohgemut in die illustre Runde

B-6. Wenn alles sein darf – Beispiele der großen Tafelrunde

Abb. 120 Mutter und Frau/Hure wollen einander nicht sehen

Abb. 122 Narr und Heilerin haben erlösende Botschaften an das ICH gerichtet

Abb. 121 Vater und Kriegerin wollen nicht gesehen werden

erkannt und das ICH ermuntert, die Gelegenheit zu nutzen und alle Verhüllungen fallen zu lassen. Da Birgit nicht nur eine gute Therapeutin, sondern auch eine hervorragende spirituelle Heilerin ist, war ihr die Botschaft dieser Instanz auch hilfreich, das innere Monster anzunehmen.

6.6 Tafelrunde „Helge"

Mutter Versager Abenteurer Lebenslustiger Heilerin
ICH   Narr
Vater Produzent Lehrer Zeitverwalter Künstlerin

Der Internist Helge ist selbst auf dem Weg des Clowns und ist als humorvoller Kollege bekannt. Wie die meisten der (anwesenden) Ärzte hat auch er das Problem, Raum für die schöpferischen Anteile zu schaffen, wenn der Praxisalltag mit seinen Pflichten überhandnimmt.

In dieser Tafelrunde waren keine Heilinformationen nötig, weil Birgit durch die dreidimensionale Schau in ihre Persönlichkeitsanteile diese spontan zulassen konnte. Es war für sie wie eine Erlösung, einfach Ja zu sich zu sagen. Im Laufe der Sitzung nahmen alle Verhüllten ihre Larven und Brillen ab. Der Narr hatte die wichtigste Aufgabe

B-6. Wenn alles sein darf – Beispiele der großen Tafelrunde

Schon bei der Aufstellung der 6 Basiskräfte war ihm der intensive Kontakt zu seinem inneren Narren ein großes Anliegen und er erlaubte sich das Gefühl von Stärkung durch das Auflegen liebevoller Hände.

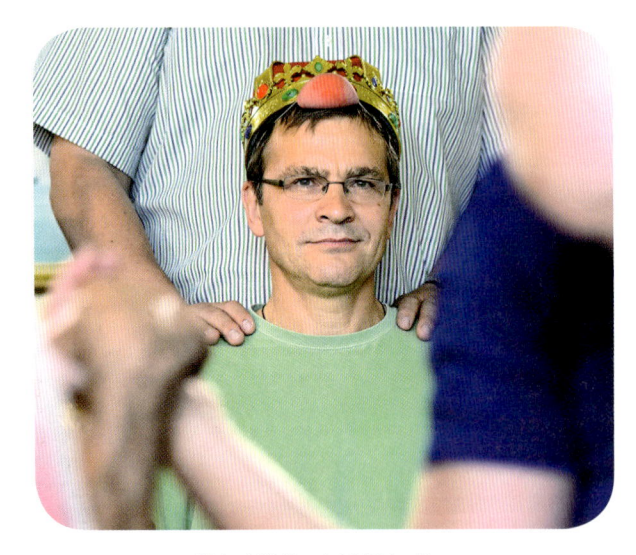

Abb. 123 Kontakt ICH – Narr

Abb. 124 Der interessierte Blick in den inneren Reichtum

Abb. 125 Der Narr ist unzufrieden und gibt dem König Helge eine Botschaft

Bei dieser Aufstellung war lehrreich, dass der Narr sich nicht von dem freundlichen und humorvollen Wesen, das Helge an den Tag legt, täuschen lässt. Er deckte schonungslos auf, dass große schöpferische Potenziale vorhanden sind, aber nicht adäquat verwirklicht werden. Ein Grund ist der Versager, den Helge auch „das kleine innere Kind" nannte. Da sitzt eine Kraft an der Tafelrunde, die nicht genährt wird. Wie das Gesetz der Rückkopplung aussagt: Wenn auch nur eine Kraft im Netzwerk (hier Tafelrunde) nicht erlöst ist, leidet das Ganze.

Nachdem der Narr seine Botschaft, mutig seine Gaben zu verwirklichen, gesprochen hatte, konnte sich König Helge der Vaterseite widmen, bei der Vater, Produzent, Lehrer teilnahmslos beieinander saßen. Hier trat erst Lösung ein, als Künst-

B-6. Wenn alles sein darf – Beispiele der großen Tafelrunde

ler und Zeitverwalter mit Heilinformation versehen wurden. Das war die Vorstellung von einer sprudelnden Quelle.

Abb. 126 Erlösung von Künstler und Zeitverwalter

Die größte Blockade bestand zwischen Mutter und Versager. Das war für alle Beteiligten leicht nachzuvollziehen, denn gerade unsere Mütter können schlecht mit den Schwächen ihrer Kinder, besonders der Söhne umgehen. Die Lösung bestand darin, dass die Mutterkraft mit *Lac caninum* C1000 und der Versager mit Ignatia C200 gestärkt wurde.

Die Lösung dieser Blockade wirkte sich positiv auf die gesamte Mutterseite aus, sodass Abenteurer und Lebenslust sein durften und die Heilerin ihre Maske fallen lassen konnte.

Abb. 127, 128 Blockade und Lösung zwischen Mutter und Versager

Abb. 129 Lebenslust und Heilerin nehmen Kontakt auf

6.7 Tafelrunde „Heike"

Mutter	Kind	Hure	Komiker	Heiler
ICH				Narr
Vater	Perfektionist	Richter	Lehrer	Künstler

Heike, eine ebenfalls sehr humorvolle, sprühende Heilpraktikerin, weiß zwar um ihre Potenziale, spürt aber immer wieder eine Art „Bremse" auf ihrem Weg als erfolgreiche Heilpraktikerin. Wenn wir uns die Aufstellung anschauen, fällt sofort die Spannung Hure – Richter und Perfektionist – Kind auf. Da will etwas sein und bekommt sofort ein Verbot. Heike schilderte auch genau dieses Gefühl, das sie als hinderlich empfand.

Abb. 131 Der Narr gibt seine Botschaft

Spannungen. Es wird klar, dass durch die Harmonie Narr – Künstler – Heiler fast augenblicklich die innere Lehrerin sein durfte. Diese Instanz in der Persönlichkeit nahm zuvor oft die Rolle der Maßregelung und Einschränkung ein, die sich Heike auferlegte. Im erlösten Zustand wandelte sich dies zu einem gesunden Maß an Disziplin, was sich auch positiv auf den Komiker auf der Mutterseite auswirkte.

Abb. 130 Nachdenkliche Schau in die eigene Fülle

Nachdem Königin Heike die Botschaft des Narren annimmt, die Vorstellung von Hindernissen ihrer Selbstverwirklichung aufzugeben, lösen sich viele

Abb. 132 Die notwendige Harmonie Narr – Künstler – Heiler

B-6. Wenn alles sein darf – Beispiele der großen Tafelrunde

6.8 Tafelrunde „Bahar"

	Mutter	Monster	Clown	Lehrerin	Künstler
ICH					Narr
	Vater	Kind	Kriegerin	Arbeiter	Heiler

Das Besondere dieser Tafelrunde war, dass die Ärztin Bahar bereits viel an ihrer Tafelrunde gearbeitet hatte, diese Methode auch bei ihren Patienten anwendet und eigentlich „nur" wissen wollte, ob die Arbeit an sich selbst sich auch spontan durch das Verhalten der Stellvertreter bestätigt. Das geschah in der Tat!

Der Blick in die Persönlichkeitsanteile zeigt, dass die Beziehung Clown – Kriegerin bisweilen buchstäblich „auf Kriegsfuß" stehen kann. Disharmonien in der Selbstverwirklichung können auch durch die Spannung Lehrerin – Arbeiterin dazu führen, dass Bahar immer wieder an die Leistungsgrenze gerät. Gerade an diesem Punkt hat sie viel gearbeitet und zusammen mit ihrem Mann, der auch Arzt ist, für kreativen Ausgleich gesorgt.

Obgleich jeder an seinem Platz ist, ist der Narr noch nicht zufrieden und weist darauf hin, dass noch Mut zur Lösung für die Integration von Vater- und Mutterkraft nötig ist, damit die kreativen Kräfte frei fließen können.

Arbeit, Kampf, Überlebenswillen und Wissen, die Heimat (Iran) nicht ungefährdet wieder besuchen

Abb. 133 Aufbau der Harmonie Mutter – Kind – Hure

Die Integration eines solch tabuisierten Anteils wie den der Hure löste eine gewaltige Energiewelle aus, der der Komiker nicht mehr gewachsen war. Deshalb bedurfte er einer Heilinformation (*Calcium phosphoricum*). Die Tafelrunde wurde dadurch insgesamt harmonisch.

Abb. 134 Heitere Abschlussrunde aller integrierten Potenziale

B-6. Wenn alles sein darf – Beispiele der großen Tafelrunde

Abb. 135 Der staunende Blick in die Potenzialrunde

Abb. 137 Die wichtigste Integration: Mutter- und Vaterkraft

Abb. 136 Der Narr ist noch nicht zufrieden

Abb. 138 Die schwierige Konstellation Mutter – Monster wird integriert

zu können, lastete auf Bahar und ihrer Familie. Dies nicht ins eigene Leben zu übernehmen, war jahrelange Arbeit. Während der Aufstellung konnte jeder die Erleichterung spüren, als Mutter und Monster sich gegenseitig akzeptierten (Abb. 138). Dadurch wurden sofort die kreativen Potenziale lebendig. Als alle Anteile ihre Botschaft an Königin Bahar mitteilten, ging noch einmal eine Welle der Entspannung durch die Runde, als die Kriegerin die Waffen niederlegte und sagte, sie sei gerüstet, aber müsse nicht mehr gegen Windmühlen kämpfen.

B-6. Wenn alles sein darf – Beispiele der großen Tafelrunde

Abb. 139 Die Integration von Narr – Heiler – Künstler – Arbeiter

Abb. 141 Der zufriedene Blick in ein befriedetes Energiefeld

Abb. 140 Die Kriegerin kann die Waffen niederlegen

6.9 Tafelrunde „Ekkehard"

Mutter	Feigling/Träumer	Arbeiter	Kind	Heilerin
ICH				Narr
Vater	Monster	Lehrer	Krieger	Künstler

Der Blick auf diese Aufstellung offenbart Spannungsfelder, die einen erfolgreichen Arzt wie Ekkehard - trotz aller Bemühungen um schöpferischen Ausgleich - in die Enge treiben kann:

Auch wenn man schon an seiner Tafelrunde gearbeitet hat, um Spannungsfelder in der eigenen Persönlichkeit wieder ins Lot zu bringen und dem inneren Narren ausreichend Raum zu gewähren, ist es doch immer wieder ein besonderes Erlebnis, dies real in der Tafelrunde mit Stellvertretern zu erleben.

Feigling/Träumer sitzt dem Monster gegenüber, das Träumerei nicht zulässt. Arbeiter und Lehrer können sich schnell gegenseitig verstärken und überhandnehmen. Die Beziehung Kind – Krieger sowie Krieger – Künstler sind brisant, wenn es um Prioritäten im Alltagsleben geht.

B-6. Wenn alles sein darf – Beispiele der großen Tafelrunde

Abb. 142 Staunen, wer da alles versammelt ist

Abb. 144 Der Narr belebt Künstler und Heiler

Abb. 143 Der erschöpfte Narr

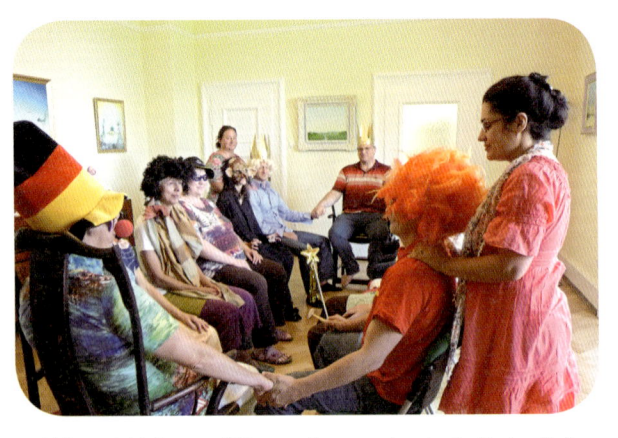

Abb. 145 Heiler und Unterstützung durch die Farbe Pink

Auch Ekkehard hat viel an sich gearbeitet, um in seiner ärztlichen Schaffenskraft die spirituellen Quellen lebendig zu halten. Insofern war er kein Anfänger. Für ihn war aber erst durch die reale Aufstellung möglich zu sehen, wie dunkel die Vaterseite mit den Potenzialen gefärbt ist (Abb. 143) und deshalb der Narr auch die Botschaft von Licht und Leichtigkeit sandte. Selbst der Narr erschien zunächst erschöpft, wissend, dass von seiner Kraft viele zehren. Deshalb widmete er sich intensiv den erschöpften Anteilen Künstler und Heiler.

B-6. Wenn alles sein darf – Beispiele der großen Tafelrunde

ckade behinderte auf der Vaterseite den Energiefluss.

Nachdem diese Blockade gelöst war, zeigte sich erst, dass die Vaterkraft erschöpft war und Hilfe brauchte, da sie sich ständig bemühte, alles im Griff zu behalten – ein Verhalten, das Ekkehard von sich kannte. Aber auch das Monster brauchte Hilfe, weil es dauernd Zeichen setzte, die das ICH glaubte, durch Willenskraft kompensieren zu können. Die Vaterkraft wurde durch *Lac caninum* C1000 gestärkt. Beim Monster wurde einfach ein Ventil geöffnet.

Abb. 146 Annäherung der Beziehung zwischen Lehrer und Krieger

6.10 Tafelrunde „Björn"

Mutter	Held/Boss	Lehrer	Eigenbrötler	Heilerin	
ICH					Narr
Vater	Monster	Kind	Faulpelz	Künstler	

Eine Überraschung war, dass eine Frau die Vaterkraft vertrat. Die reale Aufstellung offenbarte ein paar „heiße Drähte" in der Persönlichkeit des Arztes Björn:

Faulpelz – Eigenbrötler

Dadurch kann Arbeit in Stress ausarten, weil die Dynamik abgebremst wird.

Die Spannung Vater – Monster wirft die Frage auf, wie flexibel, ungewöhnlich oder unüberwindbar-monströs die Ansichten des Vaters auf das ICH einwirken? Oder wie stark sich das ICH gegen eine Dominanz der Vaterkraft behaupten kann?

Abb. 147 Alles darf in friedlicher Eintracht ein Ganzes sein, zum Wohl des Königs Ekkehard

Die Heilerkraft, die Ekkehard sowohl medizinisch als auch durch Spirituelles Heilen einsetzt, gönnte sich eine Unterstützung durch die Farbe Pink, die den Altruismus ins rechte Maß brachte.

Ein hartes Stück Arbeit war die Harmonisierung der Lehrer-Krieger-Beziehung, denn deren Blo-

B-6. Wenn alles sein darf – Beispiele der großen Tafelrunde

Abb. 148 Die Aufnahme von Vater- und Mutterkraft

Abb. 151 Das leidende innere Kind

Abb. 149 Der Narr arbeitet an der Integration Heilerin – Eigenbrötler

Abb. 152 Zaghafte Kontaktaufnahme Kind – Monster

Abb. 150 Der Narr sendet die integrierten Kräfte Künstler – Heiler – Eigenbrötler – Faulpelz an das ICH

Abb. 153 Das Monster erlöst die Angst des Kindes

B-6. Wenn alles sein darf – Beispiele der großen Tafelrunde

Abb. 154 Mutter und Held/Boss nähern sich zaghaft an

Abb. 155 Erlöste Mutterkraft strömt ins ganze Feld über

Abb. 156 Glücklicher König Björn

6.11 Tafelrunde „Mone"

Mutter	Blödmann	Pflicht	Monster	Heilerin
ICH				Narr
Vater	Richter	Feigling	Schüchternheit	Künstler

Wie so oft bei begabten Menschen, ist ein negativ geprägtes Selbstbild ein Erfolgshindernis. Bei der Heilpraktikerin Mone war lange Zeit die Begabung für die Bühne (Clown[5]) durch Pflichterfüllung der Familie gegenüber und durch Zweifel an sich selbst behindert. Sie hat intensiv an diesem Thema gearbeitet. Doch die reale Aufstellung offenbarte, welche Spannungen auch in der Persönlichkeit angelegt sind, um Zweifel zu erzeugen:

Richter – Feigling – Schüchternheit sind eine brisante Mischung! Dominiert das Urteil des Richters, leidet die Ausdruckskraft, vor allem, wenn der Richter für die Meinung und Regeln anderer steht.

---

5 Mone ist meine Clownpartnerin und Mitglied des Trios Merlino, Pitt&Pott

B-6. Wenn alles sein darf – Beispiele der großen Tafelrunde

Die Spannung Blödmann – Pflicht – Monster kann auch im unerlösten Zustand ein enormer Hemmschuh sein, sich im Außen zu zeigen und zu sich zu stehen. Der Blödmann steht ja in der Regel für den Vergleich mit anderen, die scheinbar besser, klüger und schöner sind.

Die Spannung Monster – Schüchternheit bietet auch genügend Power, den künstlerischen Selbstausdruck zu unterminieren, sich für hässlich und unbegabt zu halten.

Abb. 159 Der Narr vermittelt der Königin Mone, wie desolat die schöpferischen Kräfte sind

Abb. 157 Der erstaunte Blick in die eigene Fülle

Abb. 160 Der Richter lehnt den Feigling ab

Abb. 158 Noch sitzen alle teilnahmslos herum

Abb. 161 Der erlöste Richter

B-6. Wenn alles sein darf - Beispiele der großen Tafelrunde

6.12 Tafelrunde „Barbara"

Mutter Muse Kind Krankenschwester Heilerin
ICH   Narr
Vater Anwalt Abenteurer Monster Künstler

Die Kollegin Barbara gehört in den Reigen der humorvollen und kreativen Psychotherapeuten und war gespannt, wie die ihr bekannten Persönlichkeitsanteile vielleicht noch hier und da der Harmonisierung bedürfen. Sie war eine der wenigen Teilnehmer, die freudig ihre Tafelrunde empfingen.

Abb. 162 Die Pflicht gibt eine versöhnliche Botschaft ans Monster

Abb. 163 Versöhnung aller kreativen Kräfte

Abb. 164 Freude über die bunte Schar

Das Ergebnis dieser zunächst widerspenstigen Tafelrunde machte allen deutlich, dass auch schärfste Kontraste und Spannungen integriert werden können und das ICH dadurch auf eine völlig neue Selbstwahrnehmungsebene heben können – wie dies bei Mone geschah.

Abb. 165 Wichtiger Aufbau von ICH – Mutter und Muse

119

B-6. Wenn alles sein darf – Beispiele der großen Tafelrunde

Abb. 166 Der Narr deckt freundlich, aber bestimmt, einige Schwächen in der Selbstverwirklichung auf

Abb. 169 Vater, Anwalt, Abenteurer gehen in die Versöhnung

Abb. 167 „Miese" Laune bei Monster, Abenteurer und Anwalt

Barbaras Tafelrunde half uns allen zu verstehen, dass das Selbstbild, das wir von uns haben, viel deutlicher im realen Erleben und Verhalten der Stellvertreter wird. Das beinhaltet Bestätigung, aber auch Aufdeckung feinster Hemmnisse, sich wirklich zu 100 % zu verwirklichen. Die große Tafelrunde dient ja dazu, sich zu 100 % in seinen Qualitäten und Schatten anzunehmen und nicht mit einem Kompromiss zufrieden zu sein.

Diese Beispiele dürften genügen, um einen Einblick in die spannende Arbeit an der Tafelrunde zu vermitteln. Was alle Teilnehmer bestätigen: Es ist nicht nur segensreich, seine eigene Tafelrunde aufzustellen. Auch bei anderen die unterschiedlichsten Rollen zu übernehmen, intensiviert das Gefühl für die Energien, die in einer Tafelrunde walten. **Immer wieder sind es die verhüllten Gesichter, die viel über den Grad der Integration mitteilen:**

Abb. 168 Zögernde Kontaktaufnahme Künstlerin – Monster

B-6. Wenn alles sein darf – Beispiele der großen Tafelrunde

Abb. 170 Verhülltes Monster

Abb. 172 Viele Verhüllungen

Man möchte meinen, Monster, Krieger, Flittchen, die Schattenanteile einer Persönlichkeit, seien prädestiniert, sich in verhüllter Form zu zeigen. Aber genauso gut kann sich der Narr, die Heilerin oder jeder andere Persönlichkeitsanteil verstecken.

Wenn auch viele Anteile in einer Person zunächst ihr Gesicht nicht zeigen, so ist doch das Ziel die Öffnung und das Fallenlassen aller Fassaden zum Wohle des ICH. Damit eine Tafelrunde schlüssig und stimmig endet, ist es, wie schon erwähnt, nötig, dass jeder Anteil seine intuitive Erkenntnisbotschaft an das ICH richtet und sich alle die Hände reichen, sich einander zuneigen und bei allem Ernst der Arbeit die Freude am Spiel lebendig bleibt.

Abb. 171 Verhüllte Mutterkraft

Abb. 173 Einander die Hände reichen

Abb. 174 Einander zuneigen

Abb. 175 Freude am Spiel

6.13 Erfolg und Misserfolg in Einklang bringen

Wir nähren Persönlichkeitsanteile, die für Erfolg wie Misserfolg zuständig sind. Wir wollen erfolgreich sein, werden aber durch ungeliebte Anteile wie den inneren Feigling, Lügner, Großkotz, Faulpelz, das Lästermaul oder das schon besprochene Monster daran gehindert. Wir lieben den Erfolg und hassen den Misserfolg. Das ist zwar menschlich, aber diese Polarisierung der zwei Kräfte bringt nur eins hervor: Frustration und mehr Misserfolge. Ja, so seltsam es klingt: Das Geheimnis des Erfolgs ist die Akzeptanz und Integration von Misserfolg und dessen Urkräften, die im Untergrund schwelen. Auch hier ist die seelische Tafelrunde Gold wert, die ungeliebten Anteile anzuschauen, ihnen einen Platz zuzuweisen und zu erleben, welche positiven Potenziale in ihnen schlummern.

Immer wieder sollten wir uns klarmachen, dass eine negative Eigenschaft Energie ist, die sich in eine förderliche wandeln kann. Das geschieht durch die Änderung des Fokus, des Bewusstseins und einer neuen Erfahrung. Es gibt nicht das nur Negative oder nur Positive. Dieses dualistische Denken wird vom Ego-Bewusstsein produziert. Aber auch das ist nur ein Teil des Ganzen, das eine Persönlichkeit ausmacht. Das höhere Selbst ist jene Instanz, die die positive Energie in einem Schattenanteil wahrzunehmen vermag.

Im Misserfolg schlummert das Geheimnis des Erfolgs. Das Versagen, Scheitern und der Misserfolg müssen akzeptiert und als Lebenserfahrung integriert werden. In jedem Erfolg lauert auch latent der Misserfolg. Mit beidem gilt es umzugehen und daran zu wachsen. Wir gelangen unweigerlich zu folgenden Erkenntnissen:

- Fortschritt und Entwicklung haben ihren Preis.

B-6. Wenn alles sein darf – Beispiele der großen Tafelrunde

- Immer überschreiten wir dabei eine Transformationslinie.
- Misserfolg ist relativ. Entscheidend ist, wie wir daraus hervorgehen.

Fassen wir das noch einmal bildhaft zusammen, damit auch Sie den Mut entwickeln, anders mit Misserfolg umzugehen:

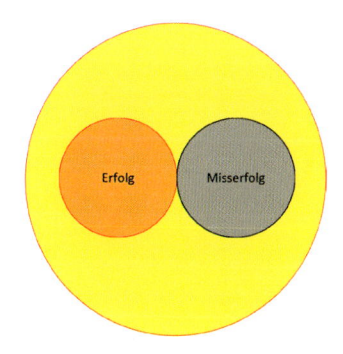

Abb. 176 Die Polarität Erfolg-Misserfolg

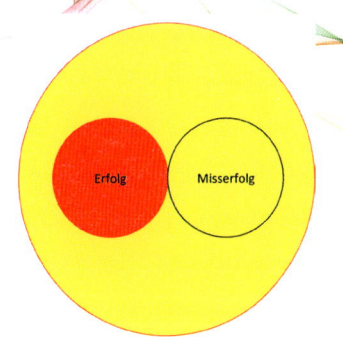

Abb. 177 Die Betonung des Erfolgs

Am Anfang nimmt man nur die polarisierenden Kräfte von Erfolg und Misserfolg wahr. Häufig reift der Glaubenssatz heran, der Erfolg sei anderen beschieden, während man selbst meist Misserfolge erlebe. Aus dieser inneren Verzerrung heraus entsteht die Fokussierung, unbedingt auch Erfolg haben zu müssen.

Doch je stärker die Suche und Sucht nach Erfolg wächst, umso häufiger stellt sich Misserfolg ein. Was man mit vehementer Willenskraft erreichen will, schließt Variationen und Kreativität aus. „Es muss doch gelingen!" ist der Weg ins Gegenteil,

ins Misslingen. Das ist das Wesen der Fixierung, die einengt. Dadurch wendet sich nach einiger Zeit das Blatt und der Fokus richtet sich auf den Misserfolg.

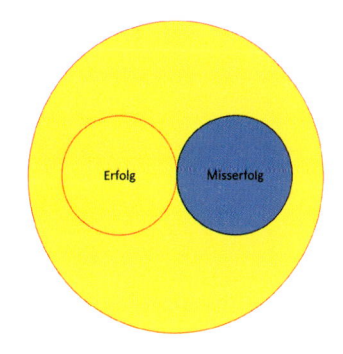

Abb. 178 Der Misserfolg überwiegt

In dieser Verfassung glaubt die Person nicht mehr an die Möglichkeit, erfolgreich sein zu können und arrangiert sich mit der Frustration. In der mit vielen Seufzern garnierten Äußerung: „Ich habe eben keinen Erfolg, ich bin der lebende Misserfolg" schwingt so etwas wie Resignation, aber

B-6. Wenn alles sein darf – Beispiele der großen Tafelrunde

auch die leise Frage, ob es nicht doch anders sein könnte. Das Bewusstsein ist nur auf einen winzigen Teil der Gesamtpersönlichkeit gerichtet. Alles andere wird ausgeblendet. Im schlimmsten Fall scheint die Person nur noch aus Restbeständen eines Selbstwertgefühls zu bestehen, so dominant ist der Eindruck, ein zum Misserfolg verdammter Versager zu sein.

Nun kommt es darauf an, inwieweit jemand bereit ist, aus einem Misserfolg zu lernen, in sich zu gehen, anzuschauen, was er selbst damit zu tun hat. Der Misserfolg ist der Lehrmeister für den Erfolg, so komisch das klingt. Er trägt in sich das Wachstumspotenzial, über sich hinauszuwachsen. Aber zuerst bedarf es der inneren Einkehr und des klaren Blicks, wie der Misserfolg beschaffen war, worin das Scheitern bestand, wie die äußeren Umstände waren, wie man sich im Scheitern gefühlt hat. Nach dieser Bestandsaufnahme folgt die entscheidende Wende, nämlich im Versagen die Ausnahme von der Regel zu entdecken. Die Regel äußert sich in den Gaben, Qualitäten und Fähigkeiten der Gesamtpersönlichkeit. Hierzu verordne ich gerne die Übung, jeden Abend vor dem Schlafengehen wohlgefällig auf seine Werke zu schauen. Ohne dass man seine Werke würdigt, kann man nicht die Fehlbarkeit akzeptieren. Klingt auch zunächst paradox. Doch so ist es. Die eigene Fehlbarkeit, die Möglichkeit des Misserfolgs zu erkennen, das muss auf dem Hintergrund des positiven Selbstbildes geschehen. Es ist ein Prozess, der geübt werden muss, denn die meisten Menschen starten von einem negativen Selbstbild und darin scheint der Misserfolg eine beinahe selbstverständliche Erscheinung zu sein. Der Weg wird erst frei, wenn man sich mit der Möglichkeit des Versagens aussöhnt und dies als Ausnahme begreift.

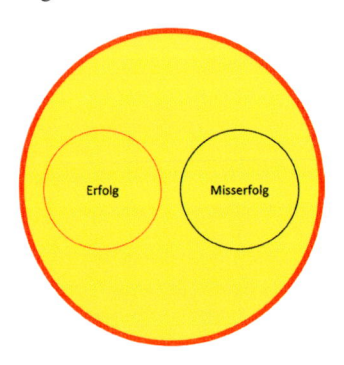

Abb. 179 Die Integration in die Gesamtpersönlichkeit

Wir sehen in Abb. 179 erstmals den hervorgehobenen Aspekt der Gesamtpersönlichkeit (dicker Kreisrand). Darin befinden sich Erfolg und Misserfolg als Spielarten des Lebens, wobei in dem Maße, wie der Blick auf das Ganze gerichtet bleibt, mehr Erfolg als Misserfolg zu verbuchen ist.

Diesen Prozess der Integration von Erfolg und Misserfolg erleben wir am leichtesten an der Tafelrunde, denn dort wird offenbar, was subversiv den Erfolg verhindert und den Misserfolg steuert. Dafür ist nicht ein bestimmter Persönlichkeitsanteil zuständig, sondern sowohl die Konstellation als auch der Grad der Integration aller Anteile.

7. Humor und Spiritualität

Die Verbindung von Humor und Spiritualität verdient ein eigenes Kapitel. Es gibt alte, meist aus östlichen Kulturen stammende spirituelle Schulungen und moderne, westlich geprägte. Wie auch immer im Detail eine Schulung gestaltet ist, ob klösterlich oder weltlich, wenn sie keine emotionale und soziale Kompetenz bei ihren Schülern erweckt und kein Humor besteht, taugt sie nichts. Das sage ich so bestimmt, weil es dem Sinn einer spirituellen Schulung widerspricht, wenn ein Mensch nicht über diese Grundvoraussetzungen der zwischenmenschlichen Kommunikation verfügt. Spiritualität entwickelt sich nicht getrennt vom Alltag und im Alltag haben wir mit Menschen zu tun, ob im Kloster oder in Familie und Beruf. Der Sinn einer spirituellen Schulung ist Bewusstseinserweiterung und innere Freiheit, das heißt das Freiwerden von Dualität, Glaubenssätzen, Verhaftungen emotionaler und mentaler Art. Das zeigt sich im Außen darin, wie man mit sich und den Mitmenschen umgeht. Humorvolle Lehrer sind bessere Begleiter für Menschen auf einem spirituellen Weg als humorlose, die Askese, Verzicht und Dogmen predigen.

Abb. 180 Hotei – der lachende Zenmeister

Wenn es um des Menschen Seelenheil geht, verstehe ich keinen Spaß, sondern ist mir sein innerstes Anliegen sehr ernst. Darum gehe ich auch streng mit solchen Lehrern um, die ihre Schüler durch eingebläute oder einbetonierte Glaubenssätze klein machen. Sicher ist es auch Sache eines Schülers, frei von Meinungen und Urteilen seines Lehrers zu werden. Aber ein Lehrer, der sich womöglich noch Meister nennt, muss ein Vorbild an Toleranz und innerer Freiheit sein. Da wir selbst Menschen auf einem spirituellen Weg begleiten, ist es auch unser Anliegen, mehr Humor in diese geistigen Gefilde zu bringen.

Harald Knauss und ich leiten seit 1994 die Moderne Medial- und Heilerschulung. Darin geht es um verschiedene Formen der Kommunikation. An erster Stelle steht die Kommunikation mit sich selbst, indem mittels erweiterter Wahrnehmung die Erweckung der intuitiven Sinne als Pendant

B-7. Humor und Spiritualität

zu den fünf physischen Sinnen entwickelt wird. Ferner geht es um die Kommunikation mit einem Gegenüber durch die Wahrnehmung positiver Potenziale sowie um emotionale und soziale Kompetenz. Besondere Aufmerksamkeit widmen wir der Entfaltung des inneren Heilers. Unser Arbeitsethos lautet:

- Freigeist
- Freiwerden von Glaubenssätzen, Meinungen, Urteilen, Dogmen
- Kompetenz begegnet Kompetenz
- Lösungsorientiert denken
- Potenzialorientiert wahrnehmen
- Emotionale und soziale Kompetenz entwickeln, um beziehungsfähig zu sein

Die Schulung hat somit eine spirituelle Ausrichtung, auch wenn die Übungen spielerisch und kreativ sind und Humor den roten Faden bildet. So wie wir bei unseren alten englischen Lehrern oftmals vor lauter Lachen kaum noch gehen und aus den Augen schauen konnten, ist es für uns auch zeitgemäß, in einer spirituellen Schulung von Anfang an zu lehren, über sich selbst zu lachen. Viele der Übungen in diesem Buch wenden wir auch in dieser Schulung an, damit gar nicht erst der Nimbus des Besonderen, Geheimnisvollen oder Außerordentlichen aufkeimt. Kein Bereich menschlicher Entwicklungsmöglichkeiten ist so gefährdet, Menschen einzuengen, zu manipulieren und von Dogmen abhängig zu machen wie die Esoterik. Lautet von Anfang an das Credo: „Machen Sie mit meinen Aussagen und Lehren Ihre eigenen Erfahrungen", herrscht Toleranz. Die eigene Erfahrung ist Wissen aus erster Hand. Sie kann anders sein als die des Lehrers. Auf diese Weise sind Schulungswege über Jahrtausende gewachsen. Wo Dogmen im Spiel waren, gab es kein Wachstum, weshalb auch viele Schulungswege ausgestorben sind. Nur das Echte überlebt. Diese Erkenntnis ist bedeutsam für die, die sich mit aller Liebe, Hingabe und Disziplin in eine Schulung eingeben.

In unserer eigenen Medial- und Heilerschulung, die 1984 in England begann, drang der typisch englische Humor bis tief in die Wurzeln der Medialität und des Heilens. Keine Übung, kein Vortrag, keine Meditation, die nicht in Heiterkeit gebettet war. Die verschiedensten Strömungen des Humors flossen traditionsgemäß im „bunten Abend" („concert" genannt) zusammen. Selbst die berühmtesten Heiler und Medien traten abends in Sketchen auf und karikierten alles rund um das Heilen und die Medialität. Dazu muss man wissen, dass diese Herrschaften zwischen 50 und 90 Jahren alt und mit einem schier unverwüstlichen Humor begabt waren, der sie jung im „common sense" (gesundem Menschenverstand) und Seele hielt. Damals waren wir die einzigen Deutschen unter den Briten und, obgleich an Bühnenarbeit als Musiker gewohnt, taten wir uns schwer, die Schulung von der humorvollen Seite zu betrachten. Alles sehr ernst zu nehmen, alles gewissenhaft zu üben, wurde als typisch deutsch betrachtet. Es fehlte uns aber nicht an Humor, sondern am Mut zum Spiel.

B-7. Humor und Spiritualität

Ich erinnere mich, als ich an einem solchen Abend einen Sketch als dummer August vorführte, der Chakras reparierte und Aura-Cleaning anbot, lachten die 80 anwesenden Medien und Heiler schallend und rangen nach Luft. Der Chef des Arthur Findlay College sagte, nun stünde meiner Entwicklung zu einem guten Medium und zu einer guten Heilerin nichts mehr im Wege, da ich Humor bewiesen hätte. Es dauerte noch ein paar Jahre, bis ich

Kurs einluden und danach die Stadt Schwäbisch Hall besuchten. Kaum waren sie der Freitreppe der Freilichtbühne ansichtig, spielten sie sofort „Romeo und Julia":

Dann folgte sofort eine Persiflage auf das Gehabe mancher Heiler, die sich wichtigmachen, indem sie als Lehrer dem Schüler (Harald) huldigen:

Abb. 181 a und b Mary und Ray

wirklich begriff, wie wichtig der Humor auch auf esoterischem Gebiet bzw. in der Energiearbeit ist.

Unsere Lehrer, Margaret Pearson, Mary Duffy und Ray Williamson, dessen autorisierte Nachfolge als Aura-Medium ich antrat, waren jederzeit zu Scherzen aufgelegt. Wie frei und spontan sie ihren Humor auszudrücken vermochten, erlebten wir, als wir Mary und Ray 1992 zu einem

Dann sagte Ray, er möchte jetzt auch mal den Großmeister spielen, bedürfe aber der Inspiration durch einen Erzengel:

Wir hatten einen riesigen Spaß und achteten nicht auf die Passanten, die sich amüsiert unsere Spielerei anschauten. Das war eines unter hunderten von Beispielen, wie Ernst und Ehrfurcht bei der Arbeit und Humor in der Befreiung von egoma-

B-7. Humor und Spiritualität

nen Vorstellungen spontan wechseln konnten. Als wir schließlich von unseren Lehrern dazu auserkoren wurden, die Schulung in Deutschland einzurichten, sie zu strukturieren und auf die Bedürfnisse der hiesigen Menschen einzugehen, legten sie uns kein Dogma, kein Glaubensbekenntnis ans Herz, sondern nur den Humor. Wir übernahmen die Herzstücke der Schulung und entwickelten sie weiter.

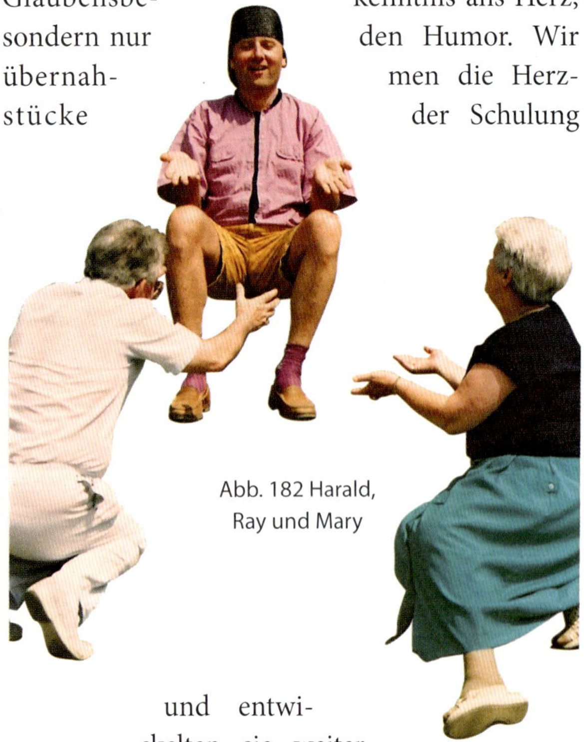

Denn erstens ist die Medialitäts- und Heilerschulung in Großbritannien in die staatlich anerkannte Religion des Spiritualismus integriert, zweitens sind die Briten mit einer Handvoll Übungen über Jahre und Jahrzehnte zufrieden und drittens gibt es bei ihnen keine „Schattenarbeit". Bei uns brauchen die Menschen einen roten Faden, warum sie welche Übungen ausführen sollen, mehr Abwechslung und vor allem Arbeit an fixierten Vorstellungen und Glaubenssätzen benötigen. Deshalb ist bei uns der Humor als treibende Kraft spiritueller Entwicklung noch viel wichtiger als bei den Briten. Unsere Lehrer waren nicht etwa beleidigt, dass wir ihre Tradition nicht tupfengleich übernahmen, sondern im höchsten Maße begeistert und stolz auf unser Werk. Denn sie vertraten denselben Standpunkt, wie er von östlichen Schulungswegen bekannt ist:

Abb. 182 Harald, Ray und Mary

Abb. 183 Ray, Mary und Harald

B-7. Humor und Spiritualität

Die Arbeit des Lehrers ist erst dann erfolgreich beendet,
wenn der Schüler stärker ist als er.

Johannes Galli

Leider habe ich schon oft das Gegenteil erleben müssen, wenn Mitglieder einer religiösen oder esoterischen Gruppierung nach Jahren und Jahrzehnten feststellen, dass sie einer Täuschung erlegen sind, wenn sie alles getan haben, um die Lehre ihres Lehrers absolut identisch zu vertreten und nun erkennen müssen, dass sie keinen wirklichen Schritt weiter gekommen sind – von Erleuchtung gar nicht zu reden! Ich habe viel Mitgefühl für diese Menschen, weil sie ernsthaft Suchende sind und das Beste, Höchste, Reinste erreichen wollen. Aber es scheint auch ihr Karma zu sein, Vorgegebenes nachzubeten, ohne es durch eigene Erfahrung zu prüfen. Es zeigt sich immer dasselbe: Wo kein Humor regiert, wuchert geistige Hybris. Deshalb widmen wir in der Medial- und Heilerschulung einen speziellen Kurs der Schattenarbeit an sich selbst. Das heißt, auch ein ernstes Thema wird spielerisch angegangen. Esoterische Glaubenssätze werden entlarvt, dies aber nicht mit dem erhobenen Zeigefinger, sondern humorvoll.

Die besten Korrektive in unserer Schulung sind zum einen die Nachprüfbarkeit der Wahrnehmungen und zum andern die Zirkelarbeit mit Freunden, die das Band der Zuneigung eint.

Das ist im Vergleich mit den meisten Wahrnehmungsschulen ein Vorteil. Auch, dass wir eine Prüfung vor Publikum als Abschluss anbieten, lässt gar nicht erst die Hybris des Geheimnisvollen, Besonderen oder Unheimlichen aufkommen. Humor gehört ins Tageslicht und bestrahlt heilsam sowohl die mediale als auch die heilerische Arbeit.

Wir gehen davon aus, dass jeder begabt ist, denn die Fähigkeiten, die erworben werden, gehören zum Menschsein und nicht zu einer extraterrestrischen Spezies oder zu auserwählten Meistern. Jeder darf so sein, wie er ist. Jeder darf seine Potenziale in seiner Zeit entfalten. In dieser Freiheit sind wir geschult worden und so geben wir auch unsere Erfahrung weiter. Modern ist diese spirituelle Schulung, weil sie unabhängig von klösterlicher Abgeschiedenheit, Zölibat, Askese, Glaubensbekenntnis und esoterischer Gruppierung ist. Wie meine Erfahrung mit vielen verschiedenen christlichen, hinduistischen, buddhistischen, schamanischen Gruppierungen gezeigt hat, macht es die Menschen nicht heiliger, nicht besser, nicht friedliebender, wenn sie sich Einschränkungen unterwerfen, denn in allen Sekten und Glaubensgemeinschaften findet man über kurz oder lang fest zementierte Glaubenssätze, die Menschen unfrei halten. Besser ist, seinen spirituellen Weg gleich dort zu gehen, wo wir auch dem besten Lehrmeister begegnen: Im Alltag, im prallen Leben mit Beziehung, Kindern,

B-7. Humor und Spiritualität

Partnern, Beruf und Kollegen. Bedingung dafür ist, sich Zeit für Rückzug, Ruhe, Stille und Pause zu gewähren. Das schreiben wir nicht vor. Aber es ist bemerkenswert, dass die Menschen in unserer Schulung – 70 % Therapeuten aller Richtungen, 30 % Geschäftsleute, Künstler, Handwerker – von alleine in einen gesunden Lebensrhythmus finden, freiwillig meditieren und sich auch freiwillig in dem einen oder anderen Lebensfeld beschränken. Inneres Wachstum ist nun mal ohne Disziplin nicht möglich. Aber es macht einen großen Unterschied aus, ob ich das als Lehrer einfordere oder die „Schüler" motiviere, selbst Verantwortung für ihr inneres Wachstum zu übernehmen.

Das Betreten energetischer Dimensionen, die über die Ratio hinausreichen – was übrigens keine besondere Leistung ist – mutet viele Anfänger an, als würden sie besondere Fähigkeiten erwerben. Doch hat erstens jeder diese Fähigkeiten und zweitens besteht damit immer die Gefahr der Wichtigtuerei. Eine gute Erdung steht zwar von Anfang an im Zentrum der Schulung. Aber unser menschlicher Geist schweift allzu gerne in die Höhenflüge des Spektakulären nach dem Motto „Ich sehe was, was du nicht siehst". Anstatt nun in Selbstherrlichkeit und Humorlosigkeit zu versinken, wenn alles plötzlich „so heilig", „so wichtig" wird, setze ich bewusst Humorübungen ein, die das vermeintlich Besondere, Auserwählte, Heilige sofort relativieren und wieder auf die menschliche Ebene herabholen.

Abb. 184 „Ich bin was Besonderes"

Das ist auch deshalb so sinnvoll, weil es Teilnehmer gibt, die ihren Meister- oder Großmeistertitel oder ihren indischen, schamanischen oder von Geheimlehrern verliehenen Namen hervorheben. Wie weit sie die Besonderheit als Mensch ausfüllen, wird schnell klar, wenn etwas nicht so abläuft, wie sie es sich vorstellen oder etwas einen Glaubenssatz tangiert. Dann ist es schnell mit der Spiritualität vorbei! Solchermaßen in Dogmen gefangene Menschen wollen unter keinen Umständen lachen, schon gar nicht über sich selbst und verlassen im Ernstfall die Schulung. Das geschieht sehr selten. Aber es gibt auch die Menschen, vor deren innerer Größe ich mich verneige. Sie kommen auf einem „hohen Ross" daher, nennen hoch komplizierte Sanskritnamen oder esoterische Titel. Da in ihnen aber die Flamme des Humors noch lodert, durchleben sie erhobenen Hauptes, was eine alte chinesische Weisheit sagt:

B-7. Humor und Spiritualität

*Bist du auf dem Gipfel,
kannst du nicht weiter nach oben gehen,
sondern musst wieder hinuntersteigen.*

Wähnt sich jemand schon spirituell weit entwickelt und thront auf einem Gipfel, gehört menschliche Größe dazu, anzuerkennen, dass er noch nicht die Kraft hat, permanent auf dem Gipfel zu verweilen. Für manche ist die Erkenntnis schmerzhaft, weil das Kartenhaus der Einbildungen und Illusionen zusammenfällt oder der Schüler den Lehrer in seinem Machtstreben durchschaut, wie er durch Dogmen die Schüler in Bann gehalten hat.

Jeder spricht, denkt und handelt aus seinem Bewusstsein heraus, jeder liest, was seinem Bewusstsein entspricht. Folglich ist es widersinnig, Menschen vorzuschreiben, was sie zu denken und zu verstehen haben. Übung verändert, Übung ist neue Erfahrung. Dazu gehört in unserer Schulung unabdingbar der Humor, die Heiterkeit, das Lächeln und Lachen.

7.1 Nur in der Gruppe bin ich stark

Für Therapeuten ist es höchst aufschlussreich, die Macht der Gruppendynamik und deren Auflösung selbst zu erleben, am besten natürlich im Spiel. Eine Gruppe Gleichgesinnter kann im positiven Sinne eine energetische Feldstärke aufbauen und dadurch viel bewegen, entwickeln und vorwärts bringen. Eine Gruppe kann aber auch ein negatives Kraftfeld aufbauen. Wer sich z.B. schwach fühlt, der Außenwelt seinen Frust, seine Wut mitteilen möchte, schließt sich einer Gruppe Gleichgesinnter an. Es ist, genau betrachtet, eine Gruppe von Schwächlingen, die nur durch ihr Kollektiv eine physische oder mentale Schlagkraft entwickeln kann. Dogmen, Glaubenssätze müssen erst einmal „eingehämmert", dann ständig wiederholt werden. Hierbei wird gerne das Mittel der kurzen, rhythmisierten Sprechparolen gewählt. Man kann dazu marschieren, was wiederum eine Form der Gleichschaltung ist. Die Konturen des Einzelnen verwischen sich, die Individualität verschmilzt mit dem Gemeinschaftsgedanken. Daraus kann ein großes destruktives Potenzial entstehen. Jeden Tag hören wir, dass jugendliche Schlägertrupps grölend durch die Straßen ziehen und Passanten einfach zusammenschlagen. Das ist die grobschlächtige Variante.

Subtiler geschieht dies in esoterischen Kreisen, wo schwache, hilfesuchende Menschen in eine Gemeinschaft eingegliedert und einer speziellen Gehirnwäsche unterzogen werden. Diese Gehirnwäsche äußert sich darin, dass kollektiv ein Glaubenssatz vertreten und um jeden Preis verteidigt wird. Das Ganze wird mit „Spiritueller Schulung" ummantelt, hat aber mit einer spirituellen Haltung gar nichts zu tun. Was der „Guru" oder „Meister" sagt, ist Gesetz. Wer sich dagegen auflehnt, riskiert unter Umständen sogar sein Leben.

Heute wird für Sekten nicht mehr auf offener Straße geworben, sondern man bedient sich äußerer, allgemein anerkannter Institutionen, die nach außen vorbildlich geführt, aber innen von einem knallharten Geist erfüllt sind. Ummantelungen können durch vorbildliche Tierhaltung, Ökolandbau, Kirche, Bankgeschäfte oder Bioläden den Blick nach innen verwehren. Es ist nicht jedem gegeben, das sofort zu durchschauen, sodass auch etliche Menschen auf das äußere Trugbild hereinfallen. Mir fällt dazu immer das Bild einer Spinne ein, die mit ihrem perfekt geknüpften Netz die Opfer einfängt und sie dann aussaugt.

7.2 Die Auflösung negativer Gruppendynamik

Es ist müßig, als „Normalbürger" Strategien gegen Sekten und dogmatisch geführte Gruppierungen zu entwickeln. Die einen mögen entlarvt werden, andere blühen im Verborgenen wieder auf. Zudem haben die modernen Sekten ein nicht zu unterschätzendes Netzwerk (!) weltweit aufgebaut, gegen das sich ein einzelner nicht auflehnen kann. Was hier gegen das bürgerliche Gesetz verstößt, muss juristischen Institutionen überlassen werden.

Wir als Therapeuten müssen aber beim Einzelnen ansetzen und lernen, mit festgefahrenen esoterisch verbrämten Glaubenssätzen therapeutisch umzugehen. Da meint jemand, sein Karma würde durch neue Denkwege geschädigt oder er sei besessen von externen Kräften, kommuniziere mit Erzengel Gabriel oder hält seine Aura für durchlöchert. Was es auch sei, es sind immer nur Vorstellungen von etwas, Einbildungen, Illusionen, nie die Sache selbst und kann in wahnhafte Zustände führen.

Die Betroffenen brauchen keine Belehrung, sondern neue Erfahrungen. Deshalb vermittle ich Gruppenübungen. Hier ein erstes Beispiel:

Übung 6
Parole und Auflösung

> Wir kreieren einen Glaubenssatz als Parole:
>
> Wir wolln Erfolg – a---ber sofort! Und sprechen ihn rhythmisch: tamtamtada - tamtamtadam

Abb. 185 Die Gruppe wiederholt die Parole

B-7. Humor und Spiritualität

Abb. 185 zeigt die Gruppe von Therapeuten verschiedenster Richtungen in der Phase, wie die Parole laut und mehrmals ausgerufen wird und wie sie in die Emotion hineingeht. Dann wird die rote Nase aufgesetzt und spontan auf die Parole spielerisch reagiert.

Etwas wird hier sehr deutlich.

Auf Abb. 185 ist das Typische eines kollektiven Bewusstseins sichtbar: die Gleichschaltung und die Hinwendung nach außen auf ein Ziel, nämlich auf ein Publikum. Das kann auch eine gedachte Zuhörerschaft sein. Aber parolenartige Glaubenssätze sind immer auf ein Ziel gerichtet, damit die geballte Ladung wirksam werden kann. Es ist gut zu sehen, dass jeder nach vorne ausgerichtet ist.

Kaum wird die Nase aufgesetzt, treten die Menschen sofort in Beziehung zueinander. Es entsteht Stimmengewirr, wo vorher Sprechchor war. Es entstehen alle möglichen Körperpositionen, wo vorher Gleichschaltung war.

Auch das spirituelle Heilen darf mit Humor angeschaut werden. Wir haben zwar viele humorvolle Heiler kennengelernt, aber in der Schulung muss dafür schon der Weg geebnet werden. Nichts ist peinlicher, absurder und komischer, als wenn ein Heiler in wallenden Gewändern mit wichtigtuerischer Miene und Gestik meint, Heilenergie lenken zu können. Auch das ist alles Einbildung des Ego-Bewusstseins, denn die Heilenergie ist eine natürliche Ressource und zugleich von höchster Intelligenz, dass sie dorthin fließt, wo sie benötigt wird.

Mit unserer strengen, aber doch auch immer humorvollen Auffassung von spirituellem Heilen tun sich vor allem jene Schulungsteilnehmer schwer, die bereits eine Heilerausbildung durchlaufen haben und mit diversen Titeln versehen wurden. Das mästet immer das Ego und hat mit

Abb. 186 a und b Die Auflösung der Parole

B-7. Humor und Spiritualität

Spiritualität nicht das Mindeste gemein. Menschen mit Meistertiteln oder Geheimnisträgernamen erleben, dass dies ein Schattenthema ist und der Überwindung bedarf. Ist das Ego zu stark und meinen sie, „einen Zacken aus der Krone" zu verlieren, setzen sie die Schulung nicht fort. Es spricht sicher für die Qualität und den Anspruch unserer Schulung, dass dies nur als Ausnahme geschieht. Die meisten Teilnehmer sind ja eher Skeptiker, kommen aus intellektuell geprägten Berufen und sind froh, dass alles so bodenständig verläuft. Dazu bedarf es keiner mahnenden Worte, erhobener Drohfinger oder strenger Stirnfalten, sondern des Humors. Ganz einfach – doch wie alles Einfache, ist das nicht leicht zu verwirklichen, denn wir reagieren empfindlich darauf, wenn jemand an unserem Ego kratzt.

Wieder ist hier die Tafelrunde hilfreich anzuschauen, wie sich die Heilerkraft zeigt und in welchem energetischen Verbund sie sich behaupten muss.

Abb. 188 Botschaft des Heilers an das ICH, tolerant und einfach zu bleiben

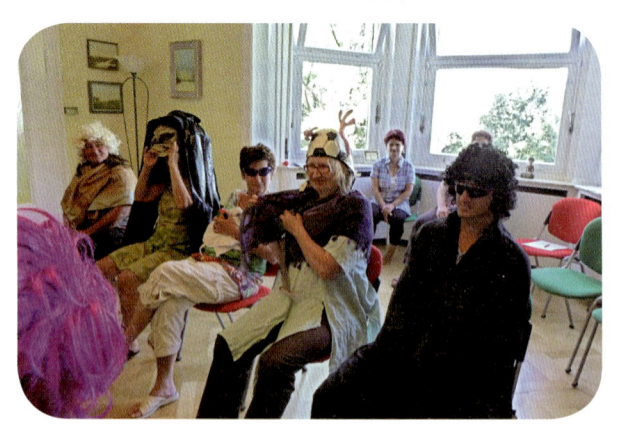

Abb. 189 Der unerlöste Heiler (rechts)

Es kann jemand als Heiler tätig sein, ohne mit dem Herzen beteiligt zu sein. Dann fehlt der Humor. Auf Abb. 189 sehen wir eine solche Heilerkraft, die zuerst vom Narren erlöst werden muss, um seine positive Energie fließen zu lassen. Im vorliegenden Beispiel bedurfte es zu einem späteren Zeitpunkt einer zweiten Aufstellung, damit der Heiler sozusagen „seine Hüllen fallen lassen" durfte.

Abb. 187 Brisante Nachbarschaft: Monster neben der Heilerin (im Hintergrund)

B-7. Humor und Spiritualität

Negative Gruppendynamik wandelt sich mit Humor in positive Kraft, die sowohl für jeden Einzelnen als auch für die Gruppe bzw. das Kollektiv heilsam ist.

Eine Absolventin unserer Schulung, Heilpraktiker- und Clown-Kollegin Mone Wey, schrieb dazu eine Poesie:

Über die

Spielfreude und das **Durchlässigwerden**

Entstanden aus:

Dem gemeinsamen Spiel und *dem Lauschen auf das Bachrauschen*

Haben diese Begriffe überhaupt etwas Gemeinsames?

Ja, viele Vokale und Konsonanten kommen bei dem

Einen wie auch bei dem **Anderen**

vor.

Mein Eindruck:

Eins entsteht aus dem **Anderen**

und umgekehrt.

Das Eine ist Tun *das Andere ist Nichttun*
Das Eine ist Ausdruck *das Andere ist Eindruck*
Das Eine ist Fülle *das Andere ist Leere.*

Beides erschafft Räume.

Mone Wey

8. Kritikfähigkeit

*Wenn jeder von dem spräche,
was er versteht,
dann wäre alsbald
ein großes Schweigen auf der Erde.*

Lao Tse

Da wir aber alle dazu neigen, Dinge, Menschen und Wesen zu beurteilen, ohne sie zu verstehen, ohne eine eigene Erfahrung zu haben, tönt Lao Tses Weisheit weiterhin durch die Jahrtausende, ohne in der Tiefe kollektiv verinnerlicht zu werden. Einzelne begreifen, die meisten lassen jedoch großes Getöse, viele Worte zur Rechtfertigung erschallen – ebenfalls seit Jahrtausenden. Mit dem Thema der Kritikfähigkeit fassen wir wieder ein heißes Eisen emotionaler und sozialer Kompetenz an und es wird sich zeigen, inwiefern auch hier dringend Humor nötig ist, um Kritik anzunehmen und auszuteilen. Im Austeilen sind die meisten Menschen großartig, im Annehmen mutlos. Doch für uns selbst, für den Umgang mit anderen, mit Kollegen und Patienten ist es unabdingbar, beides zu können. Darum müssen wir beides üben.

Unter dem Begriff der Kritikfähigkeit fasse ich zwei Aspekte zusammen:

1. Wie geht man damit um, kritisiert zu werden? Wie nimmt man Kritik an?

2. Wie kritisiert man jemanden?

Die Tätigkeit des Kritikers in den Medien wie Büchern, Zeitungen, Zeitschriften, Rundfunk und Fernsehen ist in den meisten Fällen zu einem Schlachtfeld von Neidprotest degeneriert. Hier spreche ich aus eigener, langer Erfahrung. In 40 Jahren Pionierarbeit auf den verschiedensten Gebieten habe ich höchstens drei Kritiker erlebt, die die hohe Kunst der konstruktiven Kritik ausübten. Um es gleich an dieser Stelle zu klären: Konstruktive Kritik würdigt immer zuerst die Arbeit und fügt erst dann Ratschläge hinzu, was der oder die noch verbessern kann. Diese Kritik kann jeder vertragen, weil vom positiven Potenzial ausgegangen wird. Wer solche Kritik empfängt, fühlt sich verstanden, bereichert und motiviert, etwas noch besser zu machen.

In allen unseren Schulungen und Fachfortbildungen, die wir im Laufe von Jahrzehnten entwickelt haben, steht die Fähigkeit der konstruktiven Kritik im Zentrum – und die beginnt bei einem selbst. Auch dafür ist die Aufstellung der Tafelrunde sehr nützlich, denn man sieht sofort, wo die Integration fehlt.

Sobald wir bei uns selbst den Kritiker erlöst haben, gehen wir auch mit anderer Menschen Leistung behutsamer um.

Damit noch nicht genug!

8. Kritikfähigkeit

Abb. 190 Der Zeit-Manager

Kritikunfähigkeit oder herzlose Kritik an anderen rührt immer aus einem mangelnden Selbstwertgefühl heraus. Deshalb schauen wir uns diese Thematik noch genauer an.

8.1 Würdigung und Anerkennung

Zuerst gilt es, die eigenen Leistungen zu würdigen, allerdings ohne Messlatte, die sich an anderen misst. Es geht ausschließlich darum, seine Intention im Schaffensdrang und in der Arbeit zu durchleuchten und zu fragen, in wessen Dienst wir unser Tun stellen: in den Dienst der Wirtschaft, der Karriere, des Prestiges, des Geldverdienens? Oder in den Dienst der Menschlichkeit, in den einer höheren Instanz oder in den der eigenen Glaubwürdigkeit und Authentizität?

Solange wir nur nach außen orientiert sind und uns mit anderer Leute Leistung vergleichen, gehen wir unweigerlich in den Mangel. Nach innen zu schauen, die Blickrichtung zu wechseln, führt in die eigene Fülle. Nur dort finden wir den Respekt vor der eigenen Leistung und dem eigenen Schaffen. Wenn dies möglich wird, entsteht keine Eifersucht, kein Neid auf anderer Leute Erfolg. Ganz im Gegenteil, wir freuen uns mit dem oder den anderen, die etwas ins Werk gesetzt haben. Das mag uns inspirieren zu eigenen Ideen, aber sicherlich kommt man nicht auf die Idee, jemanden zu kopieren – dies jetzt auch im engeren Sinne, wie dies heute hemmungslos üblich ist: der Raub des geistigen Eigentums anderer.

Sich mit „fremden Federn zu schmücken" ist immer ein Zeichen von Schwäche. Wer seine eigenen Werke nicht würdigen kann, ist im Mangel. Aus dieser Haltung heraus gönnt man den Erfolg auch anderen nicht. Jeder Mensch möchte anerkannt sein und hat auch das Recht dazu, in seinen Potenzialen erkannt zu werden. Doch stellt sich die Frage, von wem ich anerkannt werden möchte! Wenn wir die Lebensgeschichte von Genies, Wissenschaftlern, Ärzten, Künstlern studieren, fällt auf, dass die meisten verbittert waren und sogar in dieser Gemütsverfassung starben. Warum?

Diese Frage stellte ich mir schon als junge Studentin. Ich sah damals schon nicht ein, warum ich leiden soll, nur weil bestimmte Menschen meine Denk- und Arbeitsweise ablehnen. Vielleicht war

B-8. Kritikfähigkeit

es die Jugendlichkeit und Unbekümmertheit, die mir über diese Hürde hinweghalf. Von wem wollte ich anerkannt sein? Von den Gegnern oder von denen gleicher geistiger Wellenlänge? Die Verteidigung starrer Denkgebäude, Glaubenssätze, Vorurteile ist in den Geisteswissenschaften genau so verbreitet wie in Naturwissenschaften, Medizin und Heilkunde. Man pocht auf „klassische" Grundsätze, will damit Erfahrungen festzurren und Weiterentwicklungen unterbinden. Die „Hardliner" einer Berufsrichtung wissen erstens nichts über konstruktive Kritik und reagieren zweitens extrem empfindlich auf Kritik. Sie sind ständig im Außen orientiert, im Vergleich und damit im Mangel. Kommen noch Neidprotest und Missgunst hinzu, sind die meisten menschlichen Untugenden beisammen.

So stellte ich die Frage: Suche ich die Anerkennung dieser Menschen?

Meine Antwort war und ist ein klares Nein.

Doch sowohl die Kulturgeschichte als auch das heutige Lebensumfeld weisen auf Menschen, die genau dort Anerkennung suchten, wo keine Fähigkeit dazu vorhanden war und ist. Meine dritte Erkenntnis ist daher:

Ich suche die Anerkennung von Gleichgesinnten, nicht von denen, die mich nicht verstehen. Ich erwarte nicht Liebe von Menschen, die nicht liebesfähig sind.

Ein treffendes Beispiel sind die Grabenkämpfe zwischen den Vertretern der Pharmamedizin und der Ganzheitsmedizin, zwischen Homöopathie und Phytotherapie oder Psychotherapie und Kranio-Sakraltherapie usw. Wo wir hinschauen, finden wir Mauern und Isolationskonflikte bei den Verfechtern – soweit das Auge reicht! Diese einzelnen Elfenbeintürme sind der Sitz destruktiver Kritik und aller Untugenden, die wir Menschen auf die Beine stellen. Trotz allen Humors stimmt es mich traurig, Kollegen und Kolleginnen in der Praxis zu erleben, die daran zerbrechen, dass ihre Arbeit kritisiert und negativ von der Liga der Hardliner beurteilt wird. Sie suchen die Anerkennung ausgerechnet von denen, die nicht dazu fähig sind.

Es fehlt die menschliche Kommunikation von Herz zu Herz. Der berühmte Clown Oleg Popov, der nur russisch sprach, wollte sich mit dem nur Englisch sprechenden Charlie Chaplin freundschaftlich unterhalten. Dazu musste, wie Popov sagte, eine übergeordnete Sprache des Herzens vorhanden sein. So sollte es in allen Disziplinen möglich sein, nicht nur bei den beiden Komikern.

Wer gegen Hardliner ankämpft, unbedingt von denen gewürdigt werden will, die dazu nicht fähig sind, vergeudet kostbare Zeit und Lebensenergie. Den Betroffenen erkläre ich daher, dass sie ihren Fokus ändern müssen, um nicht in Verbitterung zu sinken. Fokusänderung bedeutet, dorthin zu schauen, wo ähnlich Denkende, Menschen gleicher Wellenlänge ein positives morphogenetisches Feld aufbauen können.

Meine Erfahrung hat mich gelehrt, dass eine versöhnliche Haltung wie „Es kann auch alles mal ganz anders sein" die Lebensfreude erhält, die eigene Schöpferkraft stärkt und das Feld der Gleichgesinnten wachsen lässt. Anerkennung hat mit Erkennen zu tun. Den anderen in seinen positiven Potenzialen, seiner Leistung und in seiner Intention zu erkennen, bedingt die Relativierung der eigenen Wichtigkeit. Damit sind wir wieder beim Humor, denn er hält alles in Fluss, behebt Staus und mildert die Egomanie.

Noch ein weiterer Aspekt gehört zu diesem Thema:

Ich habe im Laufe des Lebens überragende Persönlichkeiten kennen gelernt, Genies in der Kunst und Heilkunst, in Naturwissenschaften und Technik. Darunter waren solche, die ohne Allüren und Dünkel auskamen. Aber es gab auch die genial Begabten, die durch Zentrumsfieber, Allüren und Arroganz auffielen. Erlebte ich sie privat, erkannte ich, dass ihre Sonderbegabung ständig gefördert wurde, aber ihre menschliche Persönlichkeit infantil blieb, das heißt, nicht gleichermaßen entwickelt wurde. Bei sogenannten „Wunderkindern", heute „Indigo-Kinder" oder ultramodern „Kristallkinder" genannt, ist die Tragik besonders groß, da sie durch uns Erwachsene zu Kunstfiguren degeneriert werden und nicht zu lebensfähigen „Vollblutmenschen". Wir machen ein Kind zu Kristall oder färben es in Indigo, weil wir das Besondere, Absolute, Unerreichbare, Geniale in uns selbst nicht finden und es deshalb auf Kinder projizieren. In den Kindern verwirklichen wir die Anmaßung des Außer-Ordentlichen, des Unmöglichen.

Warum gibt es keine Indigo-Senioren, keine Kristall-Vierziger, keine Wunder-Erwachsene? Denken Sie darüber nach, ehe Sie mich verdammen, dass ich das heiße Eisen der Wunderkindervermarktung anfasse. Ich habe viele hochbegabte Kinder in Indien und in Europa kennengelernt und gesehen, was aus ihnen wird, wenn sie Kinder sein dürfen und ihre Menschlichkeit entwickeln oder wenn sie zu Mini-Erwachsenen stilisiert werden, zu Puppen und Marionetten, die bei der kleinsten Anforderung im Leben zum Psychologen gehen müssen. Mittlerweile verirrt sich keine Mutter mehr mit ihrem Indigo- oder Kristallkind in meine Praxis, weil sie den Humor fürchtet. Es tut mir für die Kinder und Jugendlichen leid, die zum Spielball elterlicher Eitelkeiten werden, aber es ist auch ihr Lebensweg, für den sie verantwortlich sind. Jeder hat die Wahl.

8.2 Konstruktive Kritik ausüben

Die lange Vorrede war nötig, um zu verdeutlichen, dass konstruktive Kritik immer bei einem selbst beginnen muss. Der Volksmund sagt es bildhaft und genau: Wie man in den Wald hinein ruft, so

B-8. Kritikfähigkeit

schallt es (das Echo) zurück. Es wurde hoffentlich auch klar, dass es viel einfacher ist, jemand anderen zu kritisieren, als Kritik anzunehmen. Bei Kritik gehen wir davon aus, dass jemandem etwas Unangenehmes mitgeteilt werden will/soll/muss. Der übliche Umgang damit äußert sich in

- Feigheit. Man redet um den heißen Brei herum oder entzieht sich oder mobbt oder lässt die eigene Meinung durch andere sagen oder teilt seine Meinung anonym mit oder publiziert sie.
- Faulheit. Man verschiebt die unangenehme Aufgabe auf unbestimmte Zeit oder ist sich zu fein dafür oder sitzt die ungeklärte Situation aus, bis Gras über die Sache gewachsen ist. Man geht einfach zur Tagesordnung über.
- Dramatischem Auftritt. Man bemüht Meister oder Autoritäten oder VIPs aller Art, um seine Meinung zu unterstreichen oder beruft sich auf Weisheitsbücher oder Standardwerke oder die Kompetenz des eigenen Berufs oder sonst eine egomane Haltung, um sich für die Kritik am anderen zu rechtfertigen.

Allen Arten im Umgang mit destruktiver Kritik ist ein Naturgesetz gemeinsam, das aber den Kritikern entfallen ist:

Worüber ich mich am meisten aufrege, was ich am meisten ablehne,
damit habe ich besonders viel zu tun.

Hier spricht das Unterbewusstsein eine deutliche Sprache. Wenn wir das begreifen, bewerten wir eine Kritik, die wie ein Schlag ins Gesicht, in den Magen oder sonst wie als Angriff empfunden wird, völlig anders. Daher lautet die erste Frage, die wir zu stellen haben, wenn wir in den Hagelsturm destruktiver Kritik geraten:

- Aus welchem Bewusstsein heraus kommt die vehemente Ablehnung?

Dazu ein amüsantes Beispiel:

Ein bekannter Arzt und Homöopath griff mich in einer Fachzeitschrift an, indem er von „unechter" Homöopathie und „was heute alles so unter Homöopathie von Scharlatanen ausgeübt wird…" sprach. Er bezog sich auf einen Heilungsbericht, den ich in der Zeitschrift veröffentlicht hatte. Kein Wort darüber, dass ein Mensch wieder lebensfähig geworden ist, nur ein Lamento, ich hätte die „klassischen Regeln" der Homöopathie nicht befolgt.

Ich war zunächst verärgert, aber dann wurde (Gott sei Dank) mein Humor-Gen wirksam und ich rief den Neidprotestler an.

Ich sagte: „Wie komme ich denn zu der Ehre, dass Sie so viel Aufhebens um meine Person machen, obgleich Sie mich ja gar nicht kennen? Danke!"

Verblüffung am anderen Ende der Leitung.

„Hallo, sind Sie noch da? Ja? Das ist nett. Sie müssen ja total begeistert von meiner Arbeitsweise sein, wenn Sie deswegen so viel Adrenalin produzieren. Sollen wir uns mal zu einer Tasse Tee treffen? Dann können Sie mir persönlich sagen, was Ihnen an mir nicht passt."

Gestammel am anderen Ende der Leitung.

„Sie wissen ja, als Arzt und Homöopath, den ich übrigens bisher sehr schätzte, ich kenne alle Ihre Kassetten, dass man sich nur über etwas aufregen kann, was einen zutiefst etwas angeht. Was bewegt Sie denn so an meiner Denk- und Arbeitsweise?"

Sprachlosigkeit am anderen Ende der Leitung.

„Gell, das sind Sie nicht gewöhnt, dass es dem Kritisierten gut gehen kann trotz vernichtender Kritik?"

Ein paar Larifari-Erklärungen folgten am anderen Ende der Leitung, warum er das oder jenes nicht richtig fand.

„Okay, ich gebe Ihnen mal meine Telefonnummer. Sie können mich dann beim nächsten Mal persönlich anrufen. Bis dahin empfehle ich Ihnen ein Supermittel gegen Kritik aus dem Hinterhalt: *Lycopodium*."

Ich gebe zu, ich empfand Genugtuung, dass ich meine Meinung zu der vernichtenden Kritik heiter rüberbringen konnte und mein Gegenüber seine ansonsten bekannte Redegewandtheit verlor. Manchmal ist es heilsam, den Wichtigtuern und Verfechtern von Lehrmeinungen direkt zu sagen, wie das bei einem ankommt. Aber es erzieht einen vor allem dazu, bei sich selbst anzufangen und zu überprüfen, wie Kritik geäußert wird. Mit Humor als Basis ist es jedenfalls deutlich leichter, den Feiglingen, Faulen und Pathetischen locker zu begegnen, denn es ist tatsächlich so: Sie machen ein Riesengetöse, weil sie eigentlich mit jemandem in Beziehung treten möchten, weil sie eigentlich sehr von der Thematik berührt sind. Aber sie wählen die falschen Mittel der Kommunikation und gestehen sich nicht ein, dass sie selbst etwas mit dem Thema zu tun haben. Ist ja auch schwer, weil man dazu Denkgeleise, Glaubenssätze und Fixierungen aufgeben muss!

So kommen wir zu weiteren Erkenntnissen:

- Wer mich negativ/vernichtend/vehement kritisiert, will mit mir in Beziehung treten, wählt aber den Schattenweg der (vermeintlichen) Ablehnung.
- Was ich am heftigsten ablehne, ist mir am nächsten.

Auch dagegen sträubt sich das Ego-Bewusstsein: „Ich will ja gerade das Gegenteil, ich will nichts mehr damit oder mit dem zu tun haben!!!"

Aber das Unterbewusstsein weiß es besser und teilt ungefiltert die wahre Intention mit. Würde man sofort auf die Stimme des höheren Bewusstseins hören, könnte man höflich und freundlich unangenehme Dinge klären, indem zuerst der andere gewürdigt wird und dann Lösungen ohne großes Tamtam gemeinsam gefunden werden.

B-8. Kritikfähigkeit

Streit, Kampf und Verteidigung der eigenen Sache sind bisweilen nötig. Dazu braucht man Mut und Humor. Sonst artet es in eine Schlammschlacht aus, die alles vernebelt und zu Missverständnissen führt.

WIE etwas gesagt wird, hat einen viel höheren Stellenwert als das, was gesagt wird. Der Ton macht in der Tat die Musik. Einen Mitmenschen durch Kritik fertig zu machen, ist eine Kleinigkeit und zeugt von mangelnder emotionaler Kompetenz. Unerfreuliche, unangenehme Dinge müssen gesagt, ungerechte Situationen geklärt werden. Das gehört zum Leben. Uns interessiert nur das Wie, denn davon hängt schließlich auch unser Sozialgefüge in der Gesellschaft, das von Freundschaften und das von Partnerbeziehungen ab.

Ein Kollege von mir hielt in einem Kurs einen Vortrag übers „Paarsterben". Er verglich es mit dem Waldsterben. Ja, so ist es. Wir haben eine Welt der Singles erschaffen, aber nicht etwa, weil wir das so viel besser als die natürliche Ordnung von Mann-Frau-Beziehung finden, sondern weil wir unfähig geworden sind, miteinander konstruktiv zu kommunizieren. Entweder man beruft sich auf einen Schuldigen oder auf Glaubenssätze, egal, der Grund mangelnder Beziehungsfähigkeit wird außerhalb von einem selbst gesucht. Hier fehlt soziale Kompetenz. Menschen sprechen vielleicht sechs Sprachen, aber wenn es um die menschliche Sprache geht, versagen sie. Sie finden nicht die passenden Worte, ihre Bedürfnisse oder ihre Kritik am Gegenüber zu äußern. Folglich müssen wir an unserer Wahrnehmung etwas

ändern. Statt kategorisch oder mit dramatischer Geste abzuwehren, sollten wir

- hinfühlen,
- hinhören,
- hinschauen und
- zuneigen.

Kurz gesagt: Wir sollten genau das Gegenteil von dem tun, was das Ego einem einflüstert, stattdessen auf das höhere Selbst lauschen. Ja, das ist schwer, aber es lohnt sich für das eigene Seelenheil.

Im Folgenden gebe ich einen Einblick, wie in unseren Kursen der Medial- und Heilerschulung[6] und in den Fachfortbildungen für Therapeuten das Thema in die Tat umgesetzt wird:

Übung 7
Drei positive Potenziale wahrnehmen

Diese Übung besteht darin, sich in einen Menschen einzufühlen und seinem ersten Eindruck zu vertrauen, welche drei Potenziale wahrzunehmen sind. Die Wahrnehmung kann sich durch ein Gefühl, ein inneres Bild, durch Farben, Symbole oder auch durch Klänge mitteilen. Die Wahrnehmung basiert auf dem „Feedback-System":

Person A und Person B sitzen sich gegenüber.

- Person A beginnt, hält für einen Moment die Hände von Person B, um sich leichter einzufühlen.

---

[6] Siehe hierzu ausführlich unser Buch „Moderne Medial- und Heilerschulung" im Literaturverzeichnis

B-8. Kritikfähigkeit

- Person A teilt mit, was sie wahrnimmt.
- Person B gibt eine Rückmeldung, ob sie die Wahrnehmung annehmen und verstehen kann – oder auch nicht!
- Dann fühlt sich Person B in Person A ein und teilt ihre Wahrnehmung der drei positiven Potenziale mit.
- Person B gibt ihr Feedback zur Wahrnehmung.

Jeder Mensch besitzt die intuitive Entsprechung seiner fünf physischen Sinne. Somit ist es nur eine Sache der Übung, die meist verschütteten Gaben der intuitiven Wahrnehmung zu trainieren.

Jeder Übende merkt, dass es viel schwerer ist, die positiven Potenziale wahrzunehmen, statt die Mängel. Aber erfahrungsgemäß herrscht schon nach ein paar Stunden ähnlicher Übungen große Heiterkeit und eine frohgemute Atmosphäre, weil es erleichternd ist, mal den Fokus zu ändern. Das gilt für beide: das Selbstbild von uns, das meistens auch aus einem Sammelsurium von Fehlern, Schwächen und Makeln besteht und das Bild von jemand anderem, bei dem wir ebenfalls schnell „das Haar in der Suppe" finden.

Die einfache Übung hat auch den Nebeneffekt, dass Menschen wieder lernen, einander die Hände im geistigen Sinne zu reichen. Das allein ist schon heilsam.

Positiv wahrgenommen zu werden tut gut. Man muss es selbst erleben, um zu wissen, wie gut sich der/die andere fühlt.

Zu einem späteren Zeitpunkt, wenn Übung 7 schon etwas geläufiger und selbstverständlicher geworden ist, rückt der Fokus auf die Frage, wie etwas gesagt wird. Die Voraussetzung ist, vom Herzgeist her zu agieren und nicht vom Intellekt. Jetzt erweitert sich die Wahrnehmung:

Übung 8
Was bewegt im Moment mein Gegenüber?

- Sie üben wieder zu zweit, Person A und B.
- Person A beginnt und fühlt sich intuitiv in Person B ein.
- Sie nimmt wahr, was im Augenblick im Leben von Person B wichtig ist, was sie bewegt.
- Wieder können innere Bilder, Farben, Klänge, Symbole auftauchen, die für etwas stehen.
- Person A fragt sich: Was bedeutet meine Wahrnehmung in Bezug auf Person B?
- Sie teilt sie mit und fragt, ob Person B die Aussage verstehen, einordnen, bestätigen kann.

Es kann zum Beispiel sein, dass Person B sich gerade in einer Lebenskrise befindet oder eine Entscheidung ansteht. Dann nimmt man natürlich auch die Beschwernis, eventuell den Stress, die Trauer oder sonst eine dunkel gefärbte Gemütslage wahr.

B-8. Kritikfähigkeit

- Sobald Sie etwas Belastendes, Düsteres oder Schweres bei Person B wahrnehmen, stellen Sie sich die Frage: Welcher Art Potenzial wird frei, wenn Person B die Krise überwindet?
- Oder welche positiven Potenziale stehen Person B zur Verfügung, um die Krise zu bewältigen?
- Auf gar keinen Fall wird das Problem, die Krise, die Beschwernis erörtert, denn das wäre eine Einmischung.

Dieser letzte Punkt macht den meisten Menschen Probleme, weil sie gewohnt sind, das Negative wahrzunehmen und es zu benennen, möglicherweise auch gleich gute Ratschläge bereitzuhalten. Ihr Ego-Bewusstsein fühlt sich stark, weil es von sich abgelenkt wird, indem es etwas im Außen wahrgenommen hat, aber wie es damit dem anderen geht, spüren sie nicht. Noch weniger spüren sie, wie es ihnen selbst damit geht, dauernd nur auf das Negative fokussiert zu sein. Es ist ungleich schwerer, von einer negativen Sichtweise sofort auf die positive zu wechseln als umgekehrt. Andererseits ist es noch schwerer, sein Ego-Bewusstsein zu überwinden und zuerst auf das Gute, dann auch auf das Fehlerhafte zu schauen. Nur geht es einem damit wesentlich besser!

Zu dieser Thematik gebe ich den Übenden folgende Zeichnung:

Abb. 191 Zwei Seiten eines Themas

Person B sieht im Moment der Krise nur die dunkle Seite. Person A hat aber die Aufgabe, die „Rückseite", die positiven Potenziale wahrzunehmen, sozusagen durch das vordergründig Schwere, das Arge, Leid oder Problem hindurchzuschauen, zu fühlen, zu hören. Das bedarf der Übung! Wenn es aber gelingt, ist jeder glücklich, mehr wahrzunehmen, als was die physischen Sinne in ihrer Begrenztheit zu bieten haben.

Diese Übung ist zugleich eine der grundlegenden Heilerübungen, denn das A und O beim Heilen ist die erweiterte Wahrnehmung, welche Potenziale, auch „Selbstheilungskräfte" genannt, einem Menschen zur Verfügung stehen, um sein Leben zu meistern, eine Krise oder Krankheit zu überwinden. Da die meisten unserer Schulungsteilnehmer professionelle Therapeuten sind, spielt dieser Punkt eine zentrale Rolle. Immer noch meinen Therapeuten wie Heiler, sie könnten irgendetwas bei einem anderen Menschen aus eigener Kraft bewirken. Aber die Heilenergie ist die höchste Intelligenz in uns und fließt dorthin, wo sie gebraucht wird. Folglich müssen wir „nur" an unseren Schattenthemen wie Helfersyndrom und Manipulationsgier arbeiten, damit der innere Heiler/die innere Heilerin erweckt wird und ohne Willen und Leistungszwang wirksam wird. Dazu bedarf es keiner Methode oder Technik. Die Heilenergie findet ihren Ausdruck durch unser Denken und Handeln, durch die Art, <u>wie</u> wir etwas sagen. Damit sind wir wieder bei dem Thema der emotionalen Kompetenz.

Haben die Therapeuten auch diese Übung gemeistert, folgt eine letzte, die viel Überwindung kostet, aber erfahrungsgemäß das Tor zur inneren Freiheit öffnet.

Übung 9
Die positiven Potenziale des ungeliebten Menschen

- Konzentrieren Sie sich auf einen Menschen, den Sie ablehnen, nicht mögen, der Ihnen weh getan oder Sie ungerecht behandelt hat.
- Schreiben Sie 20 positive Potenziale auf, die Sie bei diesem Menschen wahrnehmen.

Warum fällt diese Übung so schwer? Weil wir Angst haben, wir könnten doch noch etwas Liebenswertes entdecken, ihn womöglich noch gern haben oder es müsse der Kontakt wieder hergestellt werden. Darum schauen wir lieber auf das Negative bei ihm, damit der Abstand gewahrt

bleibt. **Soziale Kompetenz bedeutet aber, genau zu differenzieren: sich frei machen von emotionalem Ballast und seinen Weg gehen.** Man kann positive Potenziale bei einem ungeliebten Menschen feststellen, ohne mit ihm oder ihr jemals wieder Kontakt aufzunehmen. Der Irrtum liegt darin zu glauben: Zuneigung = Nähe, Abneigung = Abstand. Solange bei einer getrübten Beziehung der Fokus nur auf den negativen Anteilen ruht, bleibt immer etwas Groll, Unzufriedenheit, Trauer – was auch immer an Resten unerledigter, ungeklärter Details – übrig.

In den Kursen ist diese Übung ein ergreifender Moment, den grundlegenden Irrtum zu erkennen, ihn zu überwinden und dann das unbeschreibliche Glücksgefühl zu empfinden, wirklich vom Herzgeist aus eine unerfreuliche Beziehung zu beenden, den anderen wirklich loszulassen. Zunächst ist jeder überzeugt, es sei unmöglich, bei einer Person, die einem einen Schaden, ein Leid zugefügt hat, etwas Positives zu entdecken. Doch genau das ist die Barrikade, der Energieräuber, das Ego-Bewusstsein, wodurch viele Freiräume des Geistes besetzt werden und eine spirituelle Entwicklung gehemmt wird. Da können wir die teuersten Räucherstäbchen, die kompliziertesten Meditationen anwenden, fasten und uns zu Tode kasteien, es findet keine spirituelle Entwicklung ohne innere menschliche Größe statt. Die zeigt sich nicht in den großen Taten, nicht auf dem Marktplatz, sondern dort, wo wir uns so unendlich schwertun: wenn wir uns ungerecht,

B-8. Kritikfähigkeit

falsch, gemein behandelt fühlen. Es ist ein weiter Weg, meist eine lebenslange Aufgabe, zu begreifen, dass nur das Ego verletzt werden kann. Das höhere Selbst ist frei davon und an diese Instanz schließen wir uns durch die Übung an.

Ich liebe Herausforderungen, das vermeintlich Unmögliche möglich zu machen, wenn es um Beziehungsfähigkeit geht, wenn soziale und emotionale Kompetenz entwickelt werden kann. Als Therapeuten und Heiler haben wir meines Erachtens die Aufgabe, diesbezüglich unseren Patienten und Klienten voranzugehen und nicht hinterherzuhinken.

Die gleiche Übung verordne ich auch jedem Patienten, jeder Patientin, die sich über den Partner/die Partnerin beklagt. Lebt man lange zusammen, ob in einer eheähnlichen Beziehung oder in einer Gruppe, schleicht sich Routine ein und verfestigen sich Glaubenssätze, was wer kann oder nicht kann, was sein darf, was nicht.

Schon die Taoisten im alten China haben erkannt, dass menschliche Schattenseiten auftauchen, wenn Menschen zu lange zu eng beieinander sind und haben deshalb Übungen entwickelt, um wieder innere Freiräume und Abstand zu dem oder den anderen zu gewinnen. Ohne erweiterte Wahrnehmung ist das nicht möglich. Wie wahr das ist, wissen wir auch heute aus Erfahrung, denn die sensitiven Übungen werden zu Hause in einem Übungszirkel geschult. Das ist eine kleine Gruppe Gleichgesinnter, deren Band der Zuneigung dafür sorgt, dass man jahrelang und sogar jahrzehntelang gemeinsam ein Energiefeld aufbaut. Unsere eigene Zirkelarbeit dauerte über 30 Jahre, davon eine Formation fast 20 Jahre. Wann immer die gleichen Menschen miteinander üben, müssen langsam die medialen und Heilerfähigkeiten heranwachsen. Fast zwangsläufig erschließt man sich dabei immer neue Dimensionen der Wahrnehmungsfähigkeit. Auf diese Weise entdeckt man auch nach Jahren immer wieder neue Potenziale im anderen. Jeder erfährt Inspirationen und macht immer neue Entwicklungsschritte. Teamgeist bedeutet hier mehr, als etwas gemeinsam zu tun. Die vielen Übungszirkel, die sich in den letzten 16 Jahren im deutschsprachigen Raum gebildet haben, bestätigen, wie heilsam potenzialorientierte Wahrnehmung das Bewusstsein erweitert, ob im Geschäftsleben, in der Therapie, im Handwerk oder in der Kunst.

Der letzte Schritt in der potenzialorientierten Wahrnehmung besteht darin, dem ungeliebten Menschen persönlich zu begegnen, um Dinge zu klären, die den eigenen Herzgeist befreien. Das hat nichts mit Mut zu tun, weil es keinen Gegner gibt. Es geht ausschließlich um das eigene Seelenheil, sich von unnötigem Ballast menschlicher Untugenden zu befreien.

Alles Gesagte, alle genannten Übungen dienen letztlich der spirituellen Entwicklung, nur dass sie im unscheinbaren Gewand daher kommen und man erst durch die Überwindungsenergie, über die eigenen Schatten in den Genuss des Glücksgefühl gelangt. Es lohnt sich jeder Schritt in diese psychosoziale Kompetenz.

9. Die Lust am Spiel

Der Clown ist der große Transformator für die, die sich verändern wollen.

Johannes Galli

In den vorausgehenden Kapiteln schimmerte zwar durch die Übungsbeispiele die Spiellust hindurch, aber sie sollte noch einmal genauer angeschaut werden. In der Therapie sind wir mit schweren Krankheiten konfrontiert und tagtäglich soll uns etwas Positives und Heilsames einfallen. Das ist eine schwere Aufgabe, weil der Therapeut auch sein eigenes Leben meistern muss.

Abb. 192 Spaß am Spiel

B-9. Die Lust am Spiel

Immer Herz und Geist offen zu halten für die Bedürftigen, das kann schnell in Überforderung umschlagen. Nicht zufällig treffen wir das mentale Erschöpfungssyndrom häufig unter Ärzten, Heilpraktikern, Psychotherapeuten und Pflegepersonal an. Alle guten Ratschläge, wie man sich schonen, mehr Pausen einlegen oder weniger arbeiten könnte, verhallen ungehört, denn jeder hat gute Argumente, warum sich die Belastung nicht ändern lässt.

Ich habe deshalb aufbauende Elemente in alle Schulungen und Fachfortbildungen integriert. Sei es, dass wir den Teilnehmern abends ein Konzert mit fröhlicher Musik schenken, sei es, dass wir einen „bunten Abend" gemeinsam gestalten oder sei es, dass unser Trio Merlino, Pitt&Pott auftritt. Der „bunte Abend" ist Teil aller Fortbildungen und gibt den Teilnehmern die Gelegenheit, auch selbst etwas beizutragen. Zu Beginn eines Seminars wird er angekündigt und erfahrungsgemäß melden sich ein bis zwei Leute. Aber dann geschieht regelmäßig das Wunder, dass sich Kollegen und Kolleginnen melden, die einen Beitrag leisten möchten. Der Funke springt über, dass nach allem Ernst tagsüber abends auch die Heiterkeit eingeladen wird und sich dadurch das Herz hier und da erleichtern kann. Unter den Kollegen sind in der Regel keine Bühnenprofis, eher zurückhaltende, ernsthafte, intellektuelle Menschen. Aber die Lust am Spiel ergreift sie und nachher sind sie froh und glücklich, sich getraut zu haben.

Obgleich in einem geschützten Rahmen, heißt es doch für jeden Beitragenden: Zeig dich! Schlüpf in eine Rolle, gib dein Bestes. Lass uns an deinen Potenzialen außerhalb des Berufes teilhaben! Ein wohlwollendes Publikum ist gewiss eine große Hilfe, aber auf der Bühne steht man dennoch allein und das kostet doch etwas Überwindung. Im Laufe der Jahre haben wir immer wieder erstaunliche Begabungen entdeckt, was Therapeuten neben ihrem Beruf Schöpferisches tun, um ihre Seele zu nähren.

Hier ein paar schöne Beispiele:

Abb. 193 a – c Die Ärztin Dr. Bahar Hollensteiner als Bauchtänzerin

B-9. Die Lust am Spiel

Es gibt auch immer wieder Kollegen und Kolleginnen, die sich zum ersten Mal auf die Bühne wagen und den Applaus genießen lernen. Am Schluss sind alle froh über die aufgebrachte Überwindungsenergie:

Abb. 194 Die Ärztin Dr. Angelika Czimek als Märchenerzählerin

Abb. 196 Teilnehmer des Bunten Abends

Abb. 195 a und b Der Orthopäde Ralf Wittig spielt kabarettistisch mit dem Publikum

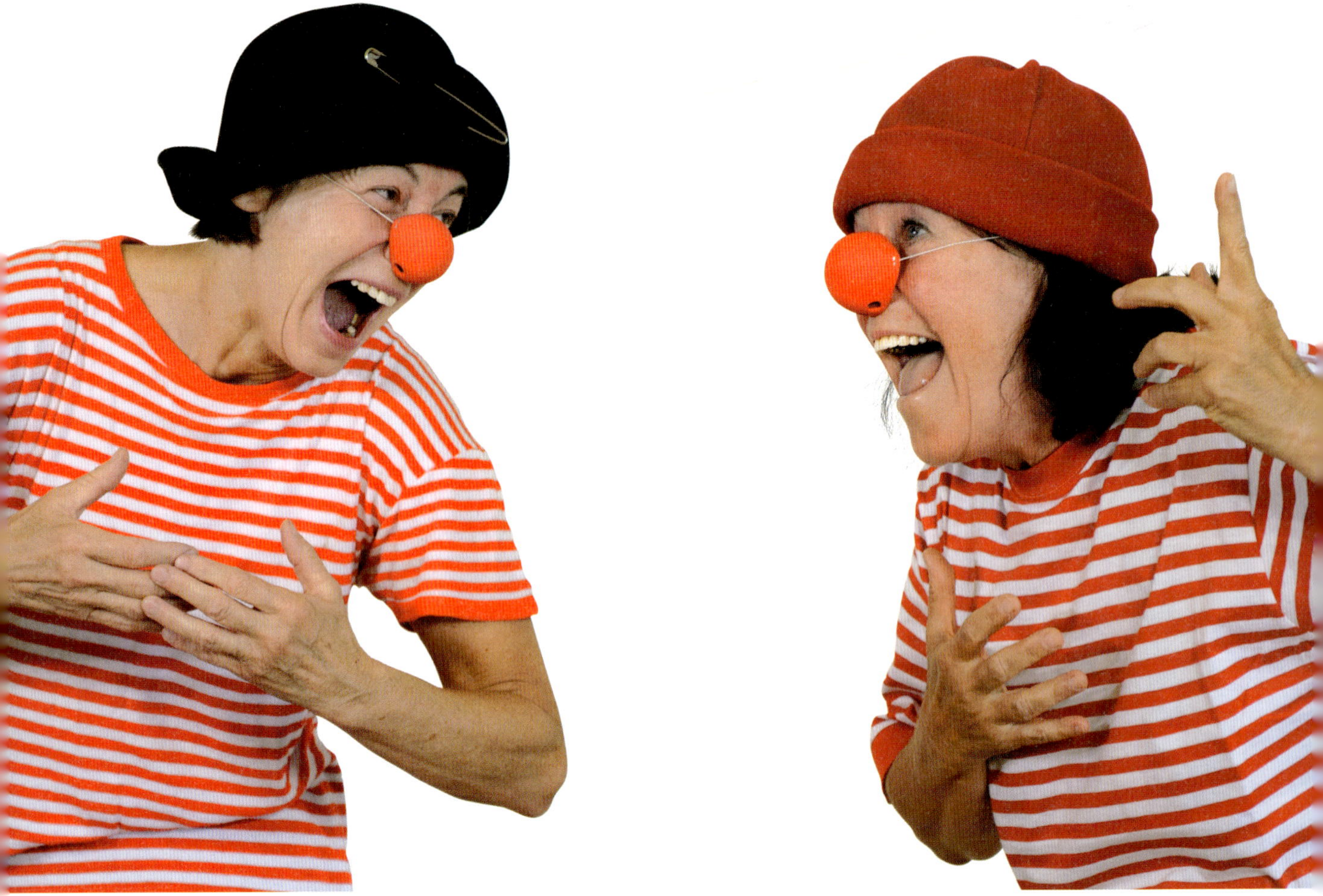

Kapitel C
Humor in der Einzel- und Gruppenarbeit mit Patienten

Humor in der Einzel- und Gruppenarbeit mit Patienten

Dem Spiel gegenüber steht für uns Ernst, in speziellerem Sinne wohl auch Arbeit, während dem Ernst auch Scherz gegenüberstehen kann… der Bedeutungsinhalt von Ernst ist mit der Negation von Spiel bestimmt und erschöpft: Ernst ist Nichtspiel und nichts anderes.

Der Bedeutungsinhalt von Spiel dagegen ist mit Nichternst keineswegs definiert und erschöpft. Spiel ist etwas Eigenes, ist höherer Ordnung als der des Ernstes. Denn Ernst sucht Spiel auszuschließen, Spiel jedoch kann sehr wohl den Ernst in sich einbeschließen.

Huizinga

Diese Worte Huizingas lege ich allen Therapeuten ans Herz. Wo Spiel ausgeschlossen wird, herrscht Humorlosigkeit und damit die Stagnation der Säfte im realen wie geistigen Sinne. In der Gestalttherapie, Kunst-, Musik- und Tanztherapie sowie in kreativen Formen der Psychotherapie hat das Spiel schon Eingang gefunden. Aber in den meisten anderen Therapiezweigen, inklusive der konventionellen Medizin, dominiert der Ernst, gepaart mit der Entschuldigung, für Spiel sei keine Zeit vorhanden. Das nenne ich schlicht eine faule Ausrede. Um Humor samt Spiel walten zu lassen, brauchen wir nicht mehr Zeit, sondern mehr Ideen.

I. Drei Wege zum Lächeln in der Praxisarbeit

Im Grunde ist es denkbar einfach, ein Lächeln auf das Gesicht eines Patienten zu zaubern.

- Das Lächeln muss in einem selbst existieren, auch im Trubel einer Kassenpraxis, im Operationssaal und in der Suche nach der passenden Arznei.

Dieses innere Lächeln zeigt sich außen durch einen entspannten Mund mit den nach oben gerichteten Mundwinkeln.

Eine Bewegung ohne Lächeln ist wirkungslos und überflüssig.

Erkenntnis der asiatischen Kampfsportarten

Das gilt auch für jede andere Handlung und ganz besonders für die Heilkunde. Schaut der Patient in ein missmutiges, müdes, lustloses, abweisendes, gehetztes Gesicht, sollte er eigentlich sofort die Flucht ergreifen. Was soll da an Heilkraft wirksam werden?

Im Gesicht kommt besonders durch den Mund unsere Geisteshaltung zum Ausdruck. Sind die Mundwinkel oben, leuchten die Augen. Sind sie unten, nehmen die Augen einen kalten und stumpfen Ausdruck an. Die Mundwinkel oben zu halten, muss (leider) in unserer westlichen Kultur geübt werden. Doch lohnt sich die Übung und ich halte sie für die wichtigste Basis jeder Heilmethode. Immer wieder gelangen wir zu der Erkenntnis, dass, wie wir etwas tun, über die Qualität unseres Tuns entscheidet.

- Das Lächeln erscheint auf dem Gesicht des Patienten sofort, wenn ich zuerst die positiven Potenziale wahrnehme und dann auf die pathologischen eingehe.

Die Erklärung dafür ist sehr einfach, weil auch der kränkste Mensch positive Potenziale besitzt, die sich als Selbstheilungskräfte herausstellen. In solchen Behandlungsmethoden wie in der sogenannten „klassischen" Homöopathie, die Unmengen von Symptomen sammelt, um das Simile oder gar Simillimum zu erjagen, ist dieser Punkt bedeutsam. Halten wir uns zu lange im Mangel auf, was alles nicht ist, nicht geht, helfen wir dem Patienten, sein „Glas der Lebensenergie" noch mehr zu leeren. Wo ist die Fülle? Sie ist doch nicht verschwunden! Sie ist nur nicht im Bewusstsein des Patienten, sondern verdeckt und entstellt durch eingeübte Glaubenssätze, sei es durch eigene Beschränkung oder Erziehungsmuster. Heilung bedeutet, sich der eigenen Fülle wieder bewusst zu werden. Da ist es doch sinnvoll, wenn wir als Therapeuten schon mal einen Blick auf die vorhandene Fülle werfen.

C-1. Drei Wege zum Lächeln in der Praxisarbeit

Hierzu müssen wir allerdings lernen, mit den inneren Sinnen wahrzunehmen. Inzwischen liefern uns Hunderte von Therapeuten, die unsere Medial- und Heilerschulung durchlaufen haben, den Beweis, dass es ihnen selbst, wie auch ihren Patienten, bedeutend besser geht und ein Lächeln auf das Gesicht zaubert, wenn eine ganzheitliche Wahrnehmung stattfindet. Das heißt, es ist wichtig, sich zuerst die Zeit zu nehmen, die positiven Potenziale beim Patienten wahrzunehmen. Das geschieht schnell, weil die intuitiven Sinne am Werk sind und sie am schnellsten arbeiten. Danach ist der Patient viel offener und bereit, über seine Probleme und Konflikte lösungsorientiert zu schauen. Er fühlt sich nicht mehr als Wrack, als durchlöchertes, poröses Energiesystem, sondern bindet sich unterbewusst schon an seine Selbstheilungsquellen an.

Das ist der Vorgang, den wir alle ersehen: die Erweckung und Anregung der Lebenskraft. Wir nähren unbewusst immer noch den Glaubenssatz, unsere Arzneien und Heilmethoden seien die wichtigsten Akteure. Doch ist es so, wie Paracelsus es ausdrückte: Mit unseren Heilungsimpulsen als „äußerer Arzt" sorgen wir nur dafür, dass der „innere Arzt" im Patienten wieder erstarkt und Heilung bewirkt. Das kratzt nach wie vor am Ego!

- Das Lächeln leuchtet im Patienten auf, wenn er den Kernpunkt seiner Krankheit erkennt, der die Selbstverwirklichung und das Wachstum verhindert.

Den Weg dahin zu bahnen, liegt in unserer Hand. Dazu benötigen wir Humor – und das innere Lächeln sowieso. Hier scheiden sich auch die Wege zwischen Therapie und Heilkunst. Die Kunst besteht darin, den Kernpunkt einer chronischen Krankheit herauszufinden, an dem der Patient meint, keinen Schritt weitergehen zu können, an dem alle seine bisherigen Lösungsstrategien zu scheitern scheinen. Diesen Kernpunkt einer Krankheit herauszufinden, ist in dem Maße möglich, wie wir in der Lage sind, zuerst die positiven Potenziale wahrzunehmen. Der Patient öffnet sich, lächelt vielleicht zum ersten Mal wieder und nimmt dadurch unbewusst einen erhöhten, übergeordneten Standpunkt ein. Es kommt etwas in Bewegung, die Körpersäfte kommen leichter ins Fließen (Humor). Das sind optimale Voraussetzungen, Abstand zur Krankheit zu gewinnen und deutlicher hinschauen zu können, worum es denn wirklich bei der Krankheit geht. Was ist ihr Nährboden? Sobald Energien wieder fließen, setzt auch der gesunde Menschenverstand ein und entwirren sich die Verflechtungen und Verhaftungen. Das ist zwar noch keine endgültige Heilung, aber ein großer Schritt auf sie zu.

Wir als Therapeuten wollen diesen Kernpunkt finden und benötigen Humor dazu. Das sagt sich leicht, ist es aber nicht. Man könnte meinen, es sei eine Frage des Talents. Sicher, bis zu einem gewissen Grade spielt Talent eine Rolle. Aber Humor ist genau so etwas Natürliches wie die Körpersäfte. Das halten wir uns am besten immer vor

C-1. Drei Wege zum Lächeln in der Praxisarbeit

Augen. Säfte können zäh fließen, verschlackt oder zu dünnflüssig sein, aber sie sind vorhanden und können beeinflusst werden. So ist es auch mit der menschlichen Gabe des geistigen Aspekts von Humor. Er ist meistens verdeckt durch zu viel Ernst, also durch Einseitigkeit in der Betrachtung von Situationen. Seine Erweckung geschieht an allererster Stelle durch das Anheben der Mundwinkel. Das ändert augenblicklich die Wahrnehmung insofern, als mehr ins Blickfeld gerät als das Vordergründige.

Mit Humor verhält es sich genauso wie mit den Hellsinnen. Es handelt sich um natürliche Gaben, die lediglich der Übung bedürfen. Alle Übungen, die ich in den vorhergehenden Kapiteln vorgestellt habe, galten der Erweckung des Humors. Meistens war es so, dass ich in einem Kurs für Therapeuten nur zwei, drei Übungen zur Lösung von Glaubenssätzen durchführen ließ und sofort eine positive Reaktion folgte, die Kollegen nach Hause fuhren, 30 rote Nasen bestellten und Ideen entwickelten, wie sie diese Übung bei ihren Patienten einsetzen können. Das wäre niemals möglich, wenn die Erweckung des Humors eine komplizierte und aufwändige Sache wäre. Da es sich aber um eine natürliche Gabe handelt, springt der Funke der Erkenntnis über, sobald sie angeregt wird.

Dr. Eleonore Höfner, die bekannte Vertreterin der Provokativen Psychotherapie, erklärt sowohl in ihren Seminaren als auch in ihren Büchern, dass es Therapeuten gibt, die diese Form der Therapie dazu nutzen, ihren Frust loszuwerden und sarkastisch und zynisch werden. Dieser Schatten des Humors ist zweifellos vorhanden und den habe ich immer sehr ernst genommen. Damit er in Schach gehalten wird, habe ich viele spielerische Übungen entwickelt, die zunächst einmal ohne viele Worte auskommen. Das ist eine große Hilfe, denn nicht jeder humorvolle Therapeut ist wortgewandt, er mag aber wohl nonverbal in der Lage sein, seinen Humor auszudrücken, das heißt durch eine vielseitige Körpersprache. Die Psychotherapie ist „von Hause aus" sehr wortlastig und intellektuell geprägt. Die Humor-Therapie durchdringt jedoch alle Therapieformen, somit auch diejenigen, die eher wortkarg sind. Darauf lege ich größten Wert, weil der Humor tatsächlich nicht von der verbalen Begabung abhängt, sondern diese sozusagen ein „Zubrot" darstellt. Verbal seinen Humor auszudrücken, so hat die Erfahrung mit Kollegen und Kolleginnen aller möglichen Therapierichtungen bewiesen, entwickelt sich auf natürliche Weise, wenn zuerst die Körpersprache mit Blicken und Gesten und kleinen Hilfen wie die der roten Nase funktioniert.

2. Das kleine Format der Heilpraxis

Es ist wichtiger, Spaß zu haben, als spaßig zu sein.
Dann kommt der Spaß für andere von ganz alleine.

Szeliga, ebenda

Der Therapeut stellt eine Autorität dar. Das verpflichtet ihn, höhere Standpunkte einnehmen und den Wechsel von Privat zum Profi vollziehen zu können. Wer seine eigenen Probleme mit in die Praxisarbeit bringt, ist blind und taub für die Belange des Patienten und erzeugt ungewollte Resonanzen. Für die Behandlung Kranker benötigt man innere Freiräume. Sind die aber alle durch Überarbeitung, Helfersyndrom, Frustration usw. besetzt, bleibt für den Patienten kein Raum übrig, wo er sein Leid entfalten darf. Auch der freie Fluss von Heilenergie würde dadurch gehemmt – bei einem selbst wie beim Patienten. Freiräume erschaffen wir durch

- die bewusste Überschreitung an der Türschwelle zum Behandlungsraum von Privat zum Profi,
- durch Arbeit an uns selbst, an unseren Schattenthemen (am besten an der Tafelrunde),
- durch Humor.

Betrachten wir die Situation des Patienten einmal von einer anderen Warte aus:

Er sucht Hilfe. Aber nicht, weil die Person grundsätzlich unfähig ist, sich aus einer Sackgasse zu befreien, ein Problem zu lösen und eine Krankheit loszulassen. Selbst wenn sie meint, rundum im Leben zu versagen, zu scheitern, ein Loser zu sein, lege ich dennoch Wert auf folgende Aussage: „Sie haben unzählige Male in Ihrem Leben kleine und große Probleme gelöst, Sackgassen verlassen, Schwäche überwunden. Jetzt schaffen Sie es mal nicht alleine, sondern brauchen Hilfe. Das ist die Ausnahme von der Regel und einfach menschlich. Der innere Arzt hat sein Bestes getan, es reicht ausnahmsweise mal nicht, deshalb ist der äußere Arzt notwendig. Der äußere Arzt oder Therapeut verhilft dem inneren wieder auf die Beine, mehr nicht."

Ob ich dem Patienten Arzneien verordne oder die Hände auflege oder heilsame Worte finde, spielt keine Rolle. Heilung kann angeregt werden, aber den Prozess vollziehen muss der Patient selbst – mit allen Tiefen und Höhen. Ob wir real dem Patienten die helfende Hand reichen oder im geistigen Sinne, spielt keine Rolle. Es zählt allein das warme Herz für die nur allzu menschliche Situation, krank und ratlos zu werden. Es ist auch egal, welche Therapierichtung wir favorisieren und mit welchem Etikett wir sie versehen. Es zählt nur der Herzgeist, der frei ist von Etiketten. Diese Einstellung schafft eine hoffnungsvolle und zuversichtliche Atmosphäre und ist potenzialorientiert.

Schwerkranke Patienten neigen oft dazu, Amt und Würden abzustreifen, nur weil sie jetzt krank sind. Sie meinen, sie seien nichts mehr wert, eine Last für die Umwelt und hätten kein Recht auf Mitleid. Das ist eine fatale Selbsteinschätzung und Teil der Krankheit. Doch habe ich etliche Male erlebt, dass meine Eröffnung der Anamnese mit den oben genannten Gedanken eine Ordnung in die chaotische Vorstellung des Patienten bringt.

Indem er einsieht, dass die momentane Krankheit eine Sonderstellung im Leben einnimmt, weil die Selbstheilungskräfte (= innerer Arzt) nicht ausreichen, relativiert sich auch die Position des Therapeuten. Weder sind wir „Götter in Weiß", noch Unfehlbare, noch irgendetwas Übermenschliches, sondern ganz einfach Wegbegleiter mit guten Ideen, um die Selbstheilungskräfte zu aktivieren. Das kommt einem manchmal wie ein Wunder vor, aber das Wunder vollbringt der Patient, weil sein Bewusstsein dafür reif ist. Ist es das nicht, findet auch keine Heilung statt.

3. Der Dreh- und Angelpunkt der Krankheit

Ergebnisorientiert handeln bedeutet, den Wunsch nach Veränderung wahrhaftig zu leben. Mit der Gewissheit, dass Leben Veränderung und Wandlung ist, kommt das Gute.

Claudia M. Zimmer

Einleitend wurde schon gesagt: Die Humor-Therapie in der Praxis zielt auf den Kern einer Krankheit, nicht auf vielerlei Symptome. Der Kern einer Krankheit ist die zentripetale Kraft eines Denkmusters, einer Fixierung, einer Zwangsvorstellung und eines Glaubenssatzes. Er hindert den Menschen daran zu wachsen, sich zu entfalten und selbst zu verwirklichen. Er ist der Anteil des Ego-Bewusstseins, der ihn in einer bestimmten Entwicklungsphase festhält. Die Entstehung solch eines negativen Kraftzentrums liegt immer weit zurück, denn es braucht Zeit, bis ein Potenzialraum mit den festgelegten Gedankenstrukturen angefüllt ist. Wenn er sich im Außen manifestiert, gibt es einen Auslöser, aber die Ursache liegt immer länger zurück.

Ist der Kern der Krankheit, gleichsam der Angelhaken, an dem die Krankheit baumelt, entdeckt, zielt die Therapie nur darauf, denn das ist der Punkt, an dem der Patient das Lächeln, den Humor und die Fähigkeit verloren hat, über sich selbst zu schmunzeln oder zu lachen. Der Weg dahin ist bei mir nie geradeaus und provokativ, sondern so sanft, dass der Patient es fast nicht merkt.

C-3. Der Dreh- und Angelpunkt der Krankheit

Wer die Humor-Therapie anwenden will, braucht mehr als die verbale Kunst, den Patienten herauszufordern, denn ohne einen liebenden Herzgeist drängt man den Patienten in die Enge, lässt vielleicht auch mal seinen Frust ab oder wird gar zynisch und sarkastisch. Die Humor-Therapie in der Behandlung chronisch Kranker verlangt zwei Fähigkeiten:

1. Ein Gefühl für die Dosis, wann wie viel Humor fließen darf.
2. Den schnellen Wechsel von Humor und Ernsthaftigkeit.

Wer warmherzig ist und seinen Humor aktivieren kann, entwickelt die notwendige zweite Gabe, nämlich die humorvollen Anteile in der Behandlung immer nur bis zu dem Punkt zu führen, wo beim Patienten ein Lächeln, ein Blitzen in den Augen, vielleicht auch ein Lachen erscheint, um sich dann wieder dem Ernst der Krankheit zuzuwenden. Der Patient braucht die absolute Sicherheit, ernst genommen zu werden, aber andererseits auch die Herausforderung, seine Sackgasse zu verlassen.

Meine Erfahrung mit Kollegen und Kolleginnen ist: Wenn sie tatsächlich ihren Humor durch die beschriebenen Übungen erweckt haben, sind sie kreativ und feinfühlig. Humor bedeutet hier, mit den Energien in der Beziehung Therapeut – Patient im Fluss zu bleiben und sich anzupassen, ohne in Resonanz zu gehen. In dem Begriff „Behandlung" steckt die Hand, die im engeren Sinne eine Berührung mit der Hand sein kann. Im übertragenen Sinne reichen wir dem Patienten die heilende, helfende Hand, dies aber ohne die Absicht, damit etwas bewirken zu wollen. Das gilt auch für das Händeauflegen. Jede Absicht darin blockiert den freien Fluss von Energie und Humor.

Damit die Möglichkeiten der Humor-Therapie in der Praxisarbeit ausgebreitet werden können, müssen wir uns ein paar grundsätzliche Themen anschauen.

4. Die archetypische Figur des Clowns

Der Clown kennt kein Nein, dafür das totale Spiel.
Der Clown ist der König der Spieler.

Johannes Galli

Der Clown tritt in verschiedenen Funktionen auf. Er kann als Künstler im Zirkus oder im Theater wirken und als Heilergestalt in der Therapie. Im deutschsprachigen Raum dürfen wir uns glücklich preisen, dass es zum einen staatlich anerkannte und viele freie Clownschulen gibt, in Krankenhäusern, Altenheimen, Waisenhäusern und in vielen sozialen Bereichen der Clown eine ernst zu nehmende Instanz geworden ist. So wie es Ärzte und Homöopathen „ohne Grenzen" gibt, gibt es auch eine große Vereinigung „Clown ohne Grenzen". Sie alle leisten hervorragende Arbeit in der ganzen Welt.

Therapie-Clowns sind allerdings nichts Neues. Schon in den frühen 70er Jahren kamen professionelle Clowns auf die Idee, kranken Kindern das Leben leichter zu machen. Mein Vater war einer der ersten, der im deutschsprachigen Raum, in England und Frankreich Krankenhäuser, Waisenhäuser und Kinderheime besuchte und als Clown die Kinder unterhielt. Er spielte ihnen auf selbst gebauten Instrumenten wie „Haptophon" (Klangstäbe, die durch Reiben zum Klingen gebracht werden) oder auf der „Dosengeige" lustige Melodien vor oder benutzte Becher, Brechschalen, Löffel und allerlei Geräte zu perkussiven Improvisationen.

Abb. 197   Cornelli 1972 in England bei behinderten Kindern

C-4. Die archetypische Figur des Clowns

Heute sind Klinik-Clowns wieder gefragt, weil durch die „Lachforschung" (Gelotologie) und die Hirnforschung eindeutig die Heilwirkung von Humor bestätigt wird. Ein befreundeter Klinikchef, der unsere Medial- und Heilerschulung absolvierte, bestätigt, dass die erweiterte Wahrnehmung von Potenzialen bei Patienten ebenso notwendig geworden ist, wie es der Einsatz von Klinik-Clowns ist, um Energien zum Fließen zu bringen. In seiner Klinik treten eine Putzfrau und ein Pfarrer als Clowns auf – an sich schon ein lustiges Gespann – und erleichtern den ermüdenden Klinikalltag auch den Ärzten und dem Pflegepersonal.

Wir müssen nicht die Worte über die heilsame Wirkung von Lächeln und Lachen an dieser Stelle wiederholen. Aber es ist notwendig die Gestalt des Clowns näher zu betrachten.

Abb. 198 Cornelli mit Haptophon

Der Clown ist für mich derjenige, der vergleichsweise über das größte Angebot an selbstkritischer Poesie verfügt, um mentale Engen jeglicher Form zu demaskieren. Seine Aufgabe liegt darin, alle Seelenzustände, die mit Enge zu tun haben, aus der Welt zu schaffen.

Felix Belussi, Philosophiedozent an der Universität Freiburg

Abb. 199 Theo Cornehl (Cornelli) im Waisenhaus

Die meisten Menschen assoziieren mit dem Clown eine Zirkusgestalt, die Menschen zum Lachen bringt. Doch er ist weit mehr. Er ist die Verkörperung des Humors und der Gegenpol zum Bösen. Er ist der wichtigste Teil des Lebens, weil erst mit ihm das Leben ganz wird. Er bringt den Alltag auf die Bühne, damit die Zuschauer über ihn lachen können. Er entdramatisiert die tragischen Situationen, in denen wir versagen und scheitern und kennt keine Tabus. Er besitzt die größte Freiheit, sich mit allem zu beschäftigen und tut es auf unkonventionelle Weise.

> *Der Clown zeigt Gewohnheiten auf. Er relativiert Situationen. Mit einem Mal merkt man, daß scheinbar Wichtiges im Grunde gar nicht so wichtig ist... oder auch umgekehrt: Ein Clown kann etwas scheinbar Kleines ganz groß werden lassen... Ein Mensch ohne Humor kann nicht lieben. Liebe und Humor gehen zusammen, gehören zusammen. Ohne Liebe und Humor ist es nicht möglich, etwas für andere zu tun, anderen etwas zu geben. Wenn man liebt, dann liebt man in der Freude. Und zur Freude gehört auch der Humor.*
>
> Nonnen des Klosters „Monastero Santa Hildegardis"

Ein guter Clown ist ein guter Menschenkenner und scharfer Beobachter menschlichen Verhaltens. Durch Imitation und Überzeichnung entlarvt er jegliche Wichtigtuerei, durchbricht durch seinen Humor ernste Situationen und lässt sie heiter werden. Er ist der Antiheld. Ein Held will sich nie eine Blöße geben und Schwächen zugeben. Jeder will ein Held sein und versucht, ein Leben lang stark zu sein. Der Clown ist hingegen der Projektionsschirm unseres inneren Versagers, Schwächlings, Verlierers. Er trägt für das ganze Publikum das Kreuz des Scheiterns und löst zugleich Sturheit, Rechthaberei und Fanatismus auf. Alles Scheinheilige zerfällt zu Staub, wenn der Clown die Menschen zum Lachen bringt. Sie schauen in ihren eigenen Spiegel. Sein Humor schafft Toleranz und macht friedfertig. Das alles geschieht spielerisch und weckt das innere Kind.

> *Durch den Humor sehen wir im scheinbar Rationalen das Irrationale, im scheinbar Bedeutenden das Unbedeutende. Er stärkt unsere Fähigkeit zu überleben und bewahrt uns die klare Vernunft. Der Humor sorgt dafür, dass die Bösartigkeit des Lebens uns nicht ganz und gar überwältigt. Er regt unseren Sinn für Proportionen an und lehrt uns, daß in der Überbetonung des Ernstes das Absurde lauert.*
>
> Charles Chaplin

Humor verlangt eine höhere Denkebene. Schon die Fähigkeit, über eine Situation lachen zu können, setzt Denken voraus. Er verhilft einem zu der Einsicht in die eigene Bedeutungslosigkeit. Wer meint, er sei bedeutend, hat schon seinen Humor verloren. Um uns herum wird das Gegenteil propagiert. Imponierrituale entscheiden

C-4. Die archetypische Figur des Clowns

über die Karriere und soziale Position. Da fällt es nicht leicht, sein lächerliches Verhalten einzusehen. Folglich strengt sich jeder maximal an, bedeutend zu erscheinen und spielt die Rolle des Wichtigtuers. Wird dieses Verhalten durch Humor entlarvt und relativiert, ist es die Rückkehr ins Menschliche. Wer keinen Humor hat, fühlt sich natürlich davon bedroht und will sich seine Bedeutungslosigkeit nicht eingestehen.

Humor ist nicht zu verwechseln mit Lustigsein. Er ist der Repräsentant einer viel größeren Dimension, die das Tragische und Traurige einschließt.

Alle Profi-Clowns, so auch mein Vater, befassten sich mit dem Thema Leben und Sterben. Wenn wir das Gemälde, das er als Erinnerung an seine Zeit als junger Clown bei „Circus Fischer" vor dem Zweiten Weltkrieg in England malte (Abb. 200), mal mit anderen Augen betrachten, können wir in der Clownsmaske einen Totenkopf erkennen. Als Antifaschist und Nazigegner hatte er mit Mühe als junger Mann überlebt, wusste von den internen Machenschaften der Nazis, weil er als Alleinunterhalter in ihren Kasinos so manches erfuhr, wenn die „Herrenmenschen" durch Alkoholkonsum großspurige Reden führten. Der Tod war omnipräsent, die Denunziation an der Tagesordnung. Junge Künstler wurden einfach in die Partei übernommen und hatten es später bei der Entnazifizierung schwer, dies zu beweisen.

Wie wichtig Humor war, erzählte er mir an einem Beispiel nach dem Krieg:

> *Köln lag in Trümmern, der Marktplatz war davon übersät. Da räumte man einen freien Platz und stellte eine provisorische Bühne auf. Über Megaphone rief man in allen Städten des Ruhrgebietes und Rheinlandes Menschen auf, die musizieren oder Varietée-Künste beherrschten, nach Köln zu kommen.*
>
> *In Köln war der Treffpunkt. Ein Publikum war eingeladen, lauter zerlumpte, erschöpfte Gestalten, greinende Kinder und eine ebenso elend aussehende*

Abb. 200   Selbstbildnis des Clowns „Cornelli"

C-4. Die archetypische Figur des Clowns

Jury aus drei älteren Künstlern aus dem Rundfunk, Orchester und Varieté.

Und wir trafen uns, eine Horde hohläugiger, ausgehungerter Künstler aller Couleur, aller Zonen der Besatzungsmächte. Ich werde diese absurde Situation nie vergessen. Wir standen in einer schier endlosen Warteschlange. Jeder Künstler betrat die Bretter, die einst die Welt des Künstlers bedeuteten, führte seine Kunst mit primitivsten Mitteln vor, improvisierte und gab sein Bestes. Die Jury entschied über die Qualität, das Publikum über den Unterhaltungswert oder den Balsam fürs geschundene Gemüt durch Applaudieren oder zaghafte Bravorufe. Wer hatte denn schon intakte Instrumente, Jonglierbälle, Zauberartikel oder sonstige Utensilien?! Ich hatte mir eine neue Dosengeige aus Konservendosen gebastelt, irgendwo eine Darmsaite gefunden und etwas Kalk. Damit improvisierte ich eine Clownmaske, stieg auf die Bühne und spielte auf der Konserve „Oh mein Papa", das alte Zirkuschanson. Viele weinten, viele lachten. Dann karikierte ich die momentane Situation, wie wir alle halbverhungert umherirren, Nahrung suchen und durch Singen und Tanzen wieder Lebensmut fassen. Ich weiß bis heute nicht, welcher „Teufel" mich damals geritten hat, das zu tun. Ich musste mich einfach befreien von dem unsäglichen Leid, das ich erlebt hatte, überlebt hatte. Ich war offenbar gut genug und wurde engagiert. Es wurde ein Zelt aufgebaut, Pritschen hineingestellt und die Menschen eingeladen, nachmittags zu einer Vorstellung von uns zu kommen. Man war sich einig: Wenn Menschen wieder lächeln oder lachen können in einer Situation, die weiß Gott nicht zum Lachen ist, kommen die Lebenskräfte wieder in Gang und haben wir Hoffnung auf eine Zukunft. Dieses Erlebnis hat mich tief geprägt für meine späteren Auftritte. Ich habe trotz allen Erfolgs nie vergessen, dass wir als Künstler eine Art „Heilungsauftrag" haben. Den Menschen soll es besser gehen, wenn sie Kunst erleben. Ich habe viel Freude Kindern, Alten, Kranken, aber auch Gesunden beschert. Ihr Lachen war meine Nahrung als Clown.

Der Clown „Cornelli" war privat ein ernster, strenger und zur Melancholie neigender Mensch. Aber auch im Alltag bewies er, dass Humor die beste Strategie ist, Lebenskrisen zu meistern.

Humor haben bedeutet, sich einer Konfliktsituation im Leben auf souveräne Weise zu stellen. Humor ist eine Lebenshaltung... Ein einziges Wort kann eine völlig ernsthafte Situation ins Lächerliche ziehen, eine tragische Situation ins Komische... Humor setzt Lebenslust, Phantasie, Intelligenz und ein gehöriges Maß an Zivilcourage voraus... Clowns haben

C-4. Die archetypische Figur des Clowns

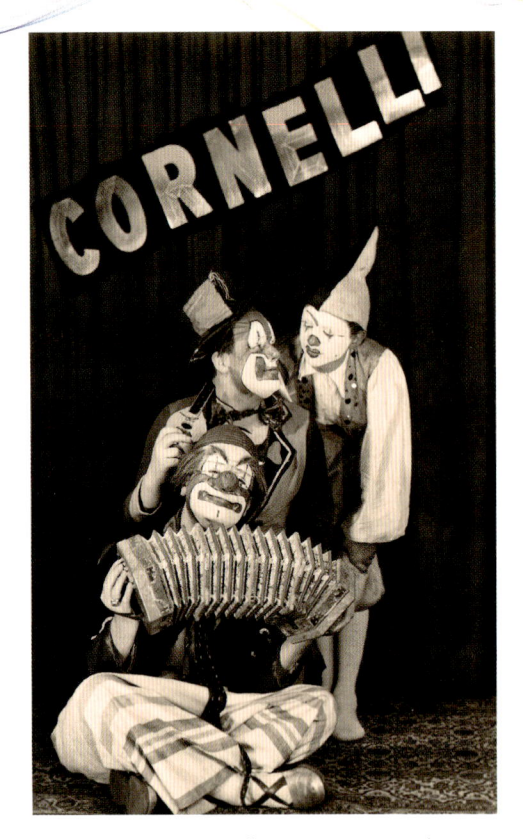

Abb. 201 Cornelli-Trio international

Abb. 202 Der Musik-Clown Cornelli

immer die Sympathie des Publikums, nicht zuletzt deswegen, weil die Menschen mit ihrem „verlorenen" Humor eine ungestillte Sehnsucht nach den Clowns haben, die sie zum Lachen bringen.

Erich Holliger, Theaterregisseur

Über sich selbst lachen zu können, ist für jeden wichtig, der andere schult und lehrt, vorne steht und therapiert.

Lacht ein Mensch nie über sich selbst, fehlt ihm die Hälfte des Lebens. Es ist ein Urbedürfnis des Menschen, Freude zu haben, sich zu amüsieren, zu spielen. Ohne diese Dimensionen kann er nicht wirklich sein.

Giacomo Barblan,
Zauberer an der „Scuola Teatro Dimitri"[7]

---

[7] Dimitri ist einer der bedeutendsten Clowns unserer Zeit, geboren 1935 und Leiter der Scuola Teatro Dimitri im Tessin.

Der Clown ist ein großer Kultur- und Zivilisationskritiker, der sich auflehnt gegen jegliche simple Nützlichkeit als Realitätsprinzip, der fast zärtlich plädiert für die Hingabe an das nur vermeintlich Zwecklose, Verspielte, statt einer technischen Zielstrebigkeit, die den Menschen schlicht verkümmern lässt, das Wort zu reden. Das Spiel steigt auf in den Rang der Wahrung jeglicher Freiheit. Hier liegt gleichsam die philosophische Größe des Clowns…

Lächelnd und zugleich mahnend hält uns der Clown den Spiegel vor, ein Zeitzeuge unseres kulturellen Gedächtnisses und der Erinnerung, der uns auf den Abgrund hinweist und doch schützend den Absturz verhindert. Hierfür sind wir ihm dankbar.

Constantin von Barloewen,
Clowns, Versuch über das Stolpern

Die Erweckung des inneren Narren oder Clowns ist in der Therapie wichtig, weshalb ich auch in der Praxisarbeit die seelische Tafelrunde einsetze. Der Volksmund sagt: „Humor ist, wenn man trotzdem lacht." Es muss einen Grund geben. Einfach nur zu lachen, um das Zwerchfell in Bewegung zu bringen, geht bei der Behandlung Kranker am Wesentlichen vorbei. Wenn wir Lachen um des Lachens willen verordnen, können wir keine Heilung im Patienten auslösen. Man kann auch lachen, wenn einem gar nicht danach zu Mute ist. Das tun einige Patienten und nennen es „Galgenhumor". Der hat nach meinem Empfinden nichts mit Humor-Therapie gemeinsam. Es muss einen Grund geben, den der Patient erkennt. Das Ziel ist, dass er in seinem Verhalten das Komische, Absurde, Hinderliche entdeckt und darüber lächeln, schmunzeln oder gar lachen kann. Das ist für mich auch die angestrebte Rangfolge.

5. Die Erweckung des Clowns in der Therapie

Der Clown spielt immer die Extreme einer Situation aus.

Er spielt alle menschlichen Schwächen mit voller Lust.

Johannes Galli

Da mag einer fragen, ob es für die Erweckung des Humors nötig ist, selbst zum Clown zu werden. Meine Antwort ist Ja und Nein. Wenn man betrachtet, was Clowns in Altersheimen, Kliniken und bei schwer erziehbaren Kindern und Jugendlichen bewirken, kann man nur den Spuren von Patch Adams, Johannes Galli und anderen be-

C-5. Die Erweckung des Clowns in der Therapie

kannten Clowns folgen und ruhig mal einen Kurs über den pädagogischen und therapeutischen Aspekt des Clowns besuchen. Ganz besonders möchte ich den „Kinderzirkus" hervorheben[8], der beweist, dass Humor, Clownspiel und Herausforderung, eigene Grenzen durch kindgerechte Akrobatik zu überschreiten, psychosoziale Kompetenz bei Kindern und Jugendlichen entwickelt.

Abb. 203 Therapie-Clown

Der Clown ist wie jeder Künstlerberuf anspruchsvoll, aber jede Kunst kann auch einfach zur eigenen Erbauung und „just for fun" für ein geeignetes Auditorium ausgeübt werden. Ich kenne die Profi-Bühne und genieße es heute, ohne viel Sprechen als pantomimischer Clown auszukommen. Meiner Freude, den IQ auf ein Minimum abzusenken, sind keine Grenzen gesetzt. Als Therapeutin gewinne ich aus der eigenen Lust, über mich lachen zu können, einen großen Gewinn für Patienten.

In der Therapie verwende ich nur die rote Nase als Sinnbild des Clowns, also der Instanz in uns, die alle Glaubenssätze, Denkkorsetts, Tabus und Grenzen zu überschreiten vermag. Die rote Nase kann man schnell aufsetzen und wieder absetzen. Sie dient als einfaches Mittel, im Nu sein Denken und Handeln zu verändern. Sie lehrt auch, dass Heilung = Veränderung nicht im Kopf stattfindet, sondern im ganzen Menschen. Deshalb wird die körperliche Bewegung einbezogen. Auch das nur in dem Maße, wie es für einen Patienten möglich ist. Man kann im Rollstuhl und in jedem Grad eingeschränkter Beweglichkeit seinen inneren Clown erwecken. Kleine Gesten und die Mimik sind ausschlaggebend. Wer sich mit seinem ganzen Körper bewegen kann, erlebt, wie schwer es einem am Anfang fällt, ihn als Ausdrucksmittel zu nutzen. Wir sind meistens „im Kopf" und meinen, dort sei das physisch-psychisch-mentale Problem. Es ist aber in jeder Zelle. Auch die Heilung findet in allen Seinsschichten statt und nicht nur im Kopf, in der Vorstellung. Heilung muss im ganzen Energiesystem empfunden werden. Darum setzen die Patienten auch nicht nur die Nase auf und bleiben sitzen, sondern stehen auf und bewegen sich im Raum. Sie machen mit, weil auch wir mitspielen.

---
8 Siehe Informationen bei www.pappnase.de

C-5. Die Erweckung des Clowns in der Therapie

Es gibt bei uns einmal pro Monat den sogenannten „Patiententag", an dem in der Gruppe Atem- und Drüsenübungen, aber auch Übungen zur Konfliktlösung stattfinden. Hier ein Beispiel:

Die Aufgabe bestand darin, sich auf den Glaubenssatz zu konzentrieren, der momentan akut ist. Es gibt Patienten, die sind durch eine klinische Diagnose so traumatisiert worden, dass sie nicht mehr auf eine Heilung hoffen. Andere meinen: „Ich bin ein so schwieriger Fall. An mir beißt sich jeder Therapeut die Zähne aus." Wieder ein anderer sagt: „Ich bin zu alt."

Im Folgenden beschreibe ich, wie die Übungen verlaufen. Mit Rücksicht auf die Patienten stelle ich dazu nur wenige Fotos vor von denen, die es mir erlauben.

Ich bitte die Patienten, sich für einen Moment auf ihr größtes Problem zu konzentrieren. Sofort ist jeder mit sich selbst beschäftigt und zeigt eine erschöpfte Haltung. Das ist die Ausgangssituation. Dann gebe ich bekannt: „Nase auf!". Sofort ändert sich die ganze Atmosphäre. Lachen, Staunen „Wie sehen Sie denn aus!" und ein heiteres Miteinander.

Die Patienten stehen auf, bewegen sich im Raum. Dann bekommen sie die Aufgabe, noch mit der Nase im Sitzen nachzuspüren, was sich verändert hat.

Die Übung wird abgeschlossen, indem wir wieder ganz ins Hier und Jetzt zurückkehren. „Nase

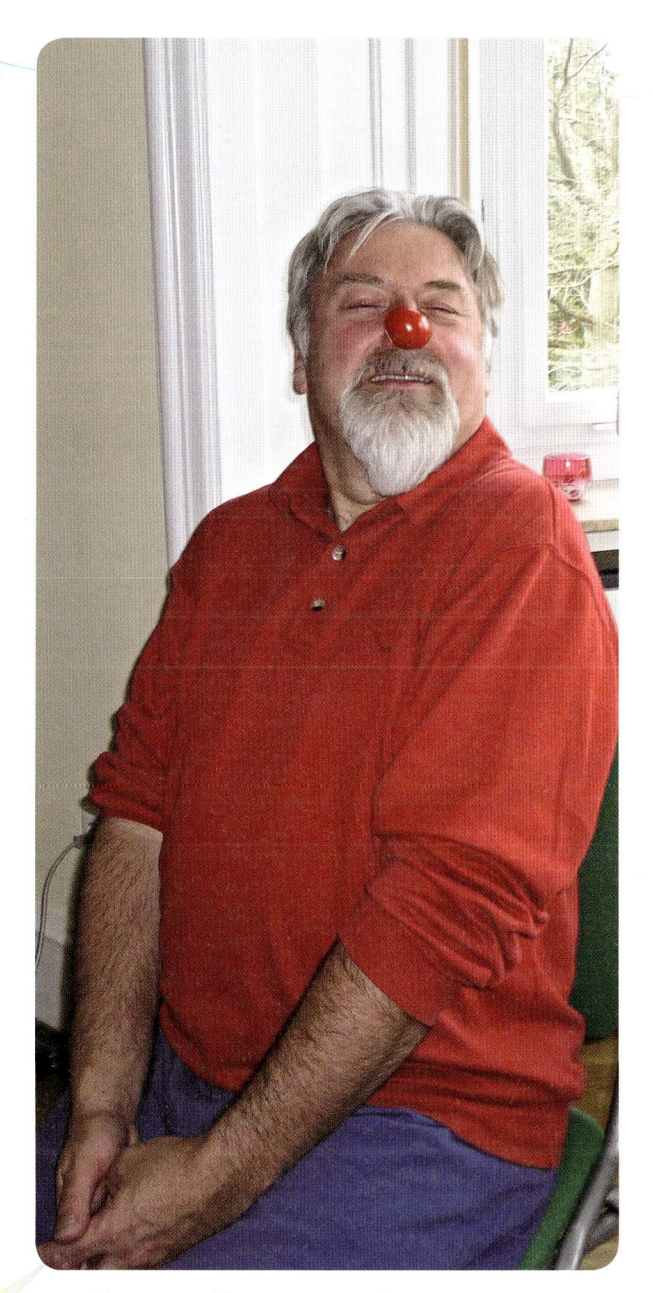

Abb. 204 Harald Knauss, Leiter der Patientengruppe

C-5. Die Erweckung des Clowns in der Therapie

Abb. 205 Spontane Heiterkeit

Abb. 206 Sofortige Kommunikation

ab!" Danach berichtet jeder seine Erfahrung, die immer wieder dieselbe Wirkung beschreibt:

- Ich fühle mich leichter.
- Ich habe wieder Hoffnung.
- Es ist alles gar nicht so schlimm.
- Lachen tut mir gut.
- Ich habe schon lange nicht mehr so gelacht! Usw.

Die Patienten bekommen die Hausaufgabe, zu Hause in ihrem Alltag die Nase immer dann einzusetzen – real oder mental – wenn sie von negativen Gedanken geplagt werden, sich ärgern oder wieder auf einen Glaubenssatz stoßen. Ich rate ihnen, die Nase bei sich zu tragen. Für solch ein Stückchen Schaumstoff ist überall Platz.

Hierzu zwei amüsante Beispiele:

Zwei Schweizerinnen, Mutter und Tochter, hatten etwas bei der Bank zu erledigen. Sie waren in Eile. Aber vor dem Schalter stand eine lange Schlange und der Schalterbeamte ließ sich davon nicht beeindrucken. Die Tochter erzählte:

„Er arbeitete im Stil einer Schlaftablette. Wir wurden langsam sauer und ärgerlich. Die Leute vor uns schauten uns strafend an. Da hatten wir die Eingebung, die Nase aufzusetzen. Erst schauten die Leute weg, weil sie meinten, zwei Verrückte stünden vor und hinter ihnen. Da wir lachen mussten, wandten sie sich uns zu und lachten ebenfalls. Wir schienen doch ganz normale Kunden zu sein, nur eben mit roter Nase. Wir kamen ins Gespräch und auf einmal bildete sich ein Kreis um uns herum. Ein älterer Herr wollte auch mal die Nase ausprobieren.

Schließlich wurde auch der langweilige Schalterbeamte munter, kam aus seinem Häuschen. Er entschuldigte sich gleich wegen der langsamen Abfertigung. Mit der Nase sagten wir ihm: „Aber nun ein wenig dalli, dalli!" Er lachte.

C-5. Die Erweckung des Clowns in der Therapie

Normalerweise wäre so ein Schalterbeamter zu Tode beleidigt. Aber der lachte und eilte zu seinem Schalter.

Es herrschte eine bombige Stimmung, jeder unterhielt sich mit jedem. Die Nase war der Hit. Am Schluss bestand der Schalterbeamte darauf, von uns ein Foto zu machen. Denn er hatte noch nie so eine lustige Schlange von Kunden vor seinem Schalter erlebt."

Abb. 207 Mutter und Tochter in der Bank-Schalterhalle

Auf Abb. 205 ist links eine Kollegin von mir abgebildet, die in der Psychotherapie arbeitet. Sie war auf einer Fortbildung, die anstrengend und langweilig wurde. Sie konnte kaum noch zuhören. Dann wurde sie plötzlich gebeten, ihre Erfahrung und ihr Wissen zu einem Thema vorzustellen.

„Ich wollte mir gerade einen wichtigen, ernsten Ausdruck verleihen und salbungsvoll loslegen, da entschied ich mich, mental die rote Nase aufzusetzen. Im Bruchteil einer Sekunde war ich auf dem Boden, lachte und berichtete ganz locker von meinen Erfahrungen. Die Kollegen lächelten ebenfalls, es entstand eine heitere Atmosphäre. Sie fragten mich, was mich denn erheitere. Ich antwortete: Ich habe gerade gemerkt, dass ich mich wichtigmachen wollte und entschied, dass ich das gar nicht muss. Ich setzte mir mental die rote Nase auf und das änderte alles. Da waren die Kollegen sehr interessiert und ich berichtete von unserer Arbeit in der Patientengruppe, wie wichtig der Humor ist.

6. Das therapeutische Hilfsmittel der roten Nase

Die Phantasie tröstet den Menschen über das hinweg, was er gerne sein möchte,

der Humor über das, was er ist.

Albert Camus

Abb. 208 Pitt&Pott

ebene in Kontakt, bewegt sich der Patient und der Weg wird für einen weiteren Heilungsschritt frei. Dazu bekommt er das Hilfsmittel an die Hand: die rote Nase. Mit der roten Nase gerät der Mensch sofort in den Zustand der maximalen Reduktion seiner gewöhnlichen Intelligenz. Der Clown kann nichts, er verfügt nur über wenige Worte, spricht komisch, benutzt nur Laute wie Oh, Äh, Ah usw. Dazu eine weitere Übung:

Übung 10
Die Karikatur des Glaubenssatzes

- Stellen Sie sich aufrecht hin, Kiefergelenke entspannt.
- Atmen Sie tief und gleichmäßig.
- Nehmen Sie die Haltung eines Königs/einer Königin ein.
- Schließen Sie die Augen und visualisieren Sie Ihren Standort auf der höchsten Stufe einer Stufenpyramide.
- Erinnern Sie sich Ihres einstigen Verhaltens, als der Glaubenssatz noch aktiv war.
- In dem Moment, wenn er aktiv ist: Augen auf, Nase auf!

Wir haben es schon im vorigen Kapitel kennengelernt: das therapeutisch hoch wirksame Hilfsmittel der roten Nase für ein paar Cent. Ich binde es in den Heilungsprozess ein, damit auf allen Ebenen beim Patienten etwas in Bewegung gerät, das ihn von dem Glaubenssatz befreit, den viele Patienten hegen: Ich kann ja nichts ändern. Kommt aber die Mentalebene mit der Körper-

C – Das therapeutische Hilfsmittel der roten Nase

- Bewegen Sie sich sofort im Raum.
- Stellen Sie das Verhalten mit dem ganzen Körper dar.
- Produzieren Sie alle möglichen Laute.
- Tun Sie alles, was Ihnen gerade in den Sinn kommt.
- Nach zwei Minuten: Nase ab!
- Bleiben Sie stehen und spüren nach, wie es Ihnen mit der Überzeichnung bzw. Karikatur Ihres einstigen Verhaltens geht.

So einfach die Übung wirkt, sie ist von ungeheurer Mächtigkeit. Je zementierter der Glaubenssatz ist, umso schwerer fällt es dem Patienten, darüber zu lächeln, zu schmunzeln oder gar zu lachen, die Nichtigkeit zu entlarven und seinen eigenen Gefühlen zu vertrauen.

Wenn Übung 10 tief genug ins Bewusstsein gedrungen ist, folgt eine dritte Übung, die ich auch in der Fortbildung mit Kollegen erarbeite. Eine Person ist der Patient, die andere der Glaubenssatz.

Übung 11
Den Glaubenssatz relativieren

- Sie stehen sich gegenüber.
- Der Patient spricht den Glaubenssatz aus.
- Der Glaubenssatz reagiert darauf bzw. bestätigt ihn.
- Dann kommt der Auftrag „Nase auf!"
- Patient und Glaubenssatz agieren spontan, bewegen sich im Raum.
- Es steht jedem frei, etwas zu tun, was ihm in den Sinn kommt und dabei nur Laute wie „Oh, Äh, Uff, Aha" von sich zu geben usw.
- Der Glaubenssatz darf in jeder Form, mit allen spontanen Mitteln persifliert und karikiert werden.
- Solange die Nase im Spiel ist, gibt es keine Tabus.
- Dann, nach ein paar Minuten kommt der Auftrag „Nase ab!"
- Der „Patient" spürt, was sich bei ihm positiv verändert hat und was vom Glaubenssatz übriggeblieben ist.
- Der „Glaubenssatz" spürt, was mit ihm geschehen ist, ob seine Energie sich in etwas Neues verwandelt hat.

Auch diese Übung muss in der Regel mehrfach geübt werden, damit die Erkenntnis heranreift, dass die zur Aufrechterhaltung eines Glaubenssatzes benötigte, negative Energie positiv genutzt werden kann. Wir löschen ja nichts aus, drängen nichts weg, sondern verändern und verwandeln. Es ist dieselbe Energie, die durch den Glaubenssatz einen Menschen am Wachstum hindert und die ein Mensch durch die Lösung des Glaubenssatzes zur Weiterentwicklung zur Verfügung hat.

Die rote Nase nimmt die Rolle des Umkehrpunktes ein. Wichtig ist, dass das Spiel mit ihr nicht in Albernheiten ausartet. Darum wird sie nur für wenige Minuten aufgesetzt. Für kurze Zeit schlüpft der Spieler in die archetypische Form des Clowns, des Narren, der alles auf den Kopf stellt. Ihm ist nichts heilig, er bricht alle Tabus. Er erlaubt das Chaos, damit daraus eine neue Ordnung hervorgehen kann.

Der Glaubenssatz ist eine Scheinordnung, denn es gibt nicht mehr die Ausnahme von der Regel, die tolerante Variabilität „wie das Leben so spielt". Es existiert im Bewusstsein nur noch die in Beton gegossene oder wie Dr. Eleonore Höfner[9] es ausdrückt „in Stein gemeißelte" Fixierung: Nur das ist gültig! Auf einem solchen Fundament kann keine Heilung geschehen. Folglich muss im Patienten etwas anderes zum Erleben kommen. Er muss eine neue Erfahrung machen. Dafür sind leichte und einfache Übungen nötig, die die Vorstellungskraft nützen.

---

9 die bekannteste deutschsprachige Vertreterin der Provokativen Psychotherapie.

7. Die Perspektive ändern

Humorvolle Menschen können sich selbst besser motivieren und sind leistungsfähiger. Humor wirkt auf die Selbstmotivation positiv, da sich die Menschen von ihrem Tunnelblick befreien und den Blick auf das Ganze bekommen.

Szeliga, ebenda

Ehe wir behaupten, ganzheitlich zu diagnostizieren und zu therapieren, sollten wir das im Zitat Gesagte gründlich bei uns selbst überprüfen. Der Begriff „Ganzheitlichkeit" wird heute inflatorisch benutzt. Nur weil man Kräuter, Globuli oder Akupunkturnadeln benutzt, bedeutet das längst noch nicht die Befreiung von der Tunnelsicht. Wäre es anders, gäbe es keine Grabenkämpfe mehr innerhalb der verschiedenen Therapierichtungen. Humor ist hier die beste Therapie, die wir als Therapeuten nötig haben.

Die meisten mentalen Fixierungen, Meinungen und Glaubenssätze sind Übernahmen von vermeintlichen Autoritäten. Wen wir als Autorität anerkennen, ist verschieden. Es ist völlig egal, um wen es sich dabei handelt. Entscheidend ist der Ausgangspunkt des Selbstbildes. Je kleiner das Selbstbewusstsein ist, umso leichter wird ein anderer als Autorität anerkannt. Je weniger jemand seine eigenen Erfahrungen schätzt, umso gigantischer wirken die Erfahrungen anderer. Hier

C-7. Die Perspektive ändern

handelt ein Mensch nur aus der Perspektive „Ich hier unten, du da oben." Diese Haltung haben wir über 2000 Jahre eingeübt, einstudiert, eingeatmet, in jede Zelle eingepflanzt und sie ist typisch für alle monotheistischen Religionen. Das Tragikomische ist, dass diese Haltung auch bei vielen Menschen erhalten bleibt, wenn sie sich polytheistischen Religionen zuwenden und vermeintlich einen anderen Weg der Bewusstseinserweiterung gehen. Auch in ihren Reihen wirkt das nach, was wir in unserer Kultur nur so mühsam überwinden: Die Vorstellung, der Meister, die Autorität, das Göttliche sei irgendwer da draußen, da oben. Wir laufen alle mit geistiger Genickstarre herum und suchen, wo es nichts zu finden gibt. Andererseits reicht es nicht, die Weisheitsworte vor sich hin zu murmeln: „Der Meister ist in mir." Leider! Es reicht auch nicht, sich großkotzig aufzublähen, mit pathetischer Geste, im wallenden Gewand zu predigen: „Ich weiß es, komm zu mir!" Alle diese Worte ohne eigene Erfahrung sind, wie man im Buddhismus sagt, „der Milchbrei für den Verstand", Babynahrung für die Instanz in uns, die etwas mit dem Intellekt verstehen will. Das Mühselige ist ja gerade, die Perspektive zu ändern.

Tom Johanson, der englische Heiler, fragte einmal:

Was ist der Unterschied zwischen einem Meister und dem Normalmenschen?

Der Meister schaut nach innen, der Normalmensch nach außen.

Das ist schon mal eine gute Idee, die Perspektive, den Fokus zu ändern, innezuhalten, nach innen zu lauschen. Da begegnet uns gewöhnlich erst mal ein Gesumme, ein Chaos an Gedankenfetzen.

Wacht jemand aus diesem Trug- und Wahnbild auf, sucht er Hilfe. Dann ist in diesem Menschen ein Funken Eigenautorität erwacht. Von sektiererischen Gemeinschaften wird das selten toleriert, sodass oft Psychoterror das Leben des „Abtrünnigen" erschwert.

Wann immer mir Abhängige von Glaubensgemeinschaften in der Praxis begegneten, war es auf der einen Seite ein hartes Stück Arbeit, den geschundenen Menschen darin zu begleiten, sich innerlich aufzurichten und der eigenen Wahrnehmung zu vertrauen. Andererseits war der Humor die beste „Arznei", um die Absurdität des früheren eigenen Verhaltens zu erkennen. Das bedarf in der Tat des Mutes. Doch erkläre ich den Patienten, dass Mut und Muten miteinander verwandt sind. Muten ist ein altes Wort für Ahnung, Instinkt und Intuition. Sich diese Instanz zu erhalten, ist die beste Voraussetzung, eines Tages auch Mut zu beweisen und sich von übernommenen Gedankenmustern zu befreien.

Humor macht sich nicht über Menschen lustig. Er ist die Kraft, die Macht eines Glaubenssatzes aufzulösen. Der Betroffene lernt „nur", über sein damit verbundenes Verhalten zu lachen. Als The-

C-7. Die Perspektive ändern

rapeuten haben wir die Aufgabe, genau diesen Punkt, dieses Symptom der Behinderung aufzuspüren und dem Patienten die Chance zu geben, es „von oben" zu betrachten.

Wie geht das? Wie kann ich das als Therapeut bewirken?

Patienten wie Kollegen erwarten eine Technik, eine Methode, einen Trick. Aber die Antwort ist viel einfacher: Es ist die liebevolle Herausforderung. Die unabdingbare Liebe zur eigenen Spezies Mensch ist die Basis, von der aus jederzeit klar ist: „Ja, das ist menschlich, das kann so weit kommen, das kann passieren." Damit bin ich in gleicher Augenhöhe mit dem Patienten, akzeptiere seine Eigenautorität und Mündigkeit. Da er in seinem engen Weltbild gefangen ist, braucht er eine Heraus-Forderung, aus dem Denkkorsett herauszukommen, gefordert von seiner Intelligenz. Ich gehe immer von der Intelligenz eines Patienten aus. Damit meine ich nicht so sehr den Intellekt, sondern die Intelligenz des Herzgeistes oder des Höheren Selbst. Dazu vermittle ich verschiedene Übungen.

Übung 12
Den Standort ändern

- Setzen Sie sich aufrecht auf einen Stuhl, Füße auf dem Boden, Hände locker auf den Oberschenkeln abgelegt, Kiefergelenke entspannt (sehr wichtig!),
- Konzentrieren Sie sich auf Ihren Glaubenssatz.
- Lassen Sie die damit verbundenen Gefühle zu.
- Verwandeln Sie den Glaubenssatz in ein Symbol, das Sie sich leicht merken können.
- Stellen Sie sich vor, Sie befinden sich zu ebener Erde, der Glaubenssatz steht Ihnen gegenüber.
- Nun erschaffen Sie sich eine Stufenpyramide mit drei Stufen, besteigen die erste, niedrigste Stufe und lassen den Glaubenssatz unten.
- Spüren Sie im Bauch, wie es Ihnen damit geht.
- Atmen Sie gleichmäßig und tief.
- Besteigen Sie die zweite Stufe.
- Spüren Sie wieder, wie es Ihnen damit geht.
- Wird das Paket mit dem Glaubenssatz kleiner?
- Werden die damit verbundenen Gefühle diffuser?
- Fühlen Sie sich etwas freier?
- Dann steigen Sie auf die höchste Stufe.
- Atmen Sie tief und gleichmäßig.
- Genießen Sie den Ausblick und Weitblick.
- Was wird alles sichtbar, was vorher aus Ihrem Blickfeld geraten ist?

C-7. Die Perspektive ändern

- Wie wichtig ist der Glaubenssatz noch?
- Spüren Sie, wie es Ihnen mit der Loslösung geht.
- Lassen Sie den Glaubenssatz zu einem winzigen Punkt schrumpfen.
- Geben Sie ihn frei.
- Begeben Sie sich wieder auf den Boden, in drei Schritten.
- Ist vor Ihnen jetzt der Weg frei?

Je stärker der Glaubenssatz „in Beton gegossen" war, umso mehr Zeit braucht der Patient, um ihn loszulassen. Doch können wir uns hier eine einfache Regel zunutze machen: Üben verändert. Üben hat den Menschen krank gemacht, Üben macht ihn auch gesund. Deshalb erwarte ich nicht, dass mit einmaligem Üben das Ziel erreicht wird, vor sich die Weite der Freiheit zu sehen. Meistens steht da noch das Hindernis, aber es wird von Tag zu Tag kleiner und unbedeutender.

Der Sinn der Übung ist, dass die emotionale Verhaftung mit dem Glaubenssatz gelöst wird. Besonders tief sitzt die Angst vor Bestrafung, vor schlechtem Karma, vor der Reaktion des „Einpaukers" von Glaubenssätzen, vor unsichtbaren Mächten. Diese Angst geht über den Tod hinaus, das heißt, sie ist aktiv, auch wenn der Lehrer gar nicht mehr lebt!

Zuletzt möchte ich zu diesem Thema anregen, einmal darüber nachzudenken, welche Anteile unserer Therapieverfahren für die Humor-Therapie geeignet sind. Vom erhöhten Standort aus bieten Akupunktur, Repertorisation, Geräte zur Darmsanierung, manuelle Behandlungen jede Menge Stoff, um daraus eine kleine Humoreske zu zaubern. Die Frage ist ja, wie etwas erklärt, angewendet oder vorgeführt wird. Es gibt kein Wissensgebiet, kein Fachgebiet, keine Technik oder Methode, die ausschließlich ernst ist und keine Freiräume für Humor bereit hält. Gerade die zwanghafte Ernsthaftigkeit vieler Therapeuten lädt zur Karikatur ein.

Eine Übung, die ich allen Kollegen anrate:

Übung 13
Heilmethode mit roter Nase

Betrachten Sie mal Ihre Heilmethode von einem erhöhten Standpunkt aus.

- Setzen Sie die rote Nase auf.
- Führen Sie mit der Nase Ihre Heilangebote, Unterweisungen, Anwendungen aus.
- Versuchen Sie dabei ernst zu bleiben (wie gewöhnlich).
- Laden Sie nach einiger Übung Zuschauer/Kollegen/Freunde/Partner ein.
- Führen Sie ihnen das gleiche noch einmal vor.
- Sagen Sie ihnen, es dürfe nicht gelacht werden.
- Versuchen Sie auch ernst zu bleiben.

C-7. Die Perspektive ändern

- Wetten Sie um eine Flasche teuren Champagner, dass die Zuschauer nicht ernst bleiben können.
- Sie werden die Flasche gewinnen!

Etliche Kollegen von mir haben diese Übung gemacht und sich vor Lachen nicht retten können. Ein Arzt erzählte, wie er eine überdimensionale Spritze aus Pappe bastelte und damit umständlich herumhantierte und schließlich versagte. Eine Krankenschwester demonstrierte ihren Kolleginnen, wie sie scheiternd versuchte, die Bettpfanne unter das Gesäß eines Patienten zu schieben. Eine Heilpraktikerin zeigte, wie sie in der Akupunktur mit kleinen Wurfpfeilen elegant nadelte und eine Anästhesistin schilderte, wie sie den Patienten umständlich und schließlich als Versagerin für die Operation vorbereitete, indem sie ihm statt eines Narkotikums einen Latte macchiato überreichte und er im OP-Hemd den Kaffee trank. In einem der letzten Kurse über Ganzheitliche Krebstherapie trat ein Team von Ärzten und Heilpraktikern auf, um die Situation in der Onkologie erst real zu demonstrieren, die alle sehr betroffen machte[10] und dann die Lösung, indem die Patientinnen beherzt ihre Heilung selber in die Hand nahmen, die Klinik verließen und sagten: „Wir machen uns jetzt erst mal ein schönes Leben, der Tod kann warten!"

Abb. 209 Krankenhausvisite bei Krebspatienten

Abb. 210 Spannung, wie die negative Prognose auf die „Patientinnen" wirkt

Abb. 211 „Patientinnen" ergreifen Selbstinitiative

---

[10] Die Ärztin hatte den Mut, ihre eigene Erfahrung in der Onkologie mitzuteilen, indem lieblos den Patientinnen gesagt wurde, dass sie operiert werden müssen, dann Bestrahlung und Chemotherapie angesagt seien und die Prognose soundso schlecht aussehe.

Zu allen Darbietungen gehört Mut, denn es werden die Schattenseiten der „Abfertigungsmedizin" ebenso beleuchtet wie die der eigenen Versagensängste im Praxisalltag. Alle bestätigen das Gefühl von Befreiung, wenn es nicht bei den Klagen über Missstände bleibt, sondern humorvoll das ersehnte Ziel erreicht wird: Kreativität, Lösungsorientiertheit.

Abb. 212 Sinnbild der Ganzheitsmedizin: Gemeinsam (Patienten und Ärzte) sind wir stark

8. Psychosoziale Kompetenz des Patienten

Die beiden Begriffe „emotionale Kompetenz" und „soziale Kompetenz" sind heute in aller Munde. Es ist wieder „in", in achtsamer Weise miteinander umzugehen. Das ist eine wunderbare Entwicklung angesichts der krankhaften Symptome, die uns das Internet beschert. Abgesehen von der Strahlenbelastung, die unsere Gesundheit schleichend ruiniert, wenn wir nicht genügend Ausgleich in frischer Luft und durch körperliche Bewegung finden, leiden wir durch eine gefühllose, virtuelle Welt. Die meisten merken es nicht, weil das Fühlen schwindet. Wer nur Freundschaften über Facebook kennt, verliert das Gefühl für Beziehung. Man muss sich nicht mit den Licht- und Schattenseiten eines Menschen auseinandersetzen. Man muss keine Konflikte aushalten. Ein Klick, und die nächste „Freundschaft" wird aktiviert. Das ist eine verführerische Welt der Quantitäten statt Qualitäten. Es gibt jetzt schon genügend Patienten, die täglich Stunden vor dem PC sitzen und angeblich kommunizieren. Ein Beweis, dass dies keine echte zwischenmenschliche Kommunikation ist, ist an der Sprachverarmung zu erkennen. Schon das geschriebene Wort entstammt mehr und mehr einer Torso-Sprache, aber erst recht die verbale Artikulation lässt sehr zu wünschen übrig. Menschen können nicht mehr ausdrücken, was sie fühlen, fühlen nicht mehr, was sie sagen, sagen nicht, was sie meinen. Sprache ist ein Ausdruck von Kultur und kultivierte Menschen zeichnen sich durch emotionale und soziale Kompetenz aus.

Das größte Hindernis, seine psychosoziale Kompetenz zu leben, ist die Angst vor dem Scheitern.

Jeder will Erfolg haben, aber auf Erfolg folgt Versagen, Scheitern, Misslingen, trotz besten Bemühens. Je mehr man auf den Erfolg fixiert ist, umso schneller und folgenschwerer ist der nächste Misserfolg. Die Lösung ist einfach: Erst muss man das Scheitern integrieren, dann stellt sich erstaunlicherweise viel häufiger der Erfolg ein.

Obgleich dieses Thema schon im Rahmen der Therapeutenarbeit angeklungen ist, soll es hier noch einmal den Patienten zuliebe näher angeschaut werden. Ich wähle dazu ein lustiges und doch auch ernsthaftes Spiel, das ich im Galli-Theater kennenlernte und das eine der Basisübungen für werdende Clowns ist:

Übung 14
Das Scheitern integrieren

- Sie arbeiten zu zweit und entscheiden, wer Person A und B ist.
- Sie sitzen oder stehen Rücken an Rücken.
- Es läuft entspannende Musik.
- In dieser Haltung denken Sie an eine Situation, in der Sie versagt haben, gescheitert sind und die nicht aktuell ist.
- Es werden keine Themen gewählt, die noch emotional aktiv sind, sondern einige Zeit zurückliegen.
- Nach etwa 3 Minuten drehen Sie sich zueinander.
- Person A fängt an. Sie erzählt ihr Missgeschick.
- Dann erzählt Person B das Ereignis, wie sie gescheitert ist.
- Sie setzen oder stellen sich wieder Rücken an Rücken und fühlen noch mal hinein, wie Sie sich bei der Offenbarung Ihrer Geschichte gefühlt haben.
- Dann drehen Sie sich wieder zueinander.
- Person A setzt die rote Nase auf und erzählt jetzt noch mal die Scheiter-Geschichte, bewegt sich dabei, produziert Laute und benutzt nur wenige Worte, zeigt mehr mit dem Körper, was passiert ist.
- Person B schaut zu (und amüsiert sich meistens).
- Person A setzt die Nase ab.
- Dann setzt Person B die rote Nase auf und schildert ihr Missgeschick mit wenigen Worten, vielen Lauten und mit intensiver Körpersprache.
- Person A ist jetzt der Zuschauer (und wird sich amüsieren).
- Person B setzt die Nase ab, beide setzen oder stellen sich wieder Rücken an Rücken.
- Beide spüren, wie es ihnen jetzt ergangen ist, indem sie die Scheiter-Geschichte mit roter Nase erzählt haben.
- Dann drehen Sie sich wieder zueinander und tauschen sich aus, was sich positiv verändert hat.

So einfach die Übung zu sein scheint, hat sie doch eine große und heilsame Wirkung. Für die meisten Patienten bietet sie zum ersten Mal eine Gelegenheit, über einen Misserfolg zu berichten. Das erleichtert. Aber die eigentliche Heilwirkung entsteht durch die Präsentation mit der roten Nase, da dies das Spiel mit dem Missgeschick bedeutet. Manche Patienten sind so begeistert von der clownesken Darstellung, dass sie einen kleinen Sketch daraus machen. Die Begeisterung wird nicht zuletzt durch den Zuschauer geschürt, der sich in der Regel köstlich amüsiert.

Warum?

Das liegt durchaus nicht nur an der Art der Darbietung, die kann nämlich noch etwas unbeholfen sein. In Wirklichkeit ist es die Erleichterung, dass einem das nicht passiert, was dem anderen passierte. Wir lachen ja auch über das Scheitern des Clowns, weil wir froh sind, dass er uns das Scheitern abnimmt. Wir lachen eigentlich über unser eigenes Scheitern, projizieren es aber auf eine Figur, die „von Hause" aus dumm und tollpatschig ist, aber Lebensfreude hat. Die wiederum fehlt dem Patienten. Indem er sich nun über das Scheitern des anderen amüsiert, wird auch das eigene Scheitern relativiert.

Wichtig ist auch das Gefühl, von einem Mitmenschen berührt zu werden. Indem sie Rücken an Rücken sitzen oder stehen, kommen sie mehr ins Fühlen und spüren: „Ich werde gehalten. Ich werde von einem gehalten, der genau so wie ich schon mal gescheitert ist."

Diese Übung verlangt, dass wir als Therapeuten den Anfang machen, ein Missgeschick berichten, die rote Nase aufsetzen und dasselbe nun noch einmal erzählen mit wenigen Worten, mit viel Körpersprache und Überzeichnung. Das tut den Patienten gut, denn sie schmunzeln oder lachen und erleben, dass es menschlich ist, hier und da zu versagen. Diese Übung holt auch uns von den künstlichen Thronsesseln herunter.

9. Über sich selbst lachen können

Schneide ich dieses Thema an und bezeichne es als den „Hit der Heilung", schaue ich gewöhnlich in ungläubige bis misstrauische Gesichter. Das ist verständlich, denn viele Patienten sind schwer erkrankt an Leib und Seele, weil sie in der Kindheit oder auch als Erwachsene ausgelacht wurden. Scham und Demütigung lasten auf ihnen. Was wir vorhaben, erkläre ich an diesem einfachen Schaubild:

C-9. Über sich selbst lachen können

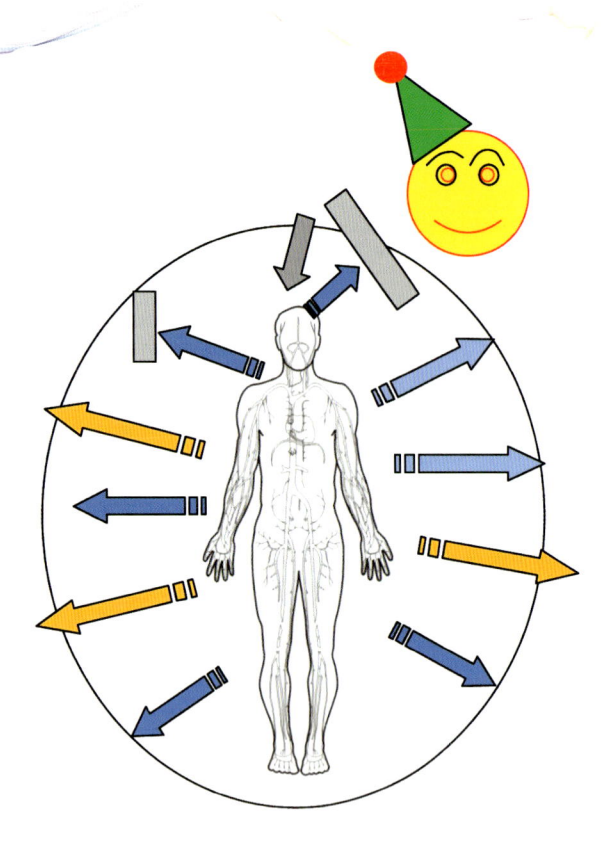

Abb. 213 Der Wirkungsort von Humor

Das Oval um den Menschen herum stellt sein morphogenetisches Energiefeld dar. In Abb. 213 habe ich einen chronisch Kranken symbolisch dargestellt. Die orangefarbenen Pfeile stellen die positiven Potenziale dar, derer sich der Patient grundsätzlich schon mehr oder weniger bewusst ist, auch wenn er sich damit nicht brüstet oder sie für selbstverständlich hält. Sie dringen von innen nach draußen und sind energiestark. Die Krankheit äußert sich in vielerlei Symptomen, die verschieden stark ihre Entfaltung behindern. Es gibt aber auch jede Menge positiver Potenziale, die der Patient vielleicht ahnt oder sich wünscht. Aber entweder glaubt er nicht daran („Ich kann doch so was nicht!") oder die Wünsche und Bedürfnisse sind ihm aberzogen worden („Du kannst das nicht, lass es!"). Diese Art im Hintergrund drängender und nicht gelebter Potenziale ist in der Zeichnung durch blaue Pfeile dargestellt. Da will etwas nach außen, aber der Mut fehlt. Schließlich gibt es noch die tief verborgenen Potenziale, in der Zeichnung durch blaue Pfeile mit grauen Balken gekennzeichnet. Das sind über Jahre und Jahrzehnte gewachsene, eingeübte Glaubenssätze wie „Ich? – Niemals kann ich das! Dafür habe ich kein Talent! Das können nur andere."

Für jeden, der seine Wahrnehmung erweitert und seinen Blick für verborgene Potenziale geschult hat, sind diese natürlich besonders interessant. Was der Patient für unmöglich hält, nährt er mit ständiger Verneinung, Unterdrückung und Ablehnung. Das kostet bekanntlich viel Energie und bestätigt die Erkenntnis:

Was man vehement und am stärksten ablehnt und für unmöglich hält, damit hat man am engsten zu tun. Dahinter verbirgt sich ein kostbares Juwel, doch hat der Patient dafür noch kein Bewusstsein entwickelt. Diese Punkte sind ganz wesentlich für die Wahrnehmung eines Patienten. Indem wir sie mitteilen, daran Aufgaben knüpfen, die den schöpferischen Selbstausdruck stärken, wird enorm viel Selbstheilungsenergie frei.

C-9. Über sich selbst lachen können

Ich erkläre deshalb:

„Sie sind nicht auf der ganzen Linie desolat. Es gibt kleine Hindernisse, aber nur ein ganz großes Wachstumshindernis, das wie ein Brett vor dem Kopf wirkt. In einem Punkt geht es überhaupt nicht vorwärts. Da lauert Ihr Glaubenssatz. Mit dem stoßen oder ecken Sie immer wieder an – in der Beziehung, im Bekanntenkreis, im Beruf. Dieser Glaubenssatz hat ein destruktives Potenzial, das Sie ungewollt gegen sich selbst richten. Da Sie sich an diesem Punkt mit dem Symptom am wenigsten weiter entfalten bzw. selbst verwirklichen können, hängt hier der Hammer, um das Brett vor dem Kopf wegzuklappen. Das tun wir liebevoll und nicht hammermäßig, sondern mit Humor."

Wenn wir als Therapeut wirklich von Herzen die Patienten in ihrer Verschrobenheit, Blindheit, Sturheit, in ihren vielen „…heits" annehmen, verstehen sie das eins zu eins. Ich beobachte immer Erleichterung bei ihnen, dass sie nicht ein vollständiger „Schrotthaufen" sind, dass eine Krankheit im Gegenteil ein Kostüm ist, das sie sich übergestreift haben und das nicht überall gut passt. Darum zwickt es hier, spannt es da, schmerzt es dort. Nur an einer Stelle scheint es gut zu sitzen. Das ist das Hauptsymptom, der Kernpunkt, wo sich die destruktive Energie des Glaubenssatzes verdichtet hat. Dort klebt auch die konventionelle Medizin das Diagnoseetikett hin: „Sie haben ein Sudeck-Syndrom!" Da muss der 1945 verstorbene Chirurg Dr. Paul Sudeck herhalten, um die komplexen oder regionalen Schmerzzustände zu beschreiben, statt dass man sich wie in der Homöopathie vom Patienten die Schmerzen genau beschreiben lässt. So wie der perfekte Sitz des Krankheitskostüms die Richtigkeit und Wichtigkeit des zementierten Glaubenssatzes vorgaukelt, täuscht auch das Krankheitsetikett vor, der Patient habe irgendetwas mit Dr. Sudeck zu tun. Ist ja nett, wenn man die Forschungsarbeiten der Mediziner würdigt. Doch sie jedes Mal aus dem Jenseits zu bemühen, wenn auf der Erde jemand ein Symptom hat, das sie einst beim Sezieren einer Leiche oder im Laborversuch oder im Reagenzglas fanden, ist nicht gut für deren Seele und nicht gut für den Patienten.

Damit dem Patienten klar ist, dass er im Zentrum des Interesses steht und nicht ein Etikett, übertreibe ich diesen Punkt gerne noch ein wenig mehr, indem ich beispielsweise so ein Syndrom wie das „Sturge-Weber-Krabbe-Syndrom" nenne, das mitnichten eine Krabbenart ist, sondern eine komplexe Hirn- und Durchblutungskrankheit, an der gleich drei Forscher beteiligt waren: die Londoner Ärzte Dr. William Sturge (1850-1919), Dr. Frederic Weber (1862-1963) und der Kopenhagener Neurologe Dr. Knut Krabbe (1885-1961). Für die Medizingeschichte ist das sicher interessant, aber für die Eltern, die ein geistig behindertes Kind bekommen haben, überhaupt nicht. Der eigentliche Patient verschwindet hinter solchen Wortmauern. Das bläht die Bedeutsamkeit der Diagnose unmäßig auf und dann stehen ja doch meistens die konventionellen Mediziner ratlos um den Kranken herum und haben keine Idee für die Heilung. Der Klinik-Clown könnte den Patienten zum gemütlichen Krabben-mit Salat-Essen einladen. Das wäre besser, als solche Worthülsen an einen Patienten zu hängen, die niemandem dienen, auch den Therapeuten nicht.

Nichts gegen eine genaue Diagnose! Aber sie kann ohne die Namen von Toten auskommen. Vor uns steht ein lebendiger Mensch, ein Universum an Potenzialen. Nun hat er sich eine Blockade erster Güte herangezüchtet, jahrelang einen Glaubenssatz genährt und kommt nicht mehr alleine weiter.

Kehren wir zum Ausgangspunkt zurück.

Die Patienten werden zunächst angeregt zu begreifen, dass sie nur ein Brett vor dem Kopf haben, auch wenn sie zwanzig Symptome aufzählen können. Um dieses eine Entfaltungshindernis geht es, denn hier setzt der Humor an. Niemals machen wir uns über den Patienten als Gesamtpersönlichkeit lustig. Wir lenken sein Bewusstsein nur an die Stelle, wo er festhängt oder festsitzt. An diesen mentalen Ort wird er durch Humor geleitet und genau von diesem Ort aus lernt er, über sich, über sein Verhalten zu lachen. Das ist das Ziel.

Wie kommt man dahin?

Dazu ein Beispiel aus der Praxis: Vor dem ersten Treffen sollen meine Patienten einen vierseitigen Anamnesebogen ausfüllen und ihn mir zurückschicken. Aus diesem Bogen geht hervor, wie die klinische Diagnose lautet, welche Beschwerden akut sind, welche Vorläuferkrankheiten, Impfungen, Operationen stattgefunden haben und welche Krankheiten aus der Eltern- und Großelterngeneration bekannt sind. Ich arbeite den Anamnesebogen vor dem ersten Treffen durch, sehe, was die miasmatische Ursache[11] der chronischen Krankheit ist und wo sich der Hauptkonflikt im Organismus manifestiert hat. Das sind für mich Wegweiser, um gezielt Fragen zu stellen.

Beispiel eines Patienten, 54 Jahre alt

Patient (mit sorgenvollem Gesichtsausdruck): Tja, das sind die neuesten Laborwerte. Sieht nicht gut aus mit der Leber. Das schlechte Cholesterin ist zu hoch.

Ich (betont ratlos auf den Laborbericht schauend): Wo steht das denn?

Patient (mit panischem Gesichtsausdruck): Hier, hier! Das gute HDL ist auch nicht besonders gut, aber hier das LDL, katastrophal!

Ich: Aha. Wissen Sie, was LDL bedeutet?

Patient: Klar, das schlechte Cholesterin.

Ich: Nee, das ist die Abkürzung für „Lass Das Los!"

---

11 Unter einer miasmatischen Ursache versteht man die ererbte Krankheit unter der aktuellen Krankheit. Erbkrankheiten können Seuchenkrankheiten sein, aber auch psychisch-mentale Glaubenssätze, Verhaltensmuster und Krankheitsübernahmen wie Diabetes, Arthrose, Krebs usw. Siehe hierzu im Anhang meine Miasmenkurse für Therapeuten.

C-9. Über sich selbst lachen können

Patient (verdutzt): Das ist mir neu.

Ich: Macht nichts. Jetzt wissen Sie es. Da steht noch HDL…

Patient (fällt mir ins Wort): Ja, das ist das gute Cholesterin, schauen Sie, wie hoch die Werte geworden sind. Hier (pocht mit dem Finger auf das Blatt), so war es und so ist es jetzt.

Ich (leicht desinteressiert): Aha, HDL. Wissen Sie, wofür das die Abkürzung ist?

Patient (unsicher): Nicht wirklich. Man sagt ja, das ist das gute Cholesterin.

Ich (erstaunt): Tatsächlich? Ich kenne nur die wissenschaftliche Abkürzung „Hast Du Lust?"

Patient (lacht plötzlich): Das glaube ich nicht. Sie wollen mich auf den Arm nehmen.

Ich (breche stöhnend zusammen): Um Gottes Willen, nur das nicht, bei dem Übergewicht!

Patient schmunzelt.

Wir haben den Fixpunkt erreicht – „schlechte Leberwerte", schlechtes Gewissen wegen zu genussreichen Lebens. Folge davon: Übergewicht, Fettleber, Sodbrennen, cholerisches Verhalten, ständige Verärgerung über Kleinigkeiten usw.

Sobald ich merke, dass der Patient Humor hat, schlage ich Folgendes vor:

Ich: Ich möchte Sie besser verstehen. So trockene Laborwerte sagen mir nicht, mit wem ich es zu tun habe. Das Ziel unserer Zusammenarbeit ist, dass Sie genau über den Punkt wieder lachen können, der Sie jetzt so eng macht, so mit Panik erfüllt. Sind Sie bereit für ein kleines Spiel? Es ist ganz einfach. Jeder von uns hat diese rote Schaumgumminase.

Patient nimmt die Nase und lächelt: Soll ich die mal aufsetzen?

Ich: Ja, einfach mal aufsetzen. Ich setze meine auch auf.

Wir müssen beide über die Veränderung lachen.

Ich: So, jetzt Nase runter. Sie konzentrieren sich auf Ihr Problem mit der Leber. Dann sagen Sie in drei Sätzen, was Ihr Problem ist. Dann setze ich zuerst die Nase auf und spiele das nach, was Sie gesagt haben. Ich mache eine kleine Karikatur nur von dem Hauptproblem, das Sie nennen.

Patient (überlegt kurz): Also, ich habe schlechte Leberwerte und das macht mir Sorge. Man weiß ja nie, was daraus Schlimmes werden kann.

Ich (setze die rote Nase auf, überzeichne die sorgenvolle Mimik und spreche wie ein Depp): Uiuiui, ganz schlecht. Ou, wo is jez des LlldLll un des Hahadlll hin? (Schaue mich suchend um, unter den Tisch) Ja, wo seid ihr? Die sin weg, die ham sich versteckt, hihi. Ou is des furschtbar mit der Lebber, oi des sieht ganz schläscht aus, Sie. Des wird nix mehr mit Ihre Lebber. Fort damit, raus damit. Hey, mir brauche ne neue Leber für den Herrn. Der lässt net los des Lldll und hat kei Luscht mehr auf des Hahahahdlll…

C-9. Über sich selbst lachen können

Das herausfordernde Spiel treibe ich so lange, bis der Patient entweder protestiert oder sich amüsiert. Dann nehme ich sofort die Nase runter.

Ich: Wie war das jetzt für Sie?

Patient: Schon komisch. Benehme ich mich so?

Ich: Wenn ich es karikiere und etwas übertreibe, kommt das so bei mir an: Fixierung auf Laborwerte und Übernahme von Meinungen, was schlechte, was gute Leberwerte sind.

Patient (nachdenklich): Mmh, ja, das stimmt. Aber das sind doch auch schlechte Werte, oder etwa nicht?

Ich: Ja und nein. Klinisch ist das richtig. Aber Sie bestehen nicht aus Laborwerten. Jetzt sind Sie dran. Unser „Spiel" ist ja noch nicht fertig. Sie gehen noch mal in Ihren Glaubenssatz. Dann sage ich „Nase auf!" und Sie kreieren spontan eine LÖSUNG. Egal wie und was Ihnen einfällt, produzieren Laute, können herumgehen….

Patient (mit fragendem Blick, denkt kurz nach): Okay.

Ich: Nase auf und sofort mir erzählen, was die Lösung ist.

Patient (setzt die Nase auf, schaut sich unsicher um): Tja, Lösung. Nu soll ich ne Lösung finden…

Ich: Gut so, werden Sie zum Tor, zum Narren, zum Clown…

Patient: Das klingt jetzt ganz blöd…

Ich: Ja, nur zu, ich freu mich…

Patient: Hast du Lust für HDL klingt gut. LDL, Laus über die Leber gelaufen.

Ich: Kommt gut, weiter, stehen Sie auf und zeigen Sie das Problem mit dem ganzen Körper.

Patient (erhebt sich gebeugt, fasst sich in die Lebergegend): Au Mann, bin ich alt geworden.

Ich spüre, wann der Höhepunkt des Versuchs, über sich zu lachen erreicht ist und sage „Nase ab!" Hinsetzen und nachspüren, was sich verändert hat.

Patient (setzt sich hin, aufrecht mit einem entspannten Gesichtsausdruck und einem Lächeln auf dem Gesicht): Ich fühle mich leichter, erleichtert, die Werte sind nicht mehr so wichtig.

Ich: Haben Sie sich selbst besser wahrgenommen?

Patient: Ja, ich habe gefühlt, dass da Angst ist, aber die Nase hat sie verscheucht.

Ich: Ist das ein gutes Gefühl?

Patient: Ja, hat was in mir verändert, ich weiß aber noch nicht so genau, was.

Ich: Das ist auch nicht wichtig. Aber Sie haben einen Riesenschritt in die Loslösung von dem Fixpunkt getan. Jetzt können wir uns getrost um die ganzheitliche Therapie kümmern mit all den Hausaufgaben, die anstehen: Ernährungsumstellung, Darmsanierung, Übungen, Globuli…

Patient: Das hört sich nach Arbeit an (lacht dabei).

C-9. Über sich selbst lachen können

Ich: Stimmt, aber Sie haben immer die Nase bereit, wenn Sie an eine Grenze stoßen. Außerdem wissen Sie ja: Einmal pro Woche ist Lusttag, da essen, trinken, tun und lassen Sie, was Sie wollen.

Der Patient befolgte sowohl meine „Nasen-Empfehlung" als auch die notwendigen therapeutischen Maßnahmen. Der Lusttag war für ihn die humorvolle Energie: Heute darf auch alles mal ganz anders sein und bescherte ihm mehr Toleranz mit sich und anderen.

Nach zwei Monaten legte er mir die neuen Laborbefunde vor, die klinisch gesehen deutlich besser waren. Den nach wie vor etwas erhöhten HDL-Wert erklärte ich ihm, dass in der Mayr-Medizin darauf geachtet wird, welche Art Dynamik eine Persönlichkeit hat. Ein extrovertierter, aktiver, dynamischer Mensch darf ruhig höhere Cholesterinwerte haben.

Meine Therapie-Devise ist: Was wir unseren Patienten zutrauen, sollten wir als Therapeuten verinnerlicht haben. Darum spielt gerade diese Übung, über sich selbst lachen können, in der Fortbildung auch die größte Rolle. Die Karikatur des größten Hemmschuhs bzw. stärksten Glaubenssatzes, der einen gefangen hält, fällt am Anfang schwer. Das liegt daran, dass hier ein schmaler Grat zu den Themen besteht, die Menschen als Trauma erleben können:

- Sich lustig machen über jemanden
- jemanden auslachen
- jemanden bloßstellen

Auch das ist ein gutes Beispiel dafür, dass Problem und Lösung am selben Ort liegen. Humor verliert seine Kraft im Sarkasmus und Zynismus. Das sind Verhaltensweisen, die aus einem kranken Gemüt und aus tiefgreifender Schwäche rühren und jemanden verletzen wollen, um nicht selber den Schmerz fühlen zu müssen. In der Humor-Therapie geht es ausschließlich darum, den Knackpunkt zu finden, an dem der Patient sich zu nahe ist, um allein aus der Sackgasse zu finden. Er braucht eine Anregung, einen liebevollen, spielerischen „Push" auf eine höhere Betrachtungsebene.

Wie schon besprochen, wählen wir die rote Nase als therapeutisches Mittel, um das Lachen anzuregen und die erste Erschütterung von Glaubenssätzen zu bewirken. Fassen wir noch mal zusammen:

- Wichtigtuerei, Rechthaberei, Intoleranz, Perfektionismus, Zwanghaftigkeit, Fundamentalismus entlarvt der Clown/die rote Nase SOFORT.
- Kein Glaubenssatz hält dem Clown stand.
- Humor und Lachen sind „soziales Schmiermittel".
- Humor und Lachen lassen ein soziales Interesse erwachen.
- Humor und Lachen fördern Stressbewältigung und Lebensmeisterung.

10. Sich selbst ernst nehmen

Spielen... bringt uns alle zusammen und ermöglicht uns, uns für eine kurze Zeit über die aktuellen, zum Teil belastenden Themen dieser Welt lustig zu machen und uns trotz des hohen Tempos unserer Zeit eine inspirierende Pause zu gönnen.

Szeliga, ebenda

Ja, gönnen wir uns eine kleine Pause, die Perspektive zu wechseln und den Partner des Humors, den Ernst, etwas näher zu betrachten. Auf den ersten Blick möchte man meinen, dieses Thema habe nichts mit Humor zu tun. Das Problem scheint doch zu sein, dass sich Menschen gerade zu ernst nehmen. Das stimmt. Wenn sie im Begriff sind, einen festen Glaubenssatz zu fixieren, hat das Ego-Bewusstsein in der Tat das Maximum an Wichtigtuerei erreicht und wird das höhere Bewusstsein mundtot gemacht. Man kann sich an der falschen Stelle zu ernst nehmen und an der falschen Stelle lachen. Das beobachte ich bei Menschen mit geschwächter oder gestörter emotionaler Kompetenz. Sie zeigt sich zum Beispiel darin, dass jemand ohne ersichtlichen Grund pausenlos lacht und sich zu amüsieren scheint, dies aber nicht mitzuteilen vermag. Lachen löst Spannungen, genau wie Weinen. Es kann sich verselbstständigen, indem ein Mensch die Entspannung durch Lachen löst. Aber das Lachen ergibt keinen Sinn, es dient nur als Ventil. Darin zeigt sich weder Humor noch Gefühl für angemessene Reaktionsfähigkeit.

Lachen ohne Grund und an unpassender Stelle überspielt eine tief liegende Unsicherheit. Es kann auch eine Beschwichtigungsgeste sein – „Sei nicht so streng mit mir" oder „Verurteile mich nicht" oder „Tu mir nicht weh" oder „Hau mich nicht". Lachen kann von wesentlichen Konflikten ablenken. Wie auch immer die Kompensation geartet ist, ein Patient, der einem kichernden oder lachenden Therapeuten gegenüber sitzt, fühlt sich unwohl, unsicher, denn er wird nicht einbezogen. Er fühlt sich angelacht oder gar ausgelacht, ohne dass der Therapeut das will. Man kann als Therapeut nicht einfach so vor sich hinlachen, ohne den Patienten aufzuklären, was einen denn so heiter stimmt.

Nach meiner Erfahrung mit Menschen, die das Lachen als Kompensation innerer Probleme nutzen, stellt sich heraus, dass sie sich nicht ernst nehmen und/oder dass sie als Kind in bedrohlichen Situationen Lachen als Lösung erfuhren. Die Humor-Therapie entlarvt dies sehr schnell, denn ein humorvoller Mensch kann blitzartig zwischen Ernst und Heiterkeit unterscheiden und wechseln. Diese kreative Kontrollfähigkeit kanalisiert beide Emotionsströme, weil die übergeordnete Thematik die liebevolle Herausforderung desjenigen ist, dem das Lachen vergangen ist, der das Leben nur noch in Schwarz-Weiß oder graumeliert wahrnimmt. Humor wird von Warmherzigkeit und Liebe zu den Mitmenschen getragen.

C-10. Sich selbst ernst nehmen

Wer sich selbst nicht ernst nimmt, kann auch andere nicht ernst nehmen. Unsicherheit erzeugt Unsicherheit. Sich ernst zu nehmen, müssen die Patienten genauso lernen wie über sich selbst zu lachen. Was ist darunter nun zu verstehen: sich ernst nehmen?

- Es ist die Fähigkeit, sein Denken, Fühlen und Handeln bewusst wahrzunehmen.
- Es ist die Fähigkeit, seine Werke zu würdigen.

Das klingt einfach, ist es aber nicht. Die meisten Menschen schauen nur auf das, was sie noch nicht haben und sind. Sie sind auf den Mangel fixiert – bei sich und anderen. Mangel wird durch Mangel-Bewusstsein gestärkt. Das ist für Heilung und Gesunderhaltung unbrauchbar. Die eigene Fülle, den eigenen Reichtum, die eigene Autorität wahrzunehmen und zu würdigen erweckt sowohl die emotionale wie die soziale Kompetenz. Wenn man aufhört, dauernd in der eigenen Suppe das Haar aufzustöbern, hört man auch auf, beim Mitmenschen zuerst die Mängel zu suchen. Daraus kann kein Fortschritt hervorgehen, denn Mangel erzeugt noch mehr Mangel, bis sich der Glaubenssatz verfestigt hat, man sei im Leben zu kurz gekommen, immer übersehen worden oder der „Montagmensch" der Schöpfung und nur von „Losern" (Versagern) umgeben.

Die Gabe, sich ernst zu nehmen, entfaltet mit Humor die positiven Potenziale um ein Vielfaches. Auch das ist eine Erfahrung aus der Praxis. Nicht allein, dass die Patienten wieder „an der richtigen Stelle" lachen und ernst sind, ihre Emotionen sind generell wieder mehr im Fluss und finden die passenden Kanäle. Wenn Trauer, dann Trauer, wenn Lachen, dann Lachen. Wieder angemessen in Lebenssituationen reagieren zu können, empfinden Patienten als großen Heilungsgewinn.

Sich und andere ernst zu nehmen ist gleichbedeutend mit Toleranz, im Anderen, im Andersartigen Spielarten des Lebens sowie Wahlmöglichkeiten zu erkennen. Damit sind wir auch an der Schnittstelle zum Stress bzw. zum Umgang mit Stress. Glaubenssätze sind Energieräuber, weil sich jemand enorm wichtigmachen, aufblähen, um sich schlagen, verteidigen muss, um sich ernst zu nehmen. Dadurch gerät man in Stress. Humor ist, wie wir gehört haben, ein Stressbändiger und lehrt Menschen, mit Stresssituationen elastischer umzugehen. Im Stress sind wir blind und taub für das Naheliegende, sind gelähmt vor Angst, Lampenfieber oder Schock. Humor bewahrt den Überblick und erzeugt Besonnenheit.

Abb. 214 Ernsthaftes Nachspüren von einer Übung mit Nase

Kapitel D
Beispiele aus der Praxis

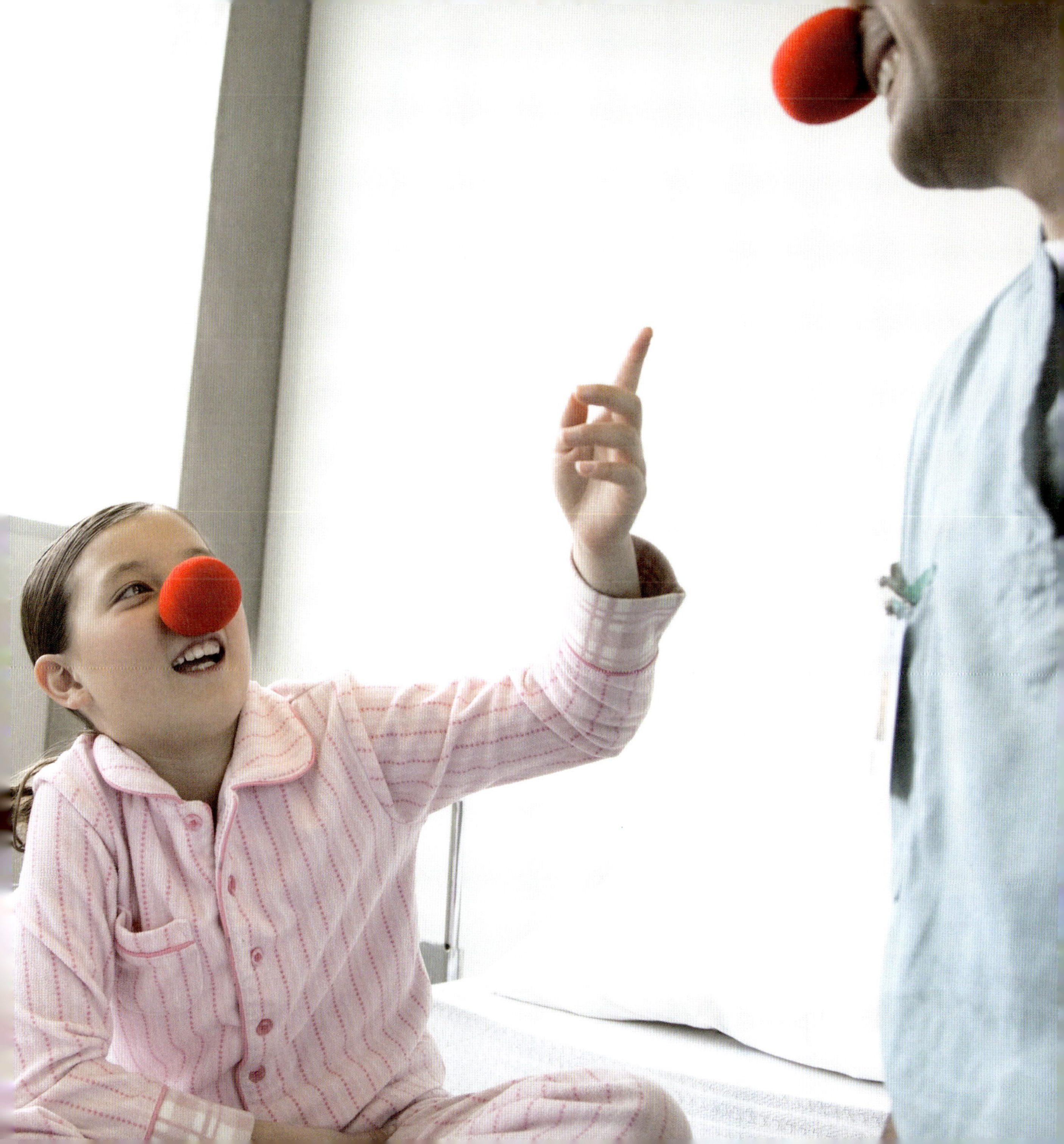

Beispiele aus der Praxis

In meinem Buch „Heilkunst und Humor"[12] habe ich bereits Einblicke in die humorvolle Arbeit mit Patienten durch viele Heilungsbeispiele gegeben. Ich spreche nicht gerne von „Fällen", weil der Patient nirgendwohin gefallen ist und ich vom „Sündenfall" = Krankheit nichts halte. Deshalb bleibt es bei Heilungsberichten, die zeigen, wie eine humorvolle Zusammenarbeit mit Patienten immer wieder verschieden sein kann. Man benötigt einen Blick für Situationskomik, für die Potenziale eines Menschen und Mut zur liebevollen Herausforderung.

Die Heilungsverläufe der Patienten sind allesamt Lehrstücke, dass Heilung immer ein spiritueller Akt ist. Zu welchen Erkenntnissen unsere Patienten kommen, ist unfassbar, wenn ich bedenke, wie erschöpft, vernagelt von Glaubenssätzen, depressiv, grimmig, aufgeblasen, großkotzig, verklemmt, zwanghaft sie gekommen sind und wie erfüllt von natürlicher Autorität, aufgerichtet, zuversichtlich und humorvoll sie eines Tages die Praxis wieder verlassen haben. Nicht immer haben Patienten genügend physische Reserven, um auch den Leib wieder ganz ins Lot zu bringen. Aber der Geist auch eines versehrten Körpers kann in vollem Licht der Heilung erstrahlen. Heilung messe ich nicht daran, wie viele Zellen noch aktiv sind, sondern welches Bewusstsein sie steuert.

Die Inhalte der Beispiele sind authentisch. Allerdings habe ich mir erlaubt, zur Wahrung der Anonymität erstens die Namen zu ändern und zweitens auffällige, eine Person charakterisierende oder in der Öffentlichkeit bekannte Details wegzulassen. Die Beispiele dienen dazu, das Wesen der Humor-Therapie zu veranschaulichen und den Wendepunkt im Bewusstsein des Patienten hervorzuheben.

Da ich hauptsächlich chronisch Kranke behandle, liegt vor der Erstanamnese immer ein vierseitiger Anamnesebogen vor, den ich eingehend studiere, um mir ein Bild von der „Krankheit unter der Krankheit", also der Wurzel zu machen. In der Homöopathie nennt man das „die miasmatische Grundlage" einer Krankheit. Sie setzt sich aus individuellen Faktoren wie Kinderkrankheiten und eventuellen Unterdrückungen derselben, den Umgang mit sich selbst und aus familiensystemischen Krankheiten zusammen. Hierbei spielen hereditäre Seuchenkrankheiten wie Syphilis, Gonorrhö, Tuberkulose, Skrofulose, Krebs eine dominante Rolle.

Die nachfolgend benutzten Abkürzungen bedeuten: Th = Therapeutin (Ich) und P = Patient oder Patientin.

---

12 Siehe Literaturverzeichnis

Arthur, der Software-Programmierer

Der junge Mann von 42 Jahren kam wegen Müdigkeit am Tag, Schlaflosigkeit in der Nacht, Migräneanfällen periodisch einmal pro Monat, Libidoschwund und einem allgemeinen Krankheitsgefühl.

Arthur war erfolgreich im Beruf, gut aussehend, machte einen wohlerzogenen Eindruck, schlank gebaut, hatte einen offenen Blick.

Der Anamnesebogen zeigte eine gonorrhoische Belastung, derzufolge im Leben des Patienten immer wieder einseitige Knieschmerzen und Kopfschmerzen, Konjunktivitis, grüngelblicher Ausfluss aus der Harnröhre und Zystitis auftauchten.

Th: Schön, dass Sie gekommen sind und danke, dass Sie mir den Anamnesebogen vorher geschickt haben. Da konnte ich mir ein Bild davon machen, welche Ursachen Ihre Symptome haben. Was belastet Sie denn im Moment am meisten?

P (überlegt, legt dabei den Zeigefinger auf den Mund und spricht auch auf diese Weise): Tja, dass ich nicht schlafen kann, ist am schlimmsten.

Th (lege den Zeigefinger auf den Mund und nuschle auf diese Weise): Mh, ja, das ist allerdings schlimm.

P: Wie, bitte?

Th (verschließe den Mund noch mehr mit dem Zeigefinger und nuschle lauter): Oh, das ist schlimm, wenn man nicht schlafen kann!

P (schaut mich zweifelnd an, nimmt seine Hand vom Mund): Ich verstehe Sie so schlecht.

Th (nehme die Hand weg vom Mund): Ist es so besser?

P: Darf ich fragen, warum Sie eben so undeutlich gesprochen haben?

Th: Klar, weil ich mich in Sie hineinversetzt habe.

P: Ach so, hab ich die Hand am Mund gehabt? Ja, das passiert mir öfter. Das hat man mir auch schon öfter gesagt.

Th: Haben Sie eine Erklärung dafür?

P: Nein, nicht wirklich.

Th: Und unwirklich?

P (schüttelt den Kopf und ist sichtlich verwirrt): Ich dachte immer, die Homöopathen stellen viele Fragen zum Gemüt und so. Ich bin irritiert.

Th: Das ist der erste Schritt in die Heilung. Erst ist man verwirrt, dann sortiert sich alles neu. Es ist alles in der Ordnung. Ich stelle eine Frage, Sie antworten. So kommen wir ins Gespräch.

D-Arthur, der Software-Programmierer

Ich möchte Ihr Leiden verstehen. Wenn Sie beim Sprechen ein „Mundschlösschen" bilden, fällt mir das auf. Indem ich selber ein Mundschlösschen mache, fühle ich besser, wie Sie sich fühlen.

P: Aha. Ich fühle mich überhaupt nicht gut.

Th: Das kann ich sehen, hören und fühlen. Als ich Ihren Anamnesebogen studierte, fiel mir auf, dass in Ihrem Leben ein großes Heilungshindernis besteht. Wissen Sie etwas über jemanden in der Familie, der oder die den Tripper hatte?

P: Tripper? Das ist doch eine Geschlechtskrankheit!

Th: Ja, eine, die in Einzelsymptomen auftaucht und immer wieder abtaucht, sobald man ihr an den Kragen will.

P (hält wieder die Hand fast vor den Mund): So was in unserer Familie? Kann ich mir gar nicht vorstellen. Die waren alle, naja, ich würde mal sagen, eher ein bisschen verklemmt.

Th (halte die Hand vor den Mund und spreche verschwörerisch): Das ist es ja gerade. Heimlich holt sich einer ein bisschen Freude. Dann klebt an ihm der Tripper, geht zum Arzt, lässt das wegmachen und vererbt es trotzdem weiter. Fiese Sache. Redet man nicht drüber, ist geheim.

P: Hab ich schon wieder die Hand vor den Mund gehalten?

Th: Ja. Wie wirkt das auf Sie, wenn ich Sie imitiere?

P: Komisch. Als wollten Sie was sagen, aber auch wieder nicht.

Th: Eben. Das ist das typische Tripper-Verhalten. Sie selber hatten gar keinen Tripper, aber Ihr Verhalten zeigt, dass er noch in Ihrem System ist.

P: Ist ja furchtbar! Ich hatte immer so ein Gefühl, dass was an mir hängt, was nicht zu mir gehört…

Th: Super! Wollen Sie das loswerden?

P: Oh, das kommt jetzt aber plötzlich.

Th: Sie dürfen das Tripper-Bewusstsein auch behalten…

P: Kommen davon die Symptome her?

Th: Ja, die meisten. Aber, wie gesagt, der Zeitpunkt muss für Sie stimmig sein.

P (rutscht unruhig auf dem Sessel herum, ringt mit sich): Nein, jetzt bin ich einmal hier und ich will endlich wieder gesund sein.

Th: Schön. Also fangen wir vorne an, mit der ererbten Tripper-Belastung, die Ihre Symptome produziert hat. Der Tripper hat ja nicht nur eine Schattenseite. Da war ja jemand in der Familie voller Konventionen oder Verboten, der ausscheren wollte. Hat er auch getan. Nur hat er was mitgebracht und es verheimlicht. Über Syphilis und Tuberkulose kann

D-Arthur, der Software-Programmierer

jeder reden, aber nicht über den Tripper. Der ist Tabu in den Familien.

P: Verstehe. Das stimmt. In unserer Familie wurde viel unter den Teppich gekehrt. Ich kann mir ein paar Männer in unserer Familie gut vorstellen, dass die in den P…(schaut bedeutungsvoll, traut sich das Wort nicht auszusprechen) in so, naja, Sie wissen schon…

Th: In den Puff gegangen sind.

P: Ja.

Th: Es macht „Puff" und schon klebt an einem der Tripper.

P (lacht): So kann man das auch sehen.

Th: Die Mama hat`s vom Papa oder Opa geerbt und „Puff" an Sie weiter gegeben. Jetzt klebt er an Ihnen, der Erbtripper.

P: Ist ja irgendwie ekelhaft.

Th: Ja, richtig ekelhaft, stinkt nach Fischlake, suppt aus der Harnröhre, immer so ein unsauberes Gefühl.

P: Ja, genau! Das kenne ich, das Gefühl.

Th: Wollen Sie es denn loswerden?

P (überlegt): Tja, ich weiß nicht. Geht das denn überhaupt? Ich meine, so eine Erbkrankheit, die wird man doch nie wieder los.

Th: Ja, stimmt, riechen Sie es auch? Haben Sie Fisch in der Aktentasche? Das muss man, wenn man den Tripper hat. Immer in der „Nordsee" essen und immer Fisch in der Aktentasche tragen. Möglichst alten Fisch, auch im Portemonnaie oder da, wo die vielen Karten in der Brieftasche sind…

P (lacht): Ist ja furchtbar. Das würde ich nie tun!

Th: Aber den Tripper wollen Sie behalten.

P: Ich verstehe ehrlich gesagt nicht, was mich daran hindert, einfach Ja zu sagen.

Th: Der Tripper. Sie haben einen Dauergast, der ungerne geht.

P: Bin ich etwa fremdbesetzt?

Th: Nein, der ist Ihnen nicht fremd, der hat sich bei Ihnen wohnlich eingerichtet und Sie haben ihn gut genährt durch den Glaubenssatz: Tripper? Find ich gut!

P (lacht laut): Das ist ja der Hammer!

Th: Da sagen Sie was! Also, was ist jetzt? Wollen Sie den Gast freundlich und bestimmt hinauskomplimentieren?

P (lacht): Ja, kann man das so höflich?

Th: Oh ja, in der Homöopathie haben wir sanfte Türsteher, die schmeißen die unliebsamen Gäste so sanft raus, dass die das kaum merken, wenn sie draußen sind.

P (lacht): Ich wusste gar nicht, dass Homöopathie so… so… so lustig ist.

Th (lacht): Ja, bei manchen Homöopathen vergeht einem das Lachen. Aber hier geht es um

D-Arthur, der Software-Programmierer

Sie und um die Ursache Ihrer Symptome. Zuerst müssen wir den Schritt „Tripper-ex" vollziehen, dann schauen wir, was noch von den fiesen Symptomen übrig ist.

P: Da bin ich aber gespannt!

Der Patient erhielt die beiden homöopathischen Arzneien *Thuja* und *Medorrhinum* (Trippernosode) in C30 im wöchentlichen Wechsel. Dazu ein paar Ernährungsanweisungen und den Immunstimulator Spenglersan G.

Nach 4 Wochen:

P: Ich habe ehrlich nicht geglaubt, dass die Mittel was bringen. Aber ich muss sagen, dieses Kaugummigefühl, dass was an mir klebt, ist weg. Irgendwie fühle ich mich befreit.

Th: Schön! Sie sprechen auch ganz anders.

P (eifrig): Ja, das war spannend. Ich habe mal drauf geachtet, wann ich die Hand vor den Mund halte. Dann kam gar nicht mehr der Impuls.

Th: Das freut mich ungemein!

P (strahlt): Ja, so habe ich mich schon lange nicht mehr gefühlt. Da ist tatsächlich was von mir abgefallen.

Th: Wie mich das freut. Ich kenne das Gefühl.

P: Muss ich da noch weiter machen?

Th: Ja, es ist besser, dass alle kranken Infos den Organismus über die Haut verlassen. Was war denn mit Migräne und Schlaf?

P: Ach so, ja, ich hatte mal einen Anflug von Kopfweh, war aber nicht schlimm. Geschlafen habe ich meistens gut. Aber vor allem war ich am Tag richtig fit. Und das mit so´n paar Kügelchen.

Th: Das wundert mich auch immer wieder. Die haben aber auch nur so gut gewirkt, weil Ihr Geist bereit war, den Tripper zu verabschieden. Darum haben wir letztes Mal so lange daran rumgemacht.

P: Verstehe.

Th: So, nun schließen wir die Behandlung ab mit Sulfur. Vielleicht reagiert die Haut ein wenig, bisschen Juckreiz oder so, ein paar Pickel…

P: Huch, Pickel? Wozu brauch ich denn Pickel?

Th: Die Haut reagiert am Schluss als wichtigste Bastion nach außen. Es müssen keine Pickel auftauchen, aber es könnte sein.

P: Fall ich da nicht in die Pubertät zurück?

Th: Wurde denn die Akne in der Pubertät unterdrückt?

P (denkt nach): Ja, ich war öfter zum Peeling.

Th: Aha, da könnte es sein, dass ein paar Pickel vorbeikommen und „Hallo" sagen. Die gehen aber mit Sulfur auch wieder weg. Fürs Immunsystem ist das gut, wenn die Haut am Schluss der Therapie in Frieden kommt.

Der Patient erhielt *Sulfur* C200 als Einzelgabe.

Nach 3 Wochen Hilferuf.

P: Oh je, ich sehe furchtbar aus!

Th: Aha, Pickel an Bord?

P: Ich sehe wie ein Streuselkuchen aus.

Th: Stell ich mir gerade vor. Mit Eiter?

P: Ja, wie damals. Furchtbar!

Th: Können Sie es aushalten?

P: Ja, aber ich wollte Sicherheit haben, dass die wieder weggehen.

Th: Wiederholen Sie Sulfur und sagen Sie Ihren Pickeln, dass sie jetzt auf natürliche Weise gehen dürfen und nicht mehr „abrasiert" werden wie damals.

P: Mach ich.

Nach 2 Wochen Anruf:

P: Ich fass es nicht. Die Pickel sind tatsächlich weggegangen. Hab ich die weggesprochen wie Warzen?

Th: Das weiß ich nicht. Aber Ihr Organismus hat die Symptome über die Haut rausgelassen. Damit funktioniert auch Ihr Immunsystem wieder, wie es sein soll.

P: Ja, danke. Es geht mir gut. Auf Wiedersehen!

Klara, die Psychologin

Klara hatte lange auf einen Termin gewartet, obgleich ich gute Kollegen vorgeschlagen hatte, bei denen sie sofort mit der ganzheitlichen Therapie hätte beginnen können. Aber nein, sie wartete – mit einem Tumor in der Brust. Früher hatte sie schon einmal einen Tumor in der rechten Brust gehabt, wurde brusterhaltend operiert, mit Chemotherapie und Bestrahlung behandelt. Nun war links in der Brust ein Tumor schnell gewachsen. Sie hatte sich trotz der Bedrängung aller behandelnden Onkologen gegen eine konventionelle Therapie entschieden. Inzwischen war sie bei vielen verschiedenen Therapeuten gewesen.

Doch hatte sich nach ihrer Aussage nichts geändert. Kein Wort konnte sie davon überzeugen, woanders hinzugehen.

Noch am Telefon:

P: Nein, ich warte. Ich will zu Ihnen und sonst nirgendwohin.

Th: Bei wie vielen Therapeuten waren Sie schon?

P: Oh, das sind mindestens 11, 12, alle möglichen Therapierichtungen hab' ich kennengelernt.

Th: Schön. Dann machen wir es so, dass Sie zuerst jeden Tag einem der Therapeuten einen

Dank senden, denn jeder hat ja sein Bestes getan.

P: Wie? Ich soll denen danken, die nichts bei mir geheilt haben?

Th: Ja. Erst den anderen danken; dabei werden Sie zu Erkenntnissen kommen. Wenn Sie dann zu mir kommen, bin ich nicht eine weitere Briefmarke in Ihrer Sammlung, sondern wir setzen neu an und Sie haben schon die wichtigste Hausaufgabe erledigt.

P: Ja, da hört sich doch alles auf! Was soll ich denn denen danken, die keinen Erfolg hatten? Die hatten doch nichts drauf außer Chemo und Bestrahlung und Hormontabletten!

Th: Sie hätten Nein sagen können, niemand zwingt Sie zur Chemo usw.

P: Ja, aber man wird doch so unter Druck gesetzt, dass man sich gar nicht traut, Nein zu sagen.

Th: Sie haben sich unter Druck setzen lassen, haben keinen heilenden Effekt von den Therapien erfahren und erwarten, dass ich jetzt das Wundermittel bereithalte.

P (lacht): Ja, so ungefähr ist das schon. Sie haben viel Erfahrung…

Th: Haben andere Kollegen auch. Also, Sie machen Ihre Hausaufgabe, danken jeden Tag einem der Kollegen und melden sich danach wieder. Sind ja nur 11 Tage.

P (deutlich verärgert): Ja, Wiedersehen.

Nach 2 Monaten (!) Anruf:

P (mit völlig veränderter Stimme): Hallo, ich wollte mich mal melden. Zuerst war ich sehr sauer auf Sie. Aber dann habe ich angefangen. Jeden Tag habe ich die Übung gemacht: „Danke, dass Sie für mich das Beste getan haben." Ich muss schon sagen, das hatte eine enorme psychologische Wirkung.

Th: Eben, Sie sind ja Fachfrau.

P: Ich glaube, ich kann jetzt einen Termin gebrauchen – natürlich nur, wenn Sie wollen.

In der Praxis.

Die 43-jährige Dame erschien als Ausbund an Eleganz. Für jeden Homöopathen wäre sofort die Konstitution von Arsenicum album ins Auge gesprungen. Das ganze Verhalten war ästhetisch, hatte eine aristokratische Ausstrahlung. Die Sprache war sehr gewählt, die Haltung aufrecht, die Kleidung komplett schwarz. Sie saß erwartungsvoll im Sessel und strahlte stolz den Gedanken aus: „So, ich habe meine Hausaufgaben gemacht. Jetzt sind Sie dran!"

Der Zufall wollte es, dass ich an diesem Tag nicht so gut gekleidet war wie sonst. Wir waren noch mitten im Umzug. So war ich in sauberer Arbeitskleidung, aber offenbar enttäuschend für die Patientin ausgestattet. Sie schaute öfter mal missbilligend an mir herunter.

D-Klara, die Psychologin

Im Gespräch stellte sich heraus, dass ihr größtes Problem nicht der Tumor war, sondern ihre Empfindungslosigkeit. Kein Fühlen, Dumpfheit im Kopf, intellektuelle Überforderung schon bei geringsten Ansprüchen. Früher war sie eine Leseratte, hatte ihr Psychologiestudium genossen und fand theoretische Erörterungen anregend. Doch jetzt war der Kopf lahm und der Zugang zu den Gefühlen gestört.

Das ist typisch für die Bewusstseinsveränderung nach einer Chemotherapie. Die Menschen merken, sie sind nicht mehr sie selbst. Die Manipulation des Gehirnstoffwechsels wiegt ungleich schwerer als der Effekt der Zellabtötung.

Ich hatte es mit einer intelligenten Persönlichkeit zu tun. Das zeigte sich in den Worten:

P (ernst und um Konzentration auf die Sprache und Worte bemüht): Ich bin, glaube ich, zu einer wesentlichen Erkenntnis durch diese Dankesübung gekommen. Heilen hat was mit Dankbarkeit zu tun. Ich habe ja nur darauf geschaut, was die Ärzte oder Heilpraktiker machen, damit der Tumor weggeht oder wegbleibt. Ja, ich habe wohl selbst was mit dem Ganzen zu tun.

Th: Was hinter Ihrer Krankheit steht, werden Sie eines Tages erkennen. Heute fangen wir ganz vorne an. An Ihrem stärksten Glaubenssatz, der Sie daran hindert, in die Heilung zu gehen.

P: Da habe ich gleich zwei Überzeugungen: Erstens bin ich unheilbar krank – das sagt ja auch jeder, zweitens werde ich nie wieder so gefühlsstark sein wie früher. Ich spüre das. Da ist etwas zerbrochen und ich bekomme keinen Kontakt mehr zu mir selbst.

Th: Ja, das sind heftige Themen, für die Sie auch sicher viele gute Argumente bereit haben. Aber Heilung beginnt meistens mit Verwirrung, weil man neue Erfahrungen macht. Das geschieht demnächst beim Patiententag, wo Sie die Übungen lernen, aber auch, mit Ihrem Glaubenssatz neu umzugehen.

P (schaut mich kritisch an, was ich wohl jetzt wieder im Schilde führen könnte): Oh, sind da auch andere?

Th: Ja, wir siezen uns und reden uns nur mit dem Vornamen an. Niemand spricht über seine Krankheit.

P: Dann ist meine Anonymität also gewahrt?

Th: Ja.

Die Patientin bekam Ernährungsanweisungen, Mittel für die Darmsanierung, dazu *Arsenicum album* C30 und *Carcinosinum* C30 im wöchentlichen Wechsel[13].

---

13 Da es in diesem Buch um die Humortherapie geht, stelle ich mein ganzheitliches Behandlungskonzept nicht ausführlich vor. Dazu gibt es viele Bücher von mir. Siehe im Literaturverzeichnis.

D-Klara, die Psychologin

In der Patientengruppe mit 6 Teilnehmern:

Klara kam nach langem Zögern doch noch, ganz in Schwarz, und saß, die Beine übereinander geschlagen, völlig verkrampft auf dem Stuhl.

Nachdem wir zuerst rhythmische Atem- und Drüsenübungen gemacht haben, komme ich zum zweiten Teil des Treffens. Ich erkläre den Patienten, dass wir jetzt einmal kreativ an einem Glaubenssatz arbeiten. Ich teile sechs rote Schaumstoffnasen aus. Alle schauen erstaunt auf das Ding, dann auf mich, große Fragezeichen auf der Stirn.

„So, meine Damen und Herren. Die Übung geht folgendermaßen. Sie konzentrieren sich auf das, was Sie seit langem für unmöglich halten, auf einen Glaubenssatz."

Alle sitzen mit geschlossenen Augen, hängenden Schultern, mit leidendem Gesichtsausdruck, energielos.

Nach etwa drei Minuten folgt die Übung: „Sie stehen auf, setzen die rote Nase auf und bewegen sich sofort im Raum."

Die Patienten setzen die Nase auf und augenblicklich ist der Raum von Lachen und Kichern erfüllt. Alle schauen sich erstaunt an. Sie rücken näher zusammen, fassen sich an die Hände – und lachen.

Ich lasse die Patienten knappe fünf Minuten einfach agieren, wie sie wollen.

Dann kündige ich an: „Nase runter, sich wieder hinsetzen, Augen schließen, reinspüren, was hat sich am Glaubenssatz verändert?"

Die Patienten sitzen kaum, da schlägt sich Klara schallend lachend auf die Oberschenkel. Die anderen öffnen auch die Augen und lächeln oder lachen.

„Wunderbar, jeder erzählt kurz, was sich verändert hat."

Klara beginnt: „Mir ist so klar geworden, dass ich mir selber im Weg stehe, wenn ich sage, ich bin unheilbar krank."

Ein Herr stimmt zu: „So ging´s mir auch. Was für´n Blödsinn. Klar kann ich wieder gesund werden. Aber bitte mit Nase! Hihihi."

Eine ältere Dame: „Ich kam mir erst so wichtig vor, jetzt muss ich lachen über die Wichtigtuerei."

Ein junges Mädchen (mit piepsiger Stimme): „Ich fand das cool und hab mir vorgestellt, wie die in der Klinik gucken würden. Ich mit der Nase im OP."

Alle lachen und ermuntern: „Klar, mach' das, die lachen ja nie im Krankenhaus. Trau dich. Lass dir bloß nicht die Nase wegoperieren…" usw.

Ein Herr: „Wenn ich mir vorstelle, ich mit dem Ding im Büro."

Alle lachen, der Herr setzt die Nase auf und sagt spontan: „Liebe Mitarbeiter, heute arbeiten wir den Stapel Rechnungen ab…"

Großes Gelächter.

Klara setzt die Nase auf: „Ich bezahle aber keine Rechnungen mehr…"

Gelächter. Jeder setzt die Nase noch mal auf und lässt einen Satz los.

Die sechs Patienten hatten sich zu Beginn voneinander distanziert. Jetzt waren sie zusammen gerückt. Klara war die Heiterkeit in Person, die Gruppe spaßte noch weitere zehn Minuten herum. Dann noch einmal die Aufgabe:

„Nase runter. Was hat sich verändert?"

Ich schaue in sechs heitere, lächelnde Gesichter. Alle sitzen aufrecht.

Klara: „Ich rate mal, dass wir jetzt wieder eine Hausaufgabe bekommen?"

Alle kichern.

„Stimmt. Sie haben jetzt erlebt, dass eine Winzigkeit Ihr Denken verändert. Es ist der Humor, der in Ihnen wieder erwacht ist. Zu Hause handeln Sie genau so. Wenn Sie der alte Glaubenssatz wieder anfliegt, Nase auf, aufstehen und was tun. Dann wieder hinsetzen und nachspüren."

Klara war wie ausgewechselt. Die Nasenübung war der Türöffner zur Heilung, denn durch sie gelangte sie wieder Schritt für Schritt in ihre Gefühlswelt. Parallel dazu wurde auch die Gehirnleistung immer besser. Sie verzichtete auf eine konventionelle Tumorbehandlung und erlebte, dass die Körperweisheit eine größere Kraft besitzt als die Kriegserklärung der konventionellen Onkologie. Der Tumor verlor seine Aggressivität, wandelte sich in einen kleinen, verschiebbaren Knoten, den sie nach drei Monaten bei einem befreundeten Chirurgen, der bei mir die Miasmenkurse besucht hatte, herausoperieren ließ. Klara erlebte, was eine ganzheitliche Therapie beinhaltet und wie viel Eigenleistung sie erbringen musste, um wieder in einen so guten Körper-Geist-Zustand zu gelangen. Die rote Nase war unzählige Male nötig und ihre ständige Begleiterin auf dem Heilungsweg.

Bettina, die klassische Homöopathin

Ich möchte vorausschicken, dass sich in der Homöopathie in den letzten 50 Jahren eine zunehmende Engstirnigkeit, distanzierte Kühle, Arroganz anderen Therapieformen und Angstmacherei entwickelt hat. Man wird sofort abfällig zum „Gipsy-Homöopathen" erklärt, wenn man mit Ernährung, Darmsanierung, Übungen, anderen Arzneien oder Maßnahmen behandelt, vermeintlich die Wirkung von Homöopathie störend. Andere Bestrebungen werden von den sogenannten „Klassischen Homöopathen" streng getrennt. Nun, wo Trennung erzeugt wird, Enge besteht und Angst gelehrt wird, herrschen Glaubenssätze. Bettina steht für viele Beispiele, wie eine dogmatische Ausbildung krank machte. Wenn in der Heilung die eigenen Denkgebäude ins Wanken geraten, wird das als schmerzhaft empfunden. Sucht man in der Therapieszene die humorlosesten Plätze, kann man getrost zu den Klassischen Homöopathen gehen. Selbst so erfahrene Clowns wie Johannes Galli sind fassungslos, wie stur und klassisch Homöopathen mit knochigem Finger auf das Lehrerpult der Regeln einhämmern, wann Homöopathie wirkt und wann nicht. Sie wirkt sogar bei homöopathischen Fundamentalisten!

Bettina, eine rundliche, sympathische Kollegin, kam wegen klimakterischer Beschwerden und schwergängiger Praxis. Sie wollte von der Praxis leben, aber es kamen zu wenig Patienten.

P: Das ist sicher ein Vaterthema.

Th: Wieso, was hat denn Ihr Vater mit Ihrer Praxis zu tun?

P: Er war nie da und hat mir nichts fürs Leben beigebracht!

Th: Na, Sie gehen ja gleich ran.

P: Klar, sehen Sie das etwa anders?

Th: Ich sehe jetzt erst mal eine sympathische Kollegin vor mir, die offenbar noch eine gute Lebenergie hat, um Konflikte zu lösen. Was ist denn momentan das größte Problem für Sie?

P: Na, die Praxis. Da habe ich so viele Seminare besucht, eine 4-jährige Homöopathieausbildung absolviert – alles umsonst.

Th: Wie arbeiten Sie denn, welche Therapierichtung…

P: Klassisch homöopathisch. Ich bin klassische Homöopathin.

Th: Oh, so antik sehen Sie doch gar nicht aus.

P (verwirrt, leicht verärgert rutscht sie auf dem Sessel hin und her): Wie? Antik? Wie meinen Sie das?

Th: Klassisches Altertum, Klassisches Ballett, Klassische Homöopathie. So ein Begriff wurde immer im Nachhinein geprägt. Hahnemann schreibt im Organon nichts von „klassisch". Einfach nur Homöopathie.

P: Man muss sich aber doch gegen die abgrenzen, die sich nicht an die Regeln halten!

Th: Stimmt, die muss man niedermachen! Weg mit der Kreativität, hin zur antiken Homöopathie.

P: Naja, nicht so direkt. Aber stimmt doch. Es gibt Regeln und an die muss man sich halten.

Th: Unbedingt. Vor allen Dingen rauchen. Ganz wichtig. Wer Hahnemann so konsequent folgt, muss Kette rauchen.

D-Bettina, die klassische Homöopathin

P (völlig verwirrt): Wieso soll ich rauchen?

Th: Wenn konsequent klassisch, wenn nach Paragrafen Homöopathie verordnen, dann mit nikotingelben Fingern die Globuli rüberreichen. Oder folgen Sie Hahnemann etwa nicht konsequent?

P: Sicher, aber wie kommen Sie auf Nikotin…

Th: Auch alle Kollegen niedermachen, gehört auch mit zur Nachfolge Hahnemanns. Wer nicht so Homöopathie macht wie er, ist sein Feind. Schau´n Sie rüber, da steht mein verehrter Hahnemann. Sehen Sie sein grimmiges Gesicht? Ein tolles klassisches Gesicht. Ich liebe es. Manchmal lächelt er. Aber nur, wenn ich ihm einen Witz erzähle.

P: (schaut mich kritisch an, ob ich noch normal bin): Wo bin ich denn hier gelandet?

Th: Hier, wo Toleranz und Humor sein dürfen. Die Paragrafen haben heute Ausgang. Sehen Sie, wie sie sich im Eichenwald ergehen. Da drüben.

P (schaut angestrengt durchs Fenster in den Park). Wo denn?

Th: Da drüben, da hüpft wieder ein Paragraf.

P (lächelt): Sie wollen mich auf den Arm nehmen.

Th (sinkt sofort fast vom Stuhl): Oh je, bloß das nicht. Bei dem klassischen Gewicht klassischer Homöopathen, Hilfe! Sie haben Übergewicht, stimmt´s?

P: Das auch.

Th: Und dann läuft auch die Praxis nicht.

P: Ja, das ist ja das Schlimme.

Th: Eben. Wer soll das aushalten. Hitzewallungen, Übergewicht, miese Praxis – und das alles wegen Hahnemann. Das tut mir wirklich leid für Sie. Das ist die klassische Situation homöopathischer Praxen. Das ist so. Das ist die Regel. Daran muss man sich halten. Klar!

P (völlig verwirrt): Wie? Ich dachte, Sie geben mir jetzt das Mittel, das ich brauche.

Th: Das tue ich schon die ganze Zeit.

P: Sie haben mir doch gar nichts gegeben!

Th: Wie lange sind Sie denn schon in homöopathischer Behandlung?

P: Och, schon ewig. Viele Jahre war ich bei G., dann bei V. Der ist ja sehr gut, aber mir haben seine Mittel nichts gebracht. Ich habe mich auch selber behandelt, war auch nichts. Zuletzt war ich bei H., die hatte gute Ideen, aber so ein richtiger Durchbruch kam nie zustande.

Th: Sehen Sie, das ist die klassische Situation klassischer Homöopathen. Symptom – Mittel – Symptom – Mittel – bis in alle Ewigkeit. Klingt komisch.

P: Ja, aber es muss doch das richtige Mittel für mich geben.

D-Bettina, die klassische Homöopathin

Th: Ja, die Jagd nach dem Simillimum. Da braucht man einen besonderen Jagdschein. Ich habe ihn und ich habe auch das optimale, ultimative Simillimum für Sie.

P (schaut erwartungsvoll): Ich wusste es doch!

Th (krame umständlich in der Schublade des Sideboards herum und hole eine grüne 50ml-Flasche heraus): Hier, hier ist es, das Wundermittel. Bitte!

P (schaut ungläubig auf das Flaschenetikett): Wie, „KEIN MITTEL"?

Th: Ja, kein Mittel. Das ist das Simillimum absolutum perfectum. Sie brauchen kein Mittel!

P (weiß nicht, ob sie heulen oder lachen soll): Ja, aber, ich habe doch, ich bin doch, mir geht´s doch nicht…

Th: Eben. Mittel haben Sie schon genug genommen. Aber im Oberstübchen hat sich der wesentliche Glaubenssatz noch nicht gelöst. Haben Sie ihn jetzt entdeckt?

P: Tja, vielleicht mache ich mich tatsächlich von Mitteln abhängig.

Th: Machen Sie erst mal eine neue Erfahrung. Verordnung: 5 x pro Tag nichts nehmen.

Nach 4 Wochen:

Die Kollegin hatte sich schwer mit der Verordnung getan. Aber sie war zu der fabelhaften Erkenntnis ihres bedingten Reflexes gekommen: Ich kann nur gesund werden, wenn ich ein homöopathisches Mittel nehme. Zu tief saß auch die Erfahrung der „klassischen Arbeitskreise", in denen die Einmitteltherapie in Hochpotenzen als das Non plus Ultra propagiert wurde. Sie war noch zu schwach, auf ihre eigene Erfahrung und innere Stimme zu lauschen.

Th: Danke, dass Sie schon so viel Selbstheilungsarbeit absolviert haben.

P (verschämt lächelnd): Das ist doch nicht der Rede wert.

Th: Der Rede nicht, aber der Wahrnehmung! Sie sehen besser aus, zuversichtlicher.

P: Ja, Das stimmt. Könnte trotzdem besser sein.

Th: Immerhin: Schwitzen ist weniger, Ihre Stimmung positiver. Das sind doch schon gute Schritte. Gut, ich verordne Ihnen jetzt 2 Mittel…

P: Oh je, 2 Mittel. Ich hab´s befürchtet. In der Klassischen Homöopathie darf man nur 1 Mittel nehmen.

Th (betont gelangweilt): Ja, ja, diese Verbote lasse ich bei den Klassikern. Das interessiert mich nicht. Sie interessieren mich und nur Sie möchte ich verstehen. Darum verlasse ich jetzt das griechische Altertum und vertraue auf meine Erfahrung. Also, Sie nehmen bitte im wöchentlichen Wechsel: *Lycopodium* (Bärlapp) und *Thlaspi bursa pastoris*, kennen Sie ja, Hirtentäschelkraut. Es geht jetzt

D-Bettina, die klassische Homöopathin

darum, in Ihre Mitte zu finden, Selbstwert, Selbstvertrauen und Selbstverwirklichung zu erwecken. Das „Hirtentätschelkraut" tätschelt Ihre Unterleibsorgane, die sich im Wechsel auf eine neue Bewusstseinsebene befinden. Und *Lycopodium*, das kennen Sie, hilft Ihnen, frei zu werden von den Meinungen anderer.

P (schaut total unglücklich drein): Oh je, zwei Mittel. Das kann ich in meinem Arbeitskreis nicht laut sagen. Was die denken. Die sind ganz streng klassisch.

Th: Sie dürfen auch klassisch krank bleiben. Vielleicht ist es besser, Sie entscheiden erst mal in Ruhe, ob Sie dazu da sind, anderer Leute Erwartungen zu erfüllen oder ob Sie gesund an Leib und Seele werden wollen.

P: Ja, das ist eine gute Idee. Ich kann das jetzt nicht so einfach mit meinem Verständnis von Homöopathie vereinbaren.

Die Patientin rang wochenlang mit ihrem klassischen Glaubenssatz. Eine Situation, die ich etliche Male bei Homöopathen erlebte. Die Tatsache, dass Ärzte wie Heilpraktiker mit Fixierungen und Ängsten aus einer mehrjährigen Homöopathieausbildung hervorgehen, zeigt, wie stark die Homöopathie immer noch von Kleingeistern besetzt ist. Diese Angst und Engstirnigkeit wird an Patienten weitergegeben. Da kann man es fast als Segen bezeichnen, wenn so eine Praxis nicht läuft. Aber ich wünsche nun mal allen Kollegen Erfolg in ihrer Arbeit und lasse mir viel einfallen, damit sie die Absurdität ihres Verhaltens erkennen.

Bettina kam nach sieben Wochen wieder in die Praxis.

Th: Was hat sich positiv verändert?

P: Positiv? Tja, positiv… Gut, die klimakterischen Beschwerden sind so gut wie weg.

Th: Wohin sind sie gegangen?

P (verwirrt): Wie meinen sie das?

Th: Ja, nun, in der Homöopathie freut man sich ja immer, wenn Symptome verschwunden sind. Wohin denn? Gibt es da eine kosmische Müllhalde, so ein Symptom-Endlager?

P: Ach so, nein (lacht).

Th: Schau´n Sie. Das ist lineares Denken: Symptom kommt, Symptome geht, Symptom-Mittel, Symptom-Mittel – bis in alle Ewigkeit. Was hat das mit Heilen zu tun?

P: Ja, darüber habe ich auch in den letzten Wochen nachgedacht. Irgendwas stimmt einfach nicht. Ich war so gefangen in dem Denken, was ich in G… gelernt habe. Ich bin voller Ängste, was falsch zu machen, das falsche Mittel zu geben.

Th: Aber wir haben die Freiheit, eigene Erfahrungen zu machen. Wie soll denn Ihre Praxis laufen, wenn Sie voller Angst ein Mittel verordnen. Der Patient hat Angst, Sie haben Angst. Was für eine Situation?!

D-Bettina, die klassische Homöopathin

P: Ja, das sehe ich ein. Ach, das tut jetzt gut, dass Sie das so positiv sehen mit meinem Verhalten.

Th: Wollen Sie es denn ändern?

P: Ja, auf jeden Fall.

Th: Gut, dann gebe ich Ihnen jetzt eine kleine Hausaufgabe. Sie schreiben 30 Gründe auf, warum Sie mit kranken Menschen homöopathisch arbeiten wollen. Was ist Ihr Arbeitsethos?

Bettina kam nach 3 Wochen wieder.

P: Oh mei, das war harte Arbeit. Zwischendurch hatte ich gute Lust, das Ganze hinzuschmeißen und meine Praxis aufzugeben. Aber dann sah ich die vielen Arzneien, die vielen Möglichkeiten, damit Menschen zu helfen. Da bekam ich richtig Lust, wieder mal ein Mittel zu verreiben und zu prüfen, so richtig homöopathisch zu arbeiten. Aber ich will auch frei sein. Ich will mich von den Verboten frei machen, die mir in G… eingetrichtert wurden. Ja, das ist mein fester Entschluss!

Th: Wunderbar. Sie haben dadurch selbst erlebt, dass Heilen Veränderung ist. Wie bei den Symptomen. Sie sind Energien, die sich wandeln können. Wo vorher Angst war, ist jetzt Mut. Ist ja gut, selbstkritisch zu sein. Aber Enge und Ängste, die falsche Potenz, das falsche Mittel zu verordnen und panikartig alle anderen Maßnahmen zu verbieten, weil die die Wirkung verhindern – ist doch irre.

P: Naja, Hahnemann hat vor Kaffee gewarnt…

Th: Oh nee, nicht schon wieder die alte Leier! Hat er auch vor Nikotin gewarnt?

P: Nein.

Th: Eben. Der Kettenraucher ist betriebsblind und erkennt seine eigene Sucht nicht. Also warnt er auch nicht vor Nikotinschäden. Er trinkt Muckefuck, weil er sich echten Bohnenkaffee nicht leisten kann. Also macht er Kaffee schlecht. So sind wir Menschen nun mal. Auch Genies sind Menschen. Das macht mir ja den Hahnemann so sympathisch – gucken Sie, jetzt lächelt er wieder – dass auch er menschliche Schwächen hatte. Er hat es gerne, wenn ich manchmal ein bisschen boshaft bin. Er war´s nämlich auch. Sehen Sie, wie er grinst?

P (schaut immer wieder auf die Büste von Hahnemann): Sehen Sie da ein Lächeln?

Th: Ja, ich verstehe mich blendend mit ihm. Er winkt mir öfters aus dem Jenseits rüber, wenn ich mein Lieblingsthema anschneide: die klassische Homöopathie. Er war nicht klassisch, er war total innovativ und das sollten wir auch sein.

P: Ich will es ja versuchen.

Th: Gut, dann gebe ich Ihnen einen wahren Schatz der Homöopathie, damit Sie die Kraft haben, in die passenden Schuhe zu wachsen: Aurum C200.

P: Ich und Gold? Da wäre ich nie drauf gekommen. Ich dachte immer, ich müsste *Lycopodium* schlucken.

Th: Spucken Sie Lyc aus und nehmen Aurum mit offenen Armen auf.

P: Sie haben Ideen! … Warum kriege ich Aurum?

Th: An Gold hängt das Elend wie an Ihnen auch. Die Praxis läuft nicht, alle möglichen Ängste hängen an Ihnen. Gold hilft Ihnen, sich vom Elend zu befreien, zu dem zu werden, was Sie im Grunde sind: ein Juwel, ein Goldschatz. Sie müssen es nur noch zulassen. Also, eine Gabe und die wirken lassen bis in jede Zelle. Gold trägt man nicht außen, Gold ist man von innen.

Gold wirkte wahre Wunder bei der Kollegin. Sie ließ ihr Schild und ihre Visitenkarte neu gestalten. Darauf stand schlicht „Homöopathie" ohne „klassisch". Auch das tat seine heilsame Wirkung, denn damit löste sie sich von den vielen Verboten und Ängsten, die sie übernommen hatte. Die Praxis lief langsam an. Heute lebt die Kollegin von ihrer Praxis.

Jürgen, der Arzt

Der junge Arzt, der zum Teil noch eine Kassenpraxis betrieb, aber auch homöopathisch arbeitete, kam wegen Überarbeitung, chronischer Schlaflosigkeit und juckenden und nässenden Hautausschlägen zwischen den Fingern. Vor mir saß ein bleicher, großer Mann mit müden Augen. Seine Stimme war heiser.

P: Tja, nun brauche ich selber Hilfe.

Th: Wie viele Kranke schleusen Sie so pro Tag durch Ihre Praxis?

P: 50 bis 60.

Th: Was, nur so wenige? Ich kenne Ärzte, da gehen 100 pro Tag am Doktor vorbei.

P: (lacht vor sich hin) Ja, ich weiß. Aber es reicht mir auch schon mit den 50 oder 60.

Th: (falte die Hände zusammen, lehne mich zurück) Na, wenn es reicht, ist ja alles in Ordnung.

Schweigen für 10 Sekunden (die können lang sein!)

P: (verwirrt) Wie, was heißt das jetzt?

D-Jürgen, der Arzt

Th: Ist doch alles okay. Sie schleusen 50 bis 60 Leute durch. Was wollen Sie mehr? Die Praxis brummt…

P: (schaut mich kritisch an, ich bleibe stockernst) Sicher, ich lebe gut von der Praxis. Aber es geht mir nicht gut.

Th: Tja, was ist die Lösung?

P: Ich dachte, Sie hätten eine Lösung…

Th: Hier ist die Lösung. Setzen Sie mal kurz das Ding auf.

P (nimmt ungläubig die rote Schaumstoffnase in Empfang): Ach, `ne rote Nase? Soll ich jetzt etwa den Clown machen?

Th: Nein, stehen Sie auf und zeigen Sie mir Ihr Problem. Ich setze mir auch die Nase auf, dann geht´s leichter.

Jürgen steht unschlüssig auf. Ich ächze aus allen Fugen beim Aufstehen.

P: (amüsiert) Jetzt sehen Sie aber älter aus, als Sie sind.

Th: Und Sie? Sie laufen so krumm, als wollten Sie bald sterben.

P: Ja, das stimmt, ich habe einen Scheuermann, aus der Kindheit, wissen Sie.

Th: Nee, weiß ich nicht. Das ist ja eine ganz schön bescheuerte Situation.

P: (steht saft- und kraftlos im Raum). Das ist ein Problem.

Th: Nase runter und reinspüren, was ist jetzt mit Ihrem Problem.

P: Ich möchte am liebsten das Ding aufbehalten, dann ist alles leichter.

Th: Sehen Sie, darum geht´s. Die rote Nase hilft Ihnen, den Standort und den inneren Standpunkt zu ändern. Noch mal: Denken Sie an Ihre Arbeit, wie Ihnen alles über den Kopf wächst usw. So. Und jetzt die Nase auf. Reinspüren, was sich verändert.

P: (setzt die Nase auf, schließt für einen Moment die Augen, schaut dann verschmitzt) Das ist frappierend, wie sich der Blickwinkel verändert. Ich sehe gar kein Problem mehr. Mir kommen zig Ideen, was ich ändern könnte.

Th: Gut, Nase runter. Was bleibt vom Problem?

P: Nichts, gar nichts.

Th: Was haben Sie zum Beispiel für eine Veränderungsidee?

P: Ich brauche mehr Zeit für mich. Ich mache einen Tag frei. Ich hatte auch sowieso schon überlegt, einen Kollegen mit in die Praxis zu nehmen, der dann die Schulmedizin macht. Dann kann ich mich besser auf die Homöopathie konzentrieren.

Th: Hört sich sinnvoll an. Sie haben selbst erlebt, wie schnell sich im Bewusstsein etwas ändern kann. Vorhin dachten Sie, es sei unmöglich, an der Praxis etwas zu verändern. Jetzt fließen die Ideen.

P: Ja, das ist wirklich erstaunlich. Das mit der Nase ist unglaublich! Ich werde das in meine Praxis übernehmen.

Der Patient kaufte sofort einen Karton rote Schaumstoffnasen und berichtete begeistert, dass auch in der Kürze der Zeit im Praxisalltag mit Humor viele Breschen in Glaubenssätze geschlagen werden können. Er strukturierte seine Praxis völlig neu und schaffte viele kleine Freiräume, um sich zu erholen. Das Schönste für ihn war, dass die Neuorientierung ihm so viel Spaß machte. Er tat das meiste Organisatorische „mit Nase", wie er am Telefon berichtete. Dadurch wurden die leidigen administrativen Büroarbeiten, die heute eine Arztpraxis belasten, ja, eigentlich belästigen, erträglicher.

Wie schon erwähnt, bieten auch die Behandlungsmethoden selbst immer wieder eine Chance, humorvoll damit umzugehen. Auch dazu ein paar Beispiele.

Klyso bei Japanern

Der Klyso, oder Enddarmreiniger, gibt immer wieder Anlass zu ungewollter Heiterkeit und Komik. 2010 war ich nach London eingeladen, um für japanische Homöopathen einen Kurs über „Ganzheitliche Behandlung von Krankheiten des Verdauungstraktes" zu halten. Die Zweigstelle der Kaiserlichen Homöopathiegesellschaft heißt in London Japanese Homoeopathic Medical Association (JHMA) und lädt jedes Jahr englischsprachige Japaner zu einem Intensivtraining nach London ein. Das waren immer etwa 15 – 20 Kollegen, die eigens dafür von Tokio nach London flogen. Ich war daher auf eine kleine Gruppe eingestellt und wollte deshalb auch ein paar delikate Themen wie Darmsanierung, und speziell Enddarmreinigung, besprechen.

Kaum hatte sich aber herumgesprochen, dass ich ein Seminare halte, meldeten sich aus Japan 80 weitere Teilnehmer an, sodass die Organisation in London das Wunder vollbrachte, in 1 ½ Tagen Hotels, Wegbeschreibung, Übersetzer, Konferenzschaltung in alle Großstädte Japans einzurichten, ganz so, als sei das ganz normal.

Es saßen also jetzt 100 Teilnehmer in London und etliche Hundert in Japan bereit. Ich musste meinen Lehrstoff drastisch kürzen, da nun jeder Satz vom Englischen ins Japanische übersetzt werden musste.

Es lief alles glatt, ich war „gut drauf". Es kam der zweite Seminartag und beherzt ergriff ich das Thema Darmreinigung.

D-Klyso bei Japanern

Totenstille im Saal, Pokerfaces, keine Miene wird verzogen.

Ich zücke den Klyso.

Ich erkläre, wie man das eine Ende in eine Schüssel warmen Wassers legt und das andere Ende…

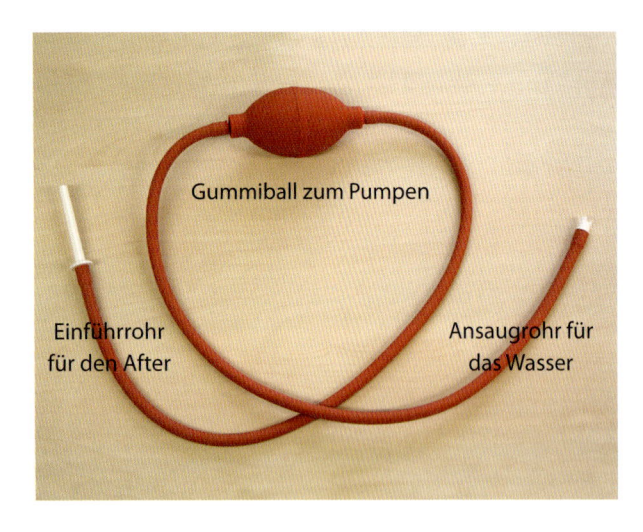

Abb. 215 Klyso, der Enddarmreiniger

Ich hätte eine Nadel fallen hören können. Vor mir und an den Bildschirmen todernste Gesichter. Mir wird mulmig und ich gewinne den Eindruck, einen schweren Faux pas in Gegenwart von Japanern zu begehen. Der Humor gewinnt Überhand, ich stelle pantomimisch dar, wie ich die Tülle hinten einklemme und vorne den Gummiball zwecks Wasseraufnahme pumpe.

Totenstille, nur Pokerfaces.

Die Tülle rutscht hinten raus, der Gummischlauch baumelt albern in meiner Hand und ich denke: Wie blöde bin ich doch, dass ich den Klyso hier erkläre! Ich benehme mich total daneben!

Nun, ich brachte die Klyso-Nummer mit Anstand zu Ende und war froh, dass eine zwanzigminütige Pause angekündigt wurde. Ich zog mich sofort in das Dozentenzimmer zurück und haderte mit mir.

Da stürzt nach ein paar Minuten Dr. Torako Yui ins Zimmer, die Augen weit aufgerissen, nach Worten ringend:

Es ist schrecklich!

Um Himmels Willen, was ist denn passiert?

Alle Klysos sind weg, verkauft. Ich habe keinen mehr gekriegt!

Was? 40 Klysos in ein paar Minuten?

Ja, alle sind weg.

Macht nichts, ich habe den Demo-Klyso, den gebe ich dir. Hier hast du ihn.

Torako stürzt mitsamt dem Klyso aus dem Zimmer und ich stehe stumm vor Staunen da. Was ist das denn?

Die Pause ist vorbei, ich setze meinen Unterricht fort. Die Atmosphäre ist so, als wäre nichts Besonderes geschehen. Während ich spreche, denkt ein Teil von mir, was die 40 Japaner wohl mit dem Klyso anstellen. In meinen Seminaren bin ich gewöhnt, dass trotz eingehender Erklärung Fragen

D-Klyso bei Japanern

gestellt werden und allgemeine Unruhe im Raum herrscht, wenn es um Darmreinigung geht. Das ist wohl Ausdruck der Peristaltik, die durch das Thema angeregt wird.

Hier nur ernste Gesichter, gleichmütiges Schreiben und Zuhören.

Das verwirrte mich – was selten passiert – und ich zog daraus den Schluss, dass man mit typisch japanischer Höflichkeit einfach über meine unästhetische Darbietung hinwegging.

Am nächsten Morgen.

Ich kam vom Hotel und wurde von einer johlenden, lachenden, wild gestikulierenden Menge empfangen. Alle redeten auf mich ein, ich verstand nur „Bahnhof" und fragte die Übersetzerin, was denn die Homöopathen so erheitere.

Die Antwort war verblüffend: die 41 Klyso-Anwender schwärmten, wie toll das gewesen sei. Sie hätten gleich am Abend und wieder heute Morgen den Klyso eingesetzt und seien restlos begeistert.

Wieder war ich stumm vor Staunen. Ich sagte Torako, ich hätte einen ganz anderen Eindruck gehabt, nämlich, dass es keinen interessiert und ich die Etikette verletzt hätte.

Da lachte sie, klatschte in die Hände und sagte:

Wenn wir lernen, sind wir ernst und aufmerksam.

Wenn wir es verstanden haben, lachen wir.

Viele Klysos traten daraufhin die Reise an und beglücken die Homöopathen in London und Tokio.

Abb. 216 Gruppe japanischer Homöopathen in London

Mitsumi – die Opernsängerin

Immer wieder lerne ich von Patienten. Heute wird man in der Homöopathie so ausgebildet, dass man möglichst viele Symptome sammelt, sie hierarchisiert und dann die Jagd auf das Simillimum eröffnet, teils computergestützt. Das habe ich aufgegeben, weil bei dieser Aktion der Patient nur herumsitzt und ich entscheide, was wichtig ist, was nicht. Das ist langweilig. Deshalb frage ich stets die Patienten nach der Symptomaufnahme, was denn für sie das Schlimmste an ihrer Krankheit sei. Da erfährt man so manches, das gar nicht so recht in die Krankheitssymptomatik passen will.

Es kam eine rundliche, kleine Japanerin zur Behandlung, die ausgezeichnet Deutsch sprach. Sie war im Opernfach tätig, hatte Stimmprobleme, Schlafschwierigkeiten und Menstruationsbeschwerden. Als ich alles aufgesammelt hatte, was sie an die Klagemauer meines Praxisraumes geschüttet hatte, fragte ich sie:

Th.: Was ist denn für Sie das Schlimmste?

P. (ernst): Dass ich mein Gesicht verliere.

Th. (springe auf und gehe aufgeregt durchs Zimmer, schaue unter den Tisch, die Sessel, den Schrank): Um Himmels Willen, wo ist es denn? Gerade war es doch noch da.

P. (schaut mir verwundert zu): Was suchen Sie denn, Frau Sonnenschmidt, kann ich Ihnen helfen?

Th. (spreche und laufe suchend herum): Nein, mir kann keiner helfen. Ich suche mein Gesicht, das muss hier eben runtergefallen sein. Wo ist es denn bloß? Irgendwo muss das zweite Gesicht rumliegen, so ein Ersatzgesicht, wissen Sie.

P. (stutzt, schaut vor sich hin und lacht plötzlich): Das ist ja irre!

Th. (setze mich sofort hin, bin ernst): So ist es.

P. (nickt bedeutungsvoll mit dem Kopf): Ich verstehe.

Th.. Das ist wunderbar und freut mich zutiefst.

P. Ja, ein typisch japanisches Problem.

Th.: Ja, ich weiß. Die Angst, Ihr Gesicht zu verlieren ist genau der Punkt, an dem die ganze Symptomatik hängt. Da wollen Sie unbewusst nicht weiter wachsen, sich entwickeln, Altes loslassen. Darum die Karikatur statt vieler Worte und psychotherapeutischer Sitzungen. Sie haben in vier Minuten das Wesentliche begriffen – olympiareif!

D-Mitsumi – die Opernsängerin

P. (schaut vor sich hin und kichert): Wenn ich mir vorstelle, wie wir Japaner dauernd unser verlorenes Gesicht suchen – einfach irre komisch, wenn man das mal so bildhaft sieht.

Th.: Ja, komisch, aber auch ernst. Wir machen uns nicht darüber lustig, weil Ihre Vorstellung auch zu Ihrer Mentalität gehört. Aber in der Therapie suche ich genau den Aspekt heraus, der einen Menschen am inneren Wachstum hindert. Das ist immer ein Glaubenssatz. Der kann auch Jahrhunderte alt sein.

Außer einer ganzheitlichen Therapie zur Verbesserung der Atemtechnik, der homöopathischen Konstitution und einiger Naturheilmittel für Sänger erhielt Mitsumi die Aufgabe, immer, wenn sie in eine vermeintlich peinliche Situation kommt und die Angst in ihr aufsteigt, ihr „Gesicht zu verlieren", sich an unsere Szene zu erinnern.

Ich führte ihr das Thema des Gesichtsverlusts noch mal mit roter Nase vor. Darüber schüttete sie sich vor Lachen aus. Ich gab ihr eine rote Nase und bat sie, sie aufzusetzen und mir nun noch mal zu erzählen, was denn das Problem sei.

Th.: Aber bitte, erzählen Sie das jetzt auf Japanisch!

P. (spricht nasal, erst langsam, dann bricht aus ihr ein Wortschwall in Japanisch hervor, dann folgt Lachen): Das ist ja wirklich irre!

Th.: Ich habe nichts verstanden, aber am Tonfall gehört, dass Sie mutig waren.

P.: Und ob! Ich habe meiner ehemaligen Gesangslehrerin mal richtig die Meinung gesagt, im vulgären Japanisch. Poooch! Das hat gut getan!

Th.: Ja, manchmal müssen wir „die Sau raus lassen", wie man sagt und uns von altem Kram befreien.

P. (lehnt sich genüsslich und entspannt zurück): Werde ich machen, wenn wieder so was kommt mit dem Gefühl, ich verliere mein Gesicht, setz ich mir die Nase… (lacht schallend)

Sie tat es und meldete: Ich habe anfangs noch acht Mal so eine Situation erlebt und lache jetzt schon bei der Vorstellung, ich könnte so ein Gefühl bekommen. Ich bin von einem alten, emotionalen Stress meiner Kultur befreit.

Klyso und Windy

Eine elegante, schön geschminkte, schlanke Dame kam in die Praxis. Sie wollte ihr Alter nicht nennen. Dem Anamnesebogen entnahm ich das Problem eines Brusttumors, der operativ entfernt worden war. Nun sollte sich eine Chemo- und Strahlentherapie anschließen. Die Patientin lehnte das einstweilen ab und bevorzugte zunächst eine ganzheitliche Therapie.

Aus den wenigen Worten entnahm ich eine traumatisierte Person, durch Diagnose und Prognose (wenn Sie nicht…. Dann leben Sie höchstens noch.…) sprachlos geworden und unsicher. Sie hatte noch nie richtig Lebensfreude empfunden. Ich mochte sie vom ersten Augenblick an, weil meine inneren Sinne einen humorvollen Menschen wahrnahmen, wovon allerdings im Augenblick keine Spur zu sehen war. Es muss noch erwähnt werden, dass die Patientin musikalisch war, als Kind Blockflöte im Flötenquartett gespielt und später Klavier gelernt hatte.

Ich erklärte das ganzheitliche Behandlungskonzept und kam zur notwendigen Darmsanierung. Ernst und mit wenigen Worten erklärte ich zunächst den Klyso. Sie folgte teilnahmslos meiner Vorführung und ich gewann den Eindruck von totalem Desinteresse.

Es ritt mich mal wieder der Sulfur-Teufel, denn ich zückte den kleinen Ano, heute „Windy, der Darmentlüfter" genannt.

Abb. 217 Ano alias Windy

Die Patientin schaute indigniert auf das kleine Ding.

P.: Und was soll ich damit tun?

Th.: Zwecks Darmentlüftung zum Beispiel abends erst etwas einölen und dann in den After schieben.

P. (streckt sich nach vorne, wie erst jetzt aufgewacht): Was??? Wie unappetitlich!

Th.: Tja, woanders nützt es nichts. Wo können denn die Gase entweichen?

P. (rutscht unwillig auf dem Sessel hin und her): Also, ich finde das alles sehr fraglich, da dieser Schlauch und jetzt dieses Plastikteil?... Ich weiß nicht.

Th.: Haben Sie für die Darmentlüftung eine bessere Idee?

P.: Nein, das nicht, aber gibt es da nicht was Besseres?

Th.: Nein. Ich könnte höchstens mal im „Naturhaus" nachfragen, ob sie eine Darmflöte in A haben.

P. (ernst und leicht interessiert) Ach, die sind sogar gestimmt?

Th.: Ja, natürlich. Dies hier ist die normale F-Flöte. Die Töne sind milder, sanfter.

P.: Wie, Töne?

Th.: Nun ja, wenn sich Gase im Darm gebildet haben, der Ano eingeführt wird – natürlich nur bis hier zu dem kleinen Knauf – dann kann es schon zu einem Säuseln, leichten Puffen oder auch zu eindeutigen Sinustönen kommen.

P. (schaut mich ungläubig, aber weiterhin interessiert an): Das ist aber schwierig, wenn Menschen drum herum sind.

Th. (ernst, wissenschaftlich): Klar, man kann sich natürlich absprechen, dass die anderen den Ano in einer anderen Stimmung verwenden… Es lassen sich ohne weiteres saubere Dreiklänge erzeugen, mit ein bisschen Übung…

P. (schaut mich fragend an).

Th.: Ja, wir sind auf alle Bedürfnisse eingestellt. Sie als ehemalige Flötistin sollten die passende Stimmung wählen. Was haben Sie im Flötenquartett am liebsten gespielt?

P. (denkt nach) Am Anfang war ja die Sopranflöte obligat. Ich mochte aber den hohen Klang nicht so. Ich spielte gerne Altflöte, später auch Tenorflöte.

Th.: Na, das ist doch was! Wollen Sie eine F-Flöte bestellen? Die ist nicht so riesig. Die Tenorlage, ich weiß nicht, die ist wohl besser für voluminöser gebaute Menschen.

P. (lässt sich nach hinten in den Sessel fallen und schaut mich kritisch an, die Mundwinkel ein klein wenig erhoben). Was Sie mir hier erzählen, ist doch wohl nicht Ihr Ernst?

Th.: Nein.

P.: Das ist doch Schmarren mit der Darmflöte.

Th.: Ja.

P. (lacht): Wenn ich das meinem Mann erzähle. Eine Darmflöte. In A oder F, das ist ja absurd!

Th.: Stimmt. Das war ein kleiner Exkurs in die musikwissenschaftliche Betrachtung des Ano. Jetzt geht es ans Werk. Hinten rein stecken, Darm entlüften, hier mit so einem Pfeifenputzer reinigen, falls „Land" mitgekommen ist.

P. (lacht): Bah, pfui!

Th.: Wie man´s nimmt. Eines Tages ist der Ano blitzsauber, wenn Sie fleißig den Enddarm reinigen.

P. (schüttelt den Kopf und lacht): Wenn ich das einem erzähle, Darmflöte in F… Verrückt.

Th.: Schauen Sie, was sich bei Ihnen in sieben Minuten geändert hat. Sie waren so bedrückt. Ihr Humor ist erwacht und an den habe ich angedockt. Mehr nicht.

Die Patientin machte sehr gründlich ihre Arbeit mit Klyso und Ano alias Windy, abgesehen von vielen anderen Maßnahmen und machte sehr gute Fortschritte in ihrem Heilungsprozess. Sie lehnt weiterhin die konventionellen Behandlungen ab und vertraut auf ihre Selbstheilungskräfte.

Wenn das Zäpfchen nicht mehr schmeckt

Während meiner Seminare sitzen wir Kollegen und Kolleginnen abends bei einem Glas Wein zusammen und erzählen uns gegenseitig, was einem so alles in der Praxis an ungewollter Komik begegnen kann.

Bei mir war eine ältere Patientin in Behandlung. Ich hatte ihr ozonisierte Öle verschrieben und dazu 10 Zäpfchen aus der gleichen Substanz. Auf dem Behandlungsplan stand:

Bitte ein- bis zweimal pro Woche anwenden. Wenn Ihnen die Zäpfchen gut tun, können sie auch mehr nehmen. Ich wollte mich vornehm ausdrücken, was aber zum Verhängnis führte.

Die Patientin rief mich nach zwei Wochen an.

P.: Mir geht es irgendwie nicht so gut.

Th.: Was bekommt Ihnen denn nicht?

P.: Seit ich das Rizol nehme, wird mir so komisch im Magen.

Th.: Ich denke, das Beste ist, Sie kommen vorbei. Dann kann ich mir einen Eindruck verschaffen.

Die Patientin kam in die Praxis, missmutig, schlecht gelaunt, unwirsch wie ich sie zuvor nie erlebt hatte. Sie setzte sich in den Sessel und legte sofort los.

P.: Also wissen Sie, das ist wirklich eine Rosskur. Ich hab die Dinger jetzt alle eingenommen. Jetzt ist Schluss! Ich kriege keins mehr runter!!!

Th. (erstaunt, nichts Gutes ahnend): Meinen Sie die Zäpfchen?

P.: Ja, natürlich. Sie haben auch nichts geschrieben, ob man die mit Wasser nehmen soll…

Th.: Wie? Sie haben die runtergeschluckt?

P. (ungeduldig): Ja, was denn sonst?

Th.: Eigentlich sollten Sie die nicht oben ins Gesicht stecken, sondern ins untere Gesicht.

D-Wenn das Zäpfchen nicht mehr schmeckt

P.: (stutzt, denkt nach) Unteres Gesicht? Wo soll das denn sein?

Th.: Zäpfen steckt man gewöhnlich in den Po.

P. (reißt Mund und Augen auf, hält sich an den Sessellehnen fest, stößt gurgelnde Laute aus, die sich in ein lautes Lachen entladen): Das ja ein Ding! Da ess ich die Zäpfchen alle auf… Kein Wunder, dass die mir jetzt aus dem Hals hängen.

Th. (lache): Ja, das ist wirklich ein lustiges Missverständnis. Aber ich kann Sie beruhigen. Die Zäpfchen sind nicht giftig, nur eben auf Dauer nicht so bekömmlich.

P.: Kann man wohl sagen. Soll ich dann eine zweite Runde fürs untere Gesicht drehen?

Th.: Ja, schlage ich vor.

P. (lacht): Das mit dem „unteren Gesicht" ist wirklich ulkig.

Schlussworte

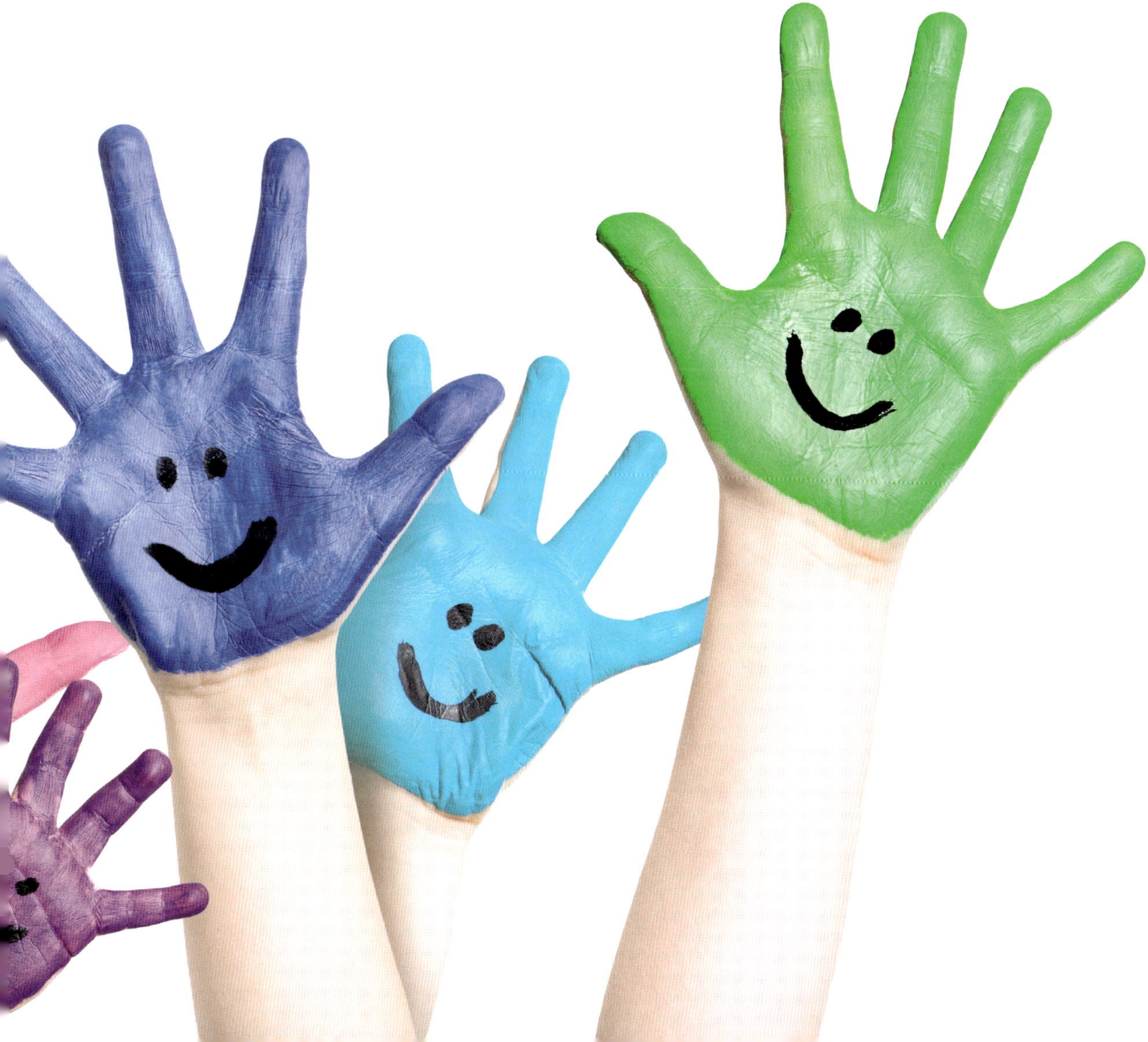

Schlussworte

Soweit in dem unmenschlichen Hirngespinst des Freund-Feind-Prinzips ein Schimmer von Richtigkeit steckt, muß sich der Schluß ergeben:

Nicht der Krieg ist der Ernstfall, sondern der Friede.

Denn erst in der Überwindung jenes jämmerlichen Freund-Feind-Verhältnisses gewinnt die Menschheit Anspruch auf volle Anerkennung ihrer Würde.

Huizinga

Der Philosoph und Kulturwissenschaftler Jan Huizinga soll das letzte Wort behalten. Wenn Sie mir bis hierhin als Leser gefolgt sind, hege ich die Hoffnung, dass Sie begriffen haben, dass Humor Frieden bringt. Möge Ihnen auch klar geworden sein, dass sich Humor am leichtesten durch das Spiel erwecken lässt. Das Spiel wird von einem Bewusst-Sein getragen und ist eine frohe Erholung außerhalb der Anforderungen des gewöhnlichen Lebens. Humor macht alles leichter, so auch Ihre Praxisarbeit und Ihr eigenes Leben. Entwickeln Sie Ihren eigenen Stil!

Ein Stil lebt von denselben Dingen wie ein Spiel, von Rhythmus, Harmonie, von regelmäßigem Wechsel und regelmäßiger Wiederholung.

Huizinga

Die Wiederholung ist das Mittel des Rituals und Rituale kennzeichnen eine Kultur, positiv wie negativ. Erfinden Sie humorvolle Rituale für sich und Ihre Patienten. Sie werden erleben, dass sich die psychosoziale Kompetenz, die Echtheit von Autorität und die Lebensfreude in hohem Maße steigern. Gestatten Sie sich mehr Leichtigkeit und spielerischen Umgang mit ernsten Themen. Sie werden sehen, dass Sie auch den Ernst einer Lebenssituation viel gelassener und dankbarer annehmen können. Denn eines ist sicher: durch Humor wird Schicksal nicht vermieden, nur anders gelebt. Gönnen Sie sich das „Spiel" der Kräfte an Ihrer Tafelrunde und Sie werden das gleiche Glücksgefühl erleben wie meine Kollegen.

Trauen Sie sich, Ihre Wahrnehmung zu erweitern. Das kann jeder lernen und ist keine Zauberei. Sie hilft Ihnen, hinter die Dinge, hinter Situationen, durch das äußerlich Sichtbare zu fühlen, zu hören und zu schauen. In der erweiterten Wahrnehmung liegen die Zukunft unserer Medizin und die Spiritualisierung unserer Heilmethoden.

Ich wünsche Ihnen von ganzem Herzen den verdienten Erfolg für Ihre Arbeit und ein glückliches Leben.

Kopf hoch,
Mundwinkel anheben –
lächeln.
Wenn´s nicht reicht:
Mensch ausatmen,
Clown einatmen,
rote Nase aufsetzen.
Jetzt reicht´s sicher.
Ich freue mich für Sie!

Schlusworte

Anhang

Ano und Klyso sind im Naturhaus des Narayana Verlags erhältlich

„Fortbildungsinstitut Organ – Konflikt – Heilung" von Dr. Rosina Sonnenschmidt:

- Miasmatische Homöopathie, 4 Kurse.
- Jährlich wechselnde Kurse zum Thema Organ – Konflikt – Heilung

Infos auf www.sonnenschmidt-knauss.de, E-Mail: info@sonnenschmidt-knauss.de

- Humor-Therapie - der Weg zur psychosozialen Kompetenz – Arbeit an der inneren Tafelrunde, kreative Strategien für Therapeuten und Patienten
- Homöopathie fürs Rampenlicht - erfolgreich vorne stehen Bühnengesetze, Atemtyp für die Ausstrahlung, Bühnenkonstitution, Umgang mit Lampenfieber für Künstler, Seminarleiter, Lehrer und Redner

Infos auf www.sonnenschmidt-knauss.de und www.clownrosina.de
E-Mail: info@sonnenschmidt-knauss.de

Alle Kurse des Instituts erhalten Zertifizierungspunkte der LAEKBW (Landesärztekammer Baden-Württemberg): 17 - 30 Punkte je nach Kurslänge, BDH (Bund Deutscher Heilpraktiker): 13 - 23 Punkte je nach Kurslänge

Medial- und Heilerschulung:

Leitung: Harald Knauss und Dr. Rosina Sonnenschmidt

Infos auf www.mediale-welten.com, E-Mail: info@mediale-welten.com

Webinare mit Dr. Rosina Sonnenschmidt:

- Die neuen Schüßler-Salze
- Ganzheitliche Behandlung chronischer Krankheiten
- Fortbildung Homöopathie: Arzneien aus miasmatischer, organotroper und konstitutioneller Sicht

Informationen und Organisation:

Heilpraktikerschule Isolde Richter
www.isolde-richter.de

Literaturverzeichnis

Adams, Patch: Gesundheit! Zwölf&Zwölf Verlag 1999

Anschütz, Felix, Degenkolb, Nico, Dietmaier, Krischan und Neumann, Thomas: Entschuldigung, sind Sie die Wurst? Das Beste von belauscht.de. Heyne Verlag, 2. Auflage 2009

Aurich, Rolf, Jacobsen, Wolfgang: Theo Lingen, das Spiel mit der Maske. Aufbau Verlag 2010

Barloewen, Constantin: Clowns, Versuch über das Stolpern. Diederichs Verlag 2010

Bartels, Dieter: Das Clowntheater. Buschfunk Verlag 2010

Berkenkopf, Galina: Vom Humor. Herder Verlag 1944

Biberti, Ilse: Hilfe, meine Eltern sind alt. Ullstein Verlag o.J.

Bischofberger, Irene: Das kann ja heiter werden, Humor und Lachen in der Pflege. Verlag Hans Huber 2002

Bittrich, Dietmar: Wie man sich und anderen das Leben schwer macht. Deutscher Taschenbuch Verlag 2006

Boehmer, Annegret, Klappenbach, Doris: Humor&Eleganz. Junfermann Verlag 2007

Borne, Roswitha von dem: Clown, Geschichte einer Gestalt. Urachhaus 1993

Doehring, Anja und Renz, Ulrich: Was ich mir wünsche ist ein Clown. Beltz Verlag 2003

Effinger, Herbert: Lachen erlaubt, Witz und Humor in der sozialen Arbeit. Edition buntehunde 2006

Emmelmann, Christoph: Das kleine Lachyoga Buch. DTV, 3. Auflage 2010

Epper: Humor. Freiheit Verlag o.J.

Evers, Horst: Die Welt ist nicht immer Freitag. Rowohlt Verlag, 14. Auflage 2006

Evers, Horst: Gefühltes Wissen. Rowohlt Verlag, 10. Auflage 2009

Farrelly, Frank: Provokative Therapie. Springer Verlag 1986

Felicias, Lina: Clown, Beruf mit Zukunft. Fastbook Publishing 2011

Freud, Sigmund: Der Witz und seine Beziehung zum Unbewußten. Fischer Verlag, 2. Auflage 2010

Galli, Johannes: Alltagsgötter. Galli Verlag 2001

Galli, Johannes: Aus dem Leben eines Clowns, 6 Bände. Galli Verlag 1999 – 2009

Galli, Johannes: Clown, die Lust am Scheitern. Galli Verlag 2008

Galli, Johannes: Der Clown als Heiler. Galli Verlag 2009

Galli, Johannes: Der letzte Lehrer, Bände. Galli Verlag 2009 und 2011

Galli, Johannes: Die Galli Methode als Konfliktlösung. Galli Verlag 2002

Galli, Johannes: Die Kunst, sich zu präsentieren. Galli Verlag 2011

Galli, Johannes: Die Neun. Galli Verlag 2004

Galli, Johannes: Körper Heimlichkeiten. Galli Verlag 1999

Galli, Johannes: Kultur Schocker. Galli Verlag 2009

Galli, Johannes: Zum Lernen auf der Bühne. Galli Verlag 2012

Gaugler, Almut: Humor. Bertelsmann Verlag 1996

Geier, Manfred: Worüber Menschen lachen. Rowohlt Verlag 2006

Gelfert, Hans-Dieter: Madam I´m Adam. Eine Kulturgeschichte des englischen Humors. Becksche Reihe 2007

Anhang

Gilmore, David: Der Clown in uns. Kösel Verlag 2011

Görtz, Franz Josef und Sarkowicz, Heinz: Heinz Rühmann. C.H.Beck Verlag 2001

Hasenbeck, Maja: Das Varieté-Aktionsbuch. Kallmeyer Verlag 2004

Herzog, Rudolph: Heil Hitler, das Schwein ist tot. Lachen unter Hitler – Komik und Humor im Dritten Reich. Eichhorn Verlag 2008

Höfner, Eleonore Noni: Glauben Sie ja nicht, wer Sie sind! Carl Auer Verlag 2012

Höfner, Eleonore: Das wäre doch gelacht. Rowohlt Verlag 2010

Huizinga, J.: Homo ludens, Versuch einer Bestimmung des Spielelements der Kultur. Akademische Verlagsanstalt Pantheon 1944

Klassiker des Humors. Audiobuch Verlag 2005-2011

Klot, Gustav-Wolter von: Humor, Lachen, Heiterkeit. Süd-West Verlag 1961

Lacharchiv – Hausschatz des deutschen Humors. Audiobuch Verlag 2010

Lanfranchi, Corina: Dimitri – Humor. Verlag am Goetheanum 2005

Leuthner, Roman: Nackt duschen streng verboten – Die verrücktesten Gesetze der Welt. Bassermann Verlag 2009

Liebertz, Charmaine: Das Schatzbuch des Lachens. Verlag Don Bosco

Lobenbrett, Dieter: Loriot Biographie. Riva Verlag, 3. Auflage 2011

Loriot: Bitte sagen Sie jetzt nichts. Diogenes Verlag 2011

Lützeler, Heinrich: Rheinischer Humor. Bouvier Verlag 1999

Markus, Georg: Hans Moser. Herbig Verlag 1980

Popov, Oleg, Stern 25/2012

Reichardt, Anne und Ingo: Der Fehler sitzt meistens vor dem Gerät, Heiteres aus der wundervollen Welt der Arbeit. Marlon Verlag 2011

Richter, Justus: Öffentliche Mülleimer dürfen nicht sexuell belästigt werden. Bastei Lübbe Verlag 2011

Rösner, Monika: Humor trotz(t) Demenz – Humor in der Altenpflege. Kuratorium Deutsche Altershilfe 2007

Rühmann, Herta: Meine Jahre mit Heinz. Langen Müller Verlag, 3.Auflage 2004

Salameh, Waleed Anthony: Humor in der Integrativen Kurzzeittherapie. Klett-Cotta Verlag 2007

Scharnigg, Max: Das habe ich jetzt akustisch nicht verstanden. Fischer Verlag 2010

Sherman, Cindy und Graw, Isabelle: Clowns. Schirmer Verlag 2004

Sonnenschmidt: Heilkunst und Humor. Verlag Homöopathie&Symbol 2005

Spörrle, Mark: Ist der Herd wirklich aus? Irrwitzige Geschichten aus dem wahren Leben. Rowohlt Verlag 3. Auflage 2005

Suda, Michael: Frankfurter Allgemeine Zeitung, 16.6.2012

Szeliga, Roman F.: Erst der Spaß, dann das Vergnügen, Mit einem Lachen zum Erfolg. Kösel Verlag 2011

Titze, Michael: Die Humor-Strategie. Kösel Verlag 2011

Titze, Michael: Therapeutischer Humor. Fischer Verlag 1998

Trenkle, Bernhard: Das HaHandbuch. Carl-Auer Verlag, 8. Auflage 2010

Trenkle, Bernhard: Das zweite HaHandbuch. Carl-Auer Verlag, 4. Auflage 2010

Trenkle, Bernhard: Wie steht´s…? Carl-Auer Verlag, 3. Auflage 2010

Ungerer, Klaus und Berkenheger, Susanne: Drücken Sie bitte die Eins, willkommen in der Servicehölle. Ullstein Verlag 2011

Veith, Peter: Humor im Klassenzimmer. Verlag Vendenhoeck&Ruprecht 2007

Vorhaus, John: Handwerk Humor. Edition Zweitausendeins, 3. Auflage 2010 2009

Waechter, Friedrich Karl: Clowns Spiele. Verlag der Autoren 2000

Weeber, Karl-Wilhelm: Humor in der Antike. Philipp Reclam Verlag 2006

Wilhelm, Peter: Gestatten, Bestatter. Knaur Verlag 2009

Zimmer, Claudia M.: Lachen erlaubt! Humor im Gesundheitswesen. Springer Verlag 2012

Vita der Autorin

5.9.1947 geboren

1965 – 1971 Musikstudium (Gesang, Trompete), Orientalistik

1972/73 und 1978/79 Feldforschung in Nordindien

1977 Promotion in Musikethnologie, Indologie, Ägyptologie

1972 – 1984 regelmäßige Redaktionelle Hörfunkarbeit im WDR, SDR und SWF

1974 – 1979 Schulung bei Milan Sladek im Pantomimentheater „Kefka" und diverse Auftritte

1972 – 1985 Schülerin der Zenmeisterin Kôun-An Dôru Chicô Rôshi (Brigitte D´Ortschy)

1980 – 1998 Sängerin des Sephira-Ensembles mit vielen CD-, Funk- und Fernsehaufnahmen.

1989 – 1992 Ausbildung in Kinesiologie (TFH Instructor, Three-In-One-Facilitator)

1992 Entwicklung der Musik-Kinesiologie für Darstellende Künstler

Ab 1990 Einführung der ganzheitlichen Vogelheilkunde mit zahlreichen Fachpublikationen

1994 Entwicklung und Einrichtung der WINGS® Tierkinesiologie für Tierärzte

Seit 1996 Guest lecturer in den USA, in Kanada, England, Schweiz und Österreich für Tiermediziner (IVAS, AHVMA, BVMA)

1996 – 2006 Ausbildung der Tierärzte in WINGS® Tierkinesiologie unter der Schirmherrschaft der GGTM (Gesellschaft für Ganzheitliche Tiermedizin)

Seit 1984 Medial- und Heilerschulung bei Margaret Pearson, Mary Duffy, Ray Williamson, Chris Batchelor, Tom Johanson in England und Deutschland

1986 – 1994 Privatstudium in Homöopathie mit dem Schwerpunkt der Miasmen

1994 – 1999 Ausgewählte Seminare bei Dr. Mohinder Jus in der Schweiz und bei Hans-Jürgen Achtzehn und Andreas Krüger in Deutschland

Anhang

Seit 1990 Erforschung der Miasmen aus kulturhistorischer Sicht

Seit 1994 zusammen mit Harald Knauss Leitung der Medial- und Heilerschulung

Seit 1999 Naturheilpraxis für Homöopathie

Seit 2004 Leitung eigener Kurse in miasmatischer Homöopathie mit Zertifizierung für Ärzte und Heilpraktiker

2006 und 2009 Einladung zur Kaiserlichen Homöopathiegesellschaft nach Tokyo

2009 Ernennung zum Ehrenmitglied der Kaiserlichen Homöopathiegesellschaft Japans

2010 Ehrung für besondere Verdienste im Umgang mit Japanischen Patienten von der Kaiserlichen Homöopathiegesellschaft

Autorin vieler Fachbücher zum Thema Heilkunst und ganzheitlicher Behandlung in der Homöopathie

Zertifizierte Clown-Trainerin nach der Galli-Methode®

Mitglied und Dozentin der Deutschen Gesellschaft „HumorCare" (www.humorcare.de)

Leitung des Trios „Merlino, Pitt & Pott" – der Zauberer und seine Clowns

Abbildungsverzeichnis

Abb. 8, 14–17, 20, 28–32, 37, 41, 124-147, 176-186b, 189-191, 197–202, 204–207, 213–215, 217, S. 152, 219   © Rosina Sonnenschmidt

Abb. 1–3, 5, 12,19, 193a–196   © Dr. Björn Hollensteiner

S. 6-7   © Georg Nemec

S. 5, Abb. 36   © Milan Sladek

Abb. 4, 6, 7, 9, 10, 13, 18, 21–27, 38–40, 42–123, 148–175, 187, 188, 203, 192, 208–212, S. i, 150   © Felix Steinhardt

Abb. 11a,b, 33a – 35, 216   © Torako Yui

S. ii: © Guido Grochowski - Fotolia.com

S. viii, 4, 22:   © MEV-Verlag

S. 36:   © Jan Engel - Fotolia.com

S. 187-188   © corbisrffancy - Fotolia.com

S. S.216   © BeTa-Artworks - Fotolia.com

Weitere Werke von Rosina Sonnenschmidt

Burnout natürlich heilen
Mit Homöopathie, rhythmischen Übungen und Naturheilkunde

320 Seiten, geb., € 34.-

Burnout ist die neue Volkskrankheit. Das Verbrennen der Kräfte bis zur Erschöpfung ist ein Ausdruck unseres Zeitgeistes. Es ist menschlich, sich ganz und gar in eine Sache hineinzustürzen. Das Problem ist die Maßlosigkeit, der Kontaktverlust zu sich selbst, indem man nur noch dem Sog von „noch mehr, noch höher, noch schneller" erliegt. Das führt zur inneren Leere und Orientierungslosigkeit, weil die materiellen Werte und Ziele einen nicht mehr im Leben tragen. Durch die enorme Erschöpfung schwindet die Kraft zur Umkehr. Was man vorher unter Kontrolle hatte, entgleitet, man wird zum Spielball der abbauenden Kräfte.

Bei schweren chronischen Krankheiten wie Burnout bedarf es eines ganzheitlichen Therapiekonzepts. Die beiden beliebten Autoren Rosina Sonnenschmidt und Harald Knauss zeigen praktisch und verständlich den Weg aus der Krankheit. Dies fängt an mit aktivem Umdenken und Änderung des Lebensstils. Besonders wichtig sind hierbei der Lebensrhythmus mit schöpferischen Pausen, Zeiten der Stille, der Mut zur Unvollkommenheit und der richtige Umgang mit der Zeit.

Homöopathie fürs Rampenlicht
Für Lehrer, Redner, Manager, Künstler und alle, die vorne stehen

184 Seiten, geb., € 34.-

Wer kennt das nicht? Man steht auf der Bühne und plötzlich ist man nicht mehr der gleiche, ist befangen und hat schwer, das zu vermitteln, was vorher noch so einfach schien.

In ihrem neuen Werk bietet die beliebte Autorin Rosina Sonnenschmidt Hilfe für alle, die vorne stehen. Die Kunst ist, vom lähmenden Dys-Stress zum freudigen Eu-Stress zu kommen und sich sogar davon energetisch tragen zu lassen.

Rosina Sonnenschmidt schaut selbst auf eine langjährige Bühnenerfahrung zurück. Dabei erhielt sie einen tiefen Einblick in die verschiedenen Bühnenkonstitutionen: Wer möchte gerne vorne stehen, traut sich aber nicht? Wer will dauernd vorne stehen, und sich wichtigmachen, hat aber nichts zu sagen? Welche Gesetzmäßigkeiten gelten im Rampenlicht?

Die Homöopathie kann hier gezielt unterstützen, humorvoll und gleichzeitig tiefsinnig werden dem Leser die wichtigsten Mittel bei schwachem Selbstvertrauen, mangelndem Humor, fehlender Struktur oder Lampenfieber vermittelt.

Weitere Werke von Rosina Sonnenschmidt

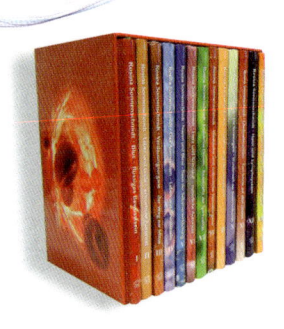

Set der Schriftenreihe Organ – Konflikt – Heilung

Mit Homöopathie, Naturheilkunde und Übungen

Das Set kostet nur € 365 (statt 13 x € 34 = € 442).

Eine Krankheit manifestiert sich gemäß dem Resonanzprinzip am passenden organischen Ort und vermittelt den Konflikt und die Lösung.

Rosina Sonnenschmidt verbindet in einer einmaligen Kombination verschiedene ganzheitliche Heilansätze aus Homöopathie, Miasmatik, chinesischer Medizin, gezielter Ernährung, Konfliktlösung und Übungen zu einem ganzheitlichen Therapiekonzept. Alle Bände sind einzeln bestellbar oder als gesamtes Set.

Das Set umfasst folgende 12 Bände plus Register:

Band 1: Blut – flüssiges Bewusstsein

Band 2: Leber und Galle – erworbene Autorität

Band 3: Verdauungsorgane – der Weg zur Mitte

Band 4: Das Atemsystem – Leben und Bewusstsein

Band 5: Nieren und Blase – Basis der Selbstverwirklichung

Band 6: Herz und Kreislauf – natürliche Autorität

Band 7: Endokrine Drüsen – Basiskräfte der Spiritualität

Band 8: Weibliche und männliche Sexualorgane – Selbstverwirklichung

Band 9: Gehirn und Nervensystem – Blüte der Spiritualität

Band 10: Sinnesorgane – Wunderwerk der Kommunikation

Band 11: Gliedmaßensystem – Fort-Schritt auf allen Ebenen

Band 12: Häute und Lymphsystem – Bastionen der Immunkraft

Gesamtregister: Index der Bände I bis XII. Mit Arzneimittel-, Stichwort- und Krankheitsverzeichnis

Komplettset der
Schriftenreihen Organ-Konflikt-Heilung UND Miasmatische Heilkunst in 17 Bänden

Beide Schriftenreihen zusammen für nur 17 x € 26.-, insgesamt € 442.- bis zum Erscheinen aller Bände (statt € 493.-). Nach Erscheinen aller Bände nur € 529.- (statt € 578.-)

Weitere Werke von Rosina Sonnenschmidt

Set der Schriftenreihe Miasmatische Heilkunst

Das Set kostet statt 5 x € 29 = € 145 (Subskriptionspreis) nur 5 x € 27 = € 135.

In dieser Schriftenreihe steht die praktische Umsetzung miasmatischer Erkenntnisse in den Praxisalltag im Zentrum. Bei jedem der 5 Bände steht jeweils ein Miasma im Vordergrund.

Jedes Miasma wird ganzheitlich betrachtet : Was sind seine kollektiven und individuellen Charakteristika, welche Körperzeichen sind typisch? Welche Krankheiten und Pathologien gehören zu welcher miasmatischen Schicht? Welche Therapien haben sich in einem ganzheitlichen Behandlungskonzept bewährt? Welche homöopathischen Arzneien dringen an die miasmatische Wurzel, stärken ein Organsystem und die Konstitution des Patienten? Wie erkennt man die Logik des Krankwerdens und die Logik des Heilwerdens?

Band 1: Die Syphilinie – das Höchste und das Niedrigste durch die Mitte vereinen.

Band 2: Die Karzinogenie – der Weg aus der Starre in den schöpferischen Selbstausdruck.

Band 3: Die Sykose – in die Mitte zurückkehren und das Maß finden.

Band 4: Die Tuberkulinie – das Echte vom Unechten unterscheiden.

Band 5: Die Psora – die Kraft der Beziehungsfähigkeit erlangen.

Die Syphilinie

Die Syphilinie - Das Höchste und das Niedrigste durch die Mitte vereinen
Band 1

224 Seiten, geb., € 34.-

Im ersten Band der Schriftenreihe geht es um das destruktive Miasma der Syphilinie. Die Syphilinie mag die stärksten Gegensätze zu vereinen, geht es doch um Leben und Tod. In der kranken Syphilinie manifestiert sich das höchste Maß an Intoleranz, Dogmatismus, Fanatismus und Gewalttätigkeit.

Rosina Sonnenschmidt zeigt die Wesensmerkmale der Syphilinie auf und wie der Weg aus dem zerstörerischen Prozess gefunden werden kann – über das Wiederfinden der Mitte, die Ausheilung über die Sykose und die Anbindung an die eigene Schöpferkraft.

Sie erläutert, welche homöopathischen Hauptmittel infrage kommen und zeigt den Weg aus der Erstarrung. Rizole und effektive Mikroorganismen können dabei die Reaktionsfreudigkeit erhöhen. Hilfreich sind auch die Tao-Essenzen sowie vielfältige homöopathische Säuren.

Bemerkenswerte Fallverläufe runden das Werk ab. Sie reichen von Polyarthritis und Borreliose über unerfüllten Kinderwunsch, Bulimie und Depression bis zur Leberzirrhose und Makulageneration. Rosina Sonnenschmidt hat wohl noch nie so kompakt ihren miasmatischen Ansatz für die Praxis erläutert – ein bahnbrechendes Werk der Miasmatik.

Weitere Werke von Rosina Sonnenschmidt

Die Saft-Therapie

Natürlich gesund – Neue Heilrezepte mit Rohsäften, Smoothies und Latte macchiati

168 Seiten, geb., € 29.50

Frische Obst- und Gemüsesäfte sind gesund. Wie können wir diese jedoch gezielt als Heilmittel bei Krankheiten einsetzen?

Die beliebte Autorin und Heilpraktikerin Rosina Sonnenschmidt erläutert in ihrem Werk detailliert, wie Rohsäfte, Smoothies und die innovativen Latte macchiati optimal zur Vorbeugung und Unterstützung der ganzheitlichen Therapie eingesetzt werden können.

Rohsäfte regen den Leber-, Nieren- und Hautstoffwechsel an, aktivieren das Drüsen- und Nervensystem und befreien aus der Regulationsstarre. Rosina Sonnenschmidt gibt eine genaue Anleitung zur Herstellung dieser leckeren Heilsäfte – von Grapefruitsaft, Erdbeer-Rosen-Saft und Ananas-Gerstengras-Saft über Mango-und Avocado-Smoothie bis zu Gemüsecocktails und Latte Weißkohl. Sie gibt Anweisungen für Kuren und zeigt, welche Säfte sich zu welchen Tageszeiten für welche Störungen eignen.

Homöopathie bei Radioaktivität

Ganzheitliche Prophylaxe und Behandlung von Strahlenschäden

100 Seiten, geb., € 19.80

Wie gehen wir mit etwas um, das nicht riecht, nicht zu sehen, nicht zu hören ist, das auf „leisen Sohlen" durch die Winde um den Erdball driftet und eine gefährliche Spur hinterlässt? Wir Menschen haben die Atomkraft erschaffen und müssen uns nun mit deren Folgen auseinandersetzen.

Die bekannte Autorin Rosina Sonnenschmidt beschreibt in ihrem neuesten Werk die Prophylaxe und Therapie von Strahlenschäden mit Homöopathie, Schüßler-Salzen und Naturheilkunde. Sie schöpft aus ihrer großen Erfahrung von der Behandlung von Strahlenschäden nach Strahlentherapie sowie der Behandlung von japanischen Patienten.

Rosina Sonnenschmidt erläutert, welche homöopathischen Mittel bei Befürchtungen und Ängsten vor radioaktiver Belastung angezeigt sind. Sie beschreibt, wie Radioaktivität auf den Körper wirkt und welche Organe besonders strahlenempfindlich sind. Aus ihrer Erfahrung stellt sie bewährte Therapieabläufe mit der Plus-Methode dar. Abgerundet wird das Werk durch leicht umsetzbare Atemübungen.

Weitere Werke von Rosina Sonnenschmidt

Die Schüßler-Therapie mit 36 Mineralsalzen

180 Seiten, 2 Bände (Lehrbuch mit Farbtafelnbeiheft), € 49.-

Die Schüßler-Salze zählen auch 140 Jahre nach ihrer Entdeckung zu den beliebtesten naturheilkundlichen Therapien.

Rosina Sonnenschmidt hat langjährige Erfahrung mit den Schüßler-Salzen und vermag, diese in lebendiger und übersichtlicher Form darzustellen. Neben den klassischen Salzen 1-12 erläutert sie erstmals auch die Gesichts- und Körperzeichen der weniger bekannten Salze 13-27. Als Neuheit beschreibt sie weitere neun Salze, die sich bei ihr in der Praxis als sehr nützlich erwiesen haben und für die heutige Zeit besonders wichtig sind. Somit steht erstmals ein erweitertes Sortiment von 36 der wichtigsten Mineralsalze für eine differenzierte Therapie zur Verfügung.

Das Werk ist für die tägliche Praxis geschaffen und enthält zahlreiche Abbildungen für die Antlitzdiagnose, Bezüge zu den Miasmen und Tipps zur Beseitigung der Belastungen durch Heilnahrung und Ausleitungen. Die einzelnen Arzneifamilien wie Calcium-, Kalium- und Natriumsalze werden auch als Gruppe erläutert, welches die Ähnlichkeiten besser erkennen lässt. Besonders hilfreich sind die 36 großen Farbtafeln im Beiheft, welche auf einen Blick für jedes Mineralsalz die Hauptpunkte, wichtige Zusammenhänge und Unterschiede zu anderen Salzen zeigen.

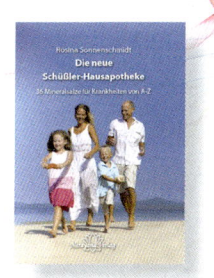

Die neue Schüßler-Hausapotheke

36 Mineralsalze für Krankheiten von A-Z

180 Seiten, geb., € 24.-

Schüßler-Salze erfreuen sich ungebrochener Beliebtheit. Jedoch sind wir heute anders krank als früher und brauchen daher auch andere Arzneien. So hat sich auch das Spektrum der Schüßler-Mineralsalze um Substanzen erweitert, die zum Teil nur in Spuren in unserem Organismus vorkommen, aber enorm wichtig für die Synergien desselben sind.

Rosina Sonnenschmidt hat diese neuen Salze wie Germanium oder Molybdän mit großem Erfolg in die heutige Behandlung eingeführt.

In dem Handbuch für den Hausgebrauch erläutert sie erstmalig bewährte Rezepturen mit den zwölf alten und den 24 neuen Schüßler-Mineralsalzen. Dabei gibt sie Hilfestellung bei den wichtigsten Beschwerden von A-Z: von Abmagerung, Akne und Asthma über Durchfall, Fettsucht, Haarausfall und Heuschnupfen bis zu Konzentrationsproblemen, Kopf- und Rückenschmerzen, Schwerhörigkeit und Zahnschmerzen. Viele Tipps aus der Naturheilkunde runden die Behandlung ab und regen an, sich und die Familie selber zu heilen.

Ein wertvoller Ratgeber, der für die ganze Familie viele bewährte und neue Behandlungstipps gibt.

Weitere Werke von Rosina Sonnenschmidt

Der Mutteratem in der Familienaufstellung
Durch rhythmisches Atmen zur Selbstverwirklichung
144 Seiten, geb., € 34.-

Atem ist Leben und Bewusstsein

Die Mutter leiht dem werdenden Kind ihren Atem, ihren Atemrhythmus und das damit verbundene Denken, Fühlen und Handeln.

Mit der Geburt atmet das Kind selbstständig. Dennoch ist in ihm noch die Erfahrung des Mutteratems lebendig. Dann folgen Ablösungsprozesse zur Entwicklung des Eigenatmes und des eigenen Bewusstseins. Dieses Wissen um den Mutteratem und dessen Ablösung findet sich bereits im alten Indien.

Rosina Sonnenschmidt beschreibt in ihrem bahnbrechenden Werk detailliert, wie die Loslösung vom Mutteratem anhand von Aufstellungsarbeit vollzogen werden kann und wie Homöopathie und rhythmisches Atmen hierbei unterstützen. In einem Beitrag erklärt die Bach-Blüten-Expertin Mechthild Scheffer, wie auch bestimmte Blütenessenzen bei der Loslösung helfen.

as Buch ist eine Pionierarbeit über ein Thema, dessen Auswirkungen erst zu erahnen sind.

Über Gewicht
Vom Ab- und Zunehmen - Mit Heilnahrung und Homöopathie
200 Seiten, geb., € 34.-

Bei Übergewicht empfindet man sich unbewusst als zu leicht. Es mangelt an Erdung und man beschwert sich mit materieller Nahrung. Bei Untergewicht nimmt man sich als zu schwer wahr und erleichtert sich durch Verzicht auf Nahrung. Rosina Sonnenschmidt versteht es, eine versöhnliche Haltung des Lesers zu sich selbst anzuregen und stellt die Neigung zu viel oder zu wenig zu essen in einem ganzheitlichen Behandlungskonzept vor. Dabei bilden Basistherapien mit Darmsanierung, Entsäuerung, rhythmischen Atemübungen und Hautpflege das Fundament. Darauf baut die Haupttherapie mit Ernährung und Homöopathie auf.

Eindrückliche Fallbeispiele dokumentieren, wie erfolgreich dieses Konzept ist. Ein bahnbrechendes Werk, das sich erfrischend von bisheriger Literatur abhebt. Es geht weit über Diätempfehlungen hinaus und macht dem Leser Mut, sich selbst zu verstehen und mit Begeisterung die Heilung selbst in die Hand zu nehmen.

Ein bahnbrechendes Werk, das sich sowohl an Therapeuten als auch an Betroffene richtet. Es hebt sich erfrischend von bisheriger Literatur ab, geht weit über Diätempfehlungen hinaus und macht dem Leser Mut, sich selbst zu verstehen und mit Begeisterung die Heilung selbst in die Hand zu nehmen.

Weitere Werke von Rosina Sonnenschmidt

Heimtiere ganzheitlich behandeln

Mit Homöopathie, Bach-Blüten, Farb- und Klangtherapie

300 Seiten, geb., € 39.-

Ob für Vogel, Hund, Katze, Meerschweinchen, Hase oder Koi, hier findet jeder Tierhalter bewährte Rezepturen mit Homöopathie und Bachblüten, um seinem Heimtier etwas Gutes zu tun, wenn es sich mal nicht wohl fühlt.

Tiere reagieren auch positiv auf Farben und Klänge. Der Ratgeber gibt viele Anweisungen, wie man auf einfache Weise Farblicht- und Klangtherapie durchführen kann, eine Sterbebegleitung gestaltet, seine sensitive Tier-Kommunikation schult und die Hände heilend auflegen kann.

Bewährte Indikationen: Stressbelastung, Unfruchtbarkeit, Sterbebegleitung, Hautprobleme, Immunschwäche, Kommunikationsprobleme, Aggression, Alter, Notfall, Jungenaufzucht u. v. a.

Die international bekannte Autorin hat Pionierarbeit auf dem Gebiet der ganzheitlichen Tiertherapie, hier besonders der tropischen Vögel geleistet. Sie leitete 10 Jahre lang die von ihr lizenzierte Ausbildung in Tier-Kinesiologie für Tierärzte und war Gastdozentin auf internationalen Veterinärkongressen in Amerika, Kanada, Hawaii, Großbritannien, Österreich und Deutschland.

Gesund schlafen - Erholt erwachen

Ganzheitliche Behandlung von Schlafstörungen, mit Homöopathie und Naturheilkunde

Der Schlaf und die Welt der Träume sind nach wie vor ein Mysterium. Die beiden Autoren spüren dem Geheimnis des Schlafes aus ganzheitlicher Sicht nach und erklären, welche Prozesse dem Traumzustand und Tiefschlaf zugrundeliegen. Schon das Verständnis, was eigentlich im Schlaf geschieht, gibt uns Hinweise, wie wir unseren Schlaf verbessern können.

Das Buch enthält eine Fülle von Tipps und Übungen, die von der Wahl des Schlafplatzes über Entspannungsübungen, Wiedererlangen des eigenen Rhythmus bis hin zu Heilkräutern und Homöopathie reichen.

Ausführlich werden bewährte homöopathische Mittel für Ein- und Durchschlafstörungen, Schlaflosigkeit, kreisende Gedanken, Schnarchen und unerquicklichen Schlaf bis hin zu Schlafwandeln und Albträumen besprochen. Wichtig ist, mögliche zugrundeliegende Konflikte oder Traumen zu erkennen, die eine Heilung blockieren können. Auch hier kann die Homöopathie helfen, diese ans Licht zu bringen und zu verarbeiten.

Ist der Schlaf wieder gesund, sind enorme Heilungsschübe möglich – von einem besseren Gedächtnis und verstärkter Leistung bis hin zu mehr Lebensfreude und Hoffnung. Ein faszinierendes Buch über ein geheimnisvolles Thema.

Narayana Verlag

Blumenplatz 2, D-79400 Kandern
Tel: +49 7626-974970-0, Fax: +49 7626-974970-9

info@narayana-verlag.de

In unserer Online Buchhandlung

www.narayana-verlag.de

führen wir alle deutschen und englischen Homöopathie-Bücher. Es gibt zu jedem Titel aussagekräftige Leseproben.

Ein Gesamtverzeichnis ist kostenlos erhältlich.

Auf der Webseite gibt es ständig Neuigkeiten zu aktuellen Themen, Studien und Seminaren mit weltweit führenden Homöopathen, sowie einen Erfahrungsaustausch bei Krankheiten und Epidemien.